ESPAÑOL LENGUA EXTR

Libro del profesor 2

Francisca Castro
Fernando Marín
Reyes Morales

www.edelsa.es
GRATUITO
Carpeta de
Recursos Pedagógicos

edelsa
GRUPO DIDASCALIA, S.A.
Plaza Ciudad de Salta, 3 - 28043 MADRID - (ESPAÑA)
TEL.: (34) 914.165.511 - (34) 915.106.710
FAX: (34) 914.165.411
e-mail: edelsa@edelsa.es - www.edelsa.es

Primera edición: 2004
Primera reimpresión: 2005

Autores: Francisca Castro, Fernando Marín y Reyes Morales.

Dirección y coordinación editorial: Departamento de Edición de Edelsa.
Diseño de cubierta: Departamento de Imagen de Edelsa.
Diseño y maquetación de interior: Departamento de Imagen de Edelsa.

Imprime: Orymu.

ISBN: 84-7711-844-2

Depósito legal: M-42599-2005

Impreso en España / *Printed in Spain*

Fuentes, créditos y agradecimientos:

Fotografías:
- Brotons: pág. 138.
- Cordon Press: págs. 6, 104.
- El Deseo S.L.U. (Producciones cinematográficas): págs. 182, 183.
- Francisca Castro: pág. 178.
- Guía del Ocio: págs. 59, 158.
- Juliette Toro: págs. 17, 18, 26, 78.
- Ministerio del Interior: pág. 14.
- Siglo XXI: pág. 178.
- Spain stock: imagen de cubierta.

Ilustraciones:
Ángeles Peinador Arbiza

Notas:
- La editorial Edelsa ha solicitado los permisos de reproducción correspondientes y da las gracias a todas aquellas instituciones que han prestado su colaboración.
- Las imágenes y documentos no consignados más arriba pertenecen al Departamento de Imagen de Edelsa.

INTRODUCCIÓN

NUEVO VEN parte de la larga experiencia de aprendizaje que proporcionan los miles de estudiantes que han aprendido español con **VEN**. En su renovación, se incorporan las recomendaciones y sugerencias del *Marco común europeo de referencia para las lenguas: aprendizaje, enseñanza, evaluación* así como las directrices del *Plan Curricular del Instituto Cervantes*. En consecuencia, NUEVO VEN se inspira en una clara idea del proceso de aprendizaje que se estructura con arreglo al siguiente esquema de secuenciación:

Primera etapa. APROPIACIÓN

• Secciones A y B: los alumnos escuchan las muestras de lengua, realizan pruebas de control de la comprensión y producen diálogos, todo ello con la finalidad de garantizar la apropiación de las funciones comunicativas presentadas.

Segunda etapa. SISTEMATIZACIÓN

• Contenidos gramaticales: los cuadros gramaticales sistematizan los contenidos lingüísticos de cada unidad mientras los ejercicios proponen una práctica específica de los mismos a fin de preparar a los alumnos para una producción más libre.

Tercera etapa. TRANSMISIÓN

• Lengua en uso: propone una práctica libre de todos los contenidos de la unidad mediante un trabajo con las cuatro destrezas. Las actividades parten de un documento real, que funciona como muestra de lengua, en función del cual se revisan los contenidos funcionales, léxicos y gramaticales de cada unidad.

• Taller: desarrolla la competencia lectora y escrita de los alumnos. Con unas preguntas o datos previos como elemento motivador, se trabaja la comprensión lectora de los alumnos a partir de textos de procedencia diversa (literarios, periodísticos...). La sección concluye con una propuesta de trabajo en grupo que propicia asimismo un desarrollo compensado de la destreza oral.

El **Libro del profesor** de NUEVO VEN **2** incorpora las soluciones y las transcripciones del **Libro del alumno**, la clave del **Libro de ejercicios** y las sugerencias de explotación. Como novedad añadida, el vídeo opcional *Apartamento para dos* sigue, en su segunda parte, la progresión de contenidos de NUEVO VEN **2**. Con ello se pone a disposición del profesor un nuevo soporte que se suma a los materiales didácticos de este nivel.

El portal de Edelsa (www.edelsa.es) completa, además, todos estos materiales. La página dedicada a NUEVO VEN incluye actividades complementarias que profundizan en los conocimientos culturales del mundo hispano además de test que permiten evaluar los progresos funcionales y gramaticales de los estudiantes.

Al finalizar NUEVO VEN **2** el alumno será capaz de comprender y expresar ideas principales así como enfrentarse a casi todas las situaciones que puedan surgir en ámbitos cotidianos. Todo ello corresponde al nivel B1/B1+ de las directrices del *Marco de referencia europeo*.

Los autores

lingüísticas	Conocimiento sociocultural
léxica	
• Datos personales (biografías). • Documentos.	• Hispanos en Estados Unidos.
• Adjetivos para describir estados de ánimo. • Adjetivos de personalidad.	• Patrimonios de la Humanidad en el mundo hispano.
• Tareas domésticas. • Cocinar: preparar una receta, formas de guisar.	• El día de Reyes.
• Léxico relacionado con los viajes. • Periódicos.	• Viajes de antes y de ahora.
• Secciones de un periódico. • Aficiones.	• La prensa argentina.
• Expresiones relacionadas con la salud.	• Opciones para una vida sana.
• Léxico de viajes. • Medios de transporte.	• Tipos de turismo, tipos de turistas.
• Profesiones. • Vocabulario relacionado con el empleo.	• Mundo laboral y mujeres en el trabajo.
• Prendas de vestir. • Descripción física.	• Fiestas populares en Hispanoamérica.
• Reformas en la casa: accesorios. • Profesiones relacionadas con las reformas.	• Las casas inteligentes.
• Formas de pago.	• Hábitos de consumo de los españoles.
• Relaciones personales. • Etapas educativas.	• El sistema educativo español.
• Ocio y espectáculos.	• Nuevas formas de ocio: los grandes centros comerciales.
• Lenguaje de la televisión.	• Programas de televisión en España; hábitos y gustos.
• Datos biográficos.	• La vida de un Premio Nobel en Colombia.

Estados Unidos es el quinto país del mundo por número de hispanohablantes (más de 35 millones). Los primeros son México, Colombia, España y Argentina.

Gente en la calle de La Bolsa en Wall Street
Nueva York. Estados Unidos

Unidad 1
Gente

Competencias pragmáticas:

- Contar la biografía de una persona.
- Hablar de gustos y aficiones.
- Expresar continuidad y duración.
- Expresar una acción interrumpida por otra.

Competencias lingüísticas:

Competencia gramatical
- Revisión de los tiempos del pasado: Pretérito Perfecto / Pretérito Indefinido.
- *Estaba* + Gerundio.
- *Llevar* + Gerundio.

Competencia léxica
- Datos personales (biografías).
- Documentos.

Conocimiento sociocultural:

- Hispanos en Estados Unidos.

A. Queremos conocerte

Ruth y su marido visitan España para conocer el pueblo donde nació Ruth. La emigración a Hispanoamérica ha seguido siendo constante hasta mediados del siglo XX. Por eso es frecuente que personas de cualquier país de Hispanoamérica tengan antepasados recientes españoles.

Lee y ESCUCHA.

Sandra Velasco es periodista. Hace reportajes para *Queremos saber*, un programa de la cadena Hispavisión. Hoy entrevista a Ruth Méndez, que ha venido a España con su marido desde California para visitar los pueblos de sus antepasados españoles.

La convivencia de las distintas nacionalidades propicia que los acentos se mezclen e incluso, como ocurre en este diálogo, se confundan. Ruth habla español con acento sudamericano (su marido lo es y vive en una zona con una importante presencia hispana).

Sandra: *Ruth, usted es española, ¿verdad?*
Ruth: *Sí, nací en un pueblo de Asturias, pero he vivido casi toda mi vida en California.*
Sandra: *¿Cuánto tiempo lleva viviendo en Estados Unidos?*
Ruth: *Pues... desde que tenía diez años... Unos veinte años más o menos.*
Sandra: *Y ahora es usted psicóloga en una escuela pública.*
Ruth: *Así es... Hace cinco años que trabajo en una escuela de Pasadena.*
Sandra: *¿Le gusta su trabajo?*
Ruth: *Me encanta. Me gustan los niños, me gusta hablar con ellos y ayudarlos... En fin, estoy muy contenta.*
Sandra: *¿Está casada?*
Ruth: *Sí, mi marido se llama Frank.*
Sandra: *¿Y Frank habla español?*
Ruth: *Sí, él es hispano. Su familia es de México, y un abuelo, de Castilla. Frank viene de Francisco, se llama Francisco Ramos.*
Sandra: *¿Tienen hijos?*
Ruth: *Tenemos dos.*
Sandra: *¿Qué edad tienen?*
Ruth: *La mayor, Elisa, tiene cuatro años. Carlos, el pequeño, tiene dos.*
Sandra: *¿Y les gusta España?*
Ruth: *¡Muchísimo...!*

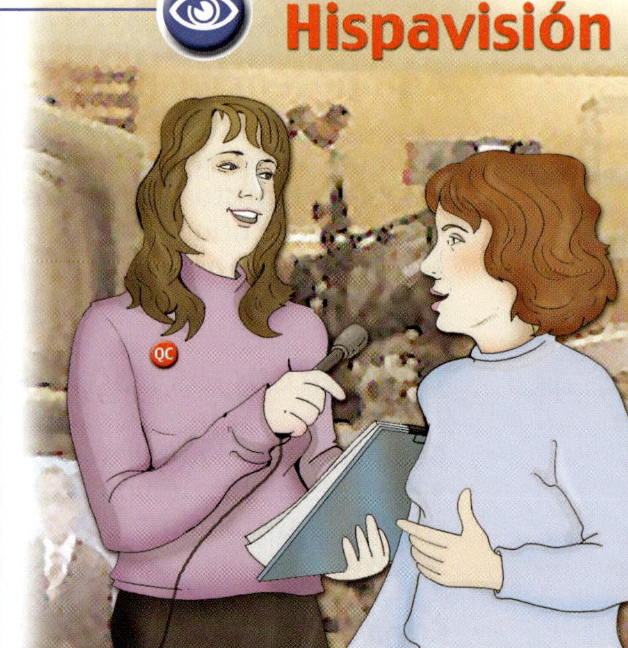

"La mayor" y "el pequeño": en español, es normal omitir palabras cuando la información puede sobreentenderse fácilmente (*la hija mayor, el hijo pequeño*). En este caso encontramos el uso del artículo seguido directamente del adjetivo, que es muy frecuente en español. Puede pedir a los alumnos que encuentren otros casos de omisión de palabras en el diálogo ("tiene dos" -años-, etc.).

1 Escucha otra vez y SEÑALA a quién se refiere cada una de las afirmaciones.

	Ruth	Frank
a. Trabaja en Pasadena.	x	
b. Nació en Asturias.	x	
c. Es de México.		x
d. Lleva veinte años viviendo en EE. UU.	x	
e. Tiene dos hijos.	x	x

Para ayudarte

- **Expresar continuidad**
  A. *¿Cuánto tiempo lleva viviendo en EE. UU.?*
  B. *Unos veinte años más o menos.*

- **Expresar duración**
  A. *¿Cuánto tiempo hace que trabaja en una escuela en Pasadena?*
  B. *(Hace) cinco años (que trabajo en una escuela en Pasadena).*

COMPLETA las frases con *LLEVAR* + verbo (en Gerundio). Utiliza los verbos del recuadro.

vivir	hacer	trabajar	jugar

a. Me gusta mucho el baloncesto. ....Llevo.... ....jugando.... desde que tenía diez años.
b. Los padres de Enrique se trasladaron a Venezuela cuando era pequeño. ....Llevan.... ....viviendo.... en ese país desde 1983.
c. ¡Estás en forma! ¿Cuánto tiempo ....llevas.... ....haciendo.... gimnasia?
d. Mi madre ....lleva.... ....trabajando.... con el ordenador toda la tarde.

PRACTICA en parejas. Formula a tu compañero las preguntas. Luego, él te pregunta a ti.

A	B
• ¿De dónde eres?	De ....
• ¿Cuánto tiempo llevas estudiando español?	....
• ¿Has vivido en otra ciudad / país? ¿Cuál?	....
• ¿Has estado alguna vez en España / Hispanoamérica, etc.?	....
• ¿Sabes hablar otros idiomas? ¿Cuáles?	....
• ¿Cuánto tiempo hace que estudias idiomas / trabajas...?	....

Puede utilizarse este ejercicio para hacer una presentación a la clase de alumnos nuevos (o de todos los alumnos si no se conocen entre sí). Para ello, después de hablar en parejas, se pide a cada alumno que presente y dé información sobre el compañero con el que ha estado hablando. De esta manera, se revisa el uso de la tercera persona de los verbos.

TRANSFORMA estas frases como en el ejemplo.

Llevamos tres horas caminando. > Hace tres horas que estamos caminando.

a. Llevo media hora esperándote. > Hace media hora que te estoy esperando.
b. ¿Cuánto tiempo llevan hablando por teléfono? > ¿Cuánto tiempo hace que están hablando por teléfono?
c. Se va a quemar. Sigue tomando el sol después de tres horas. > Hace tres horas que está tomando el sol.
d. Llevamos un mes buscando un profesor de música para Pablito. > Hace un mes que estamos buscando un profesor.

• Expresar gustos
A. *¿Le gusta su trabajo?*
B. ++ *Sí, me encanta* (= me gusta mucho).
+ *Me gusta* (bastante).
\- *No me gusta mucho.*
\- - *No me gusta nada.*

Para ayudarte

PRACTICA en grupos. Pregunta a tus compañeros qué cosas les han gustado del último país que han visitado.

A
• *¿A qué país has viajado?*
• *¿Te gusta / te gustó la comida francesa?*

B
• *A Francia.*
• *Sí, me encanta / me encantó.*

Pregunta por estas cosas:

Nombre	La comida	El clima / el paisaje	La gente	El arte	Las tiendas
A...	*le encanta*				

B. Perfil de un personaje

Lee y ESCUCHA.
Gael García Bernal es uno de los jóvenes actores mexicanos con mayor proyección internacional.

Antes de comenzar la sección:
La biografía de Gael García Bernal nos sirve para presentar y practicar los tiempos fundamentales del pasado: Pretérito Perfecto / Pretérito Imperfecto / Pretérito Indefinido. Señale, o pídales a los estudiantes que señalen los marcadores temporales que corresponden a cada tiempo.

Gael es actor de cine. Nació el 30 de noviembre de 1978 en Guadalajara, México. A los pocos meses de su nacimiento su familia se trasladó a la capital, Ciudad de México.

Desde muy pequeño empezó a trabajar como actor (sus padres también lo eran). Con nueve años actuó en la telenovela *Teresa*, junto a Salma Hayek. Después protagonizó varios cortometrajes y ejercicios dramáticos para escuelas de cine, entre ellos el cortometraje *De tripas, corazón* que fue nominado al Oscar en esa categoría.

Cuando tenía 17 años, Gael viajó a Europa y estudió Arte Dramático en *The Central School of Speech and Drama* en Inglaterra.

En enero de 2000 Gael aceptó la invitación del director Alejandro González Iñárritu para trabajar en una de las historias de *Amores Perros*. La película tuvo un éxito enorme de crítica y público en todo el mundo y fue seleccionada en la categoría de mejor película extranjera en los Oscar de ese año. En 2001 Gael trabajó con su amigo de toda la vida Diego Luna en *Y tu mamá también* junto con la actriz española Maribel Verdú. Recientemente ha trabajado varias veces en coproducciones inglesas (*El punto sobre la i*), ha interpretado el papel de un joven Che Guevara y últimamente ha sido el nuevo protagonista de la película de Pedro Almodóvar, *La mala educación*.

1 **Escucha otra vez y SEÑALA verdadero (V) o falso (F). Corrige la información errónea.**

	V	F	
a. Gael García Bernal es de Ciudad de México.		x	Es de Guadalajara.
b. Estudió Arte Dramático.	x		
c. Empezó a trabajar a los 17 años en telenovelas.		x	Empezó a trabajar de niño.
d. Dirigió la película mexicana *Amores Perros*.		x	La dirigió González Iñárritu.
e. Ha trabajado en películas inglesas como *La mala educación*.		x	*La mala educación* es española.

Para ayudarte

- **Contar una biografía**
  Nació, estudió, se casó, ganó un premio...
  Últimamente ha trabajado en un programa nuevo.
- **Expresar una acción interrumpida por otra**
  Cuando tenía 17 años, viajó a Europa.

2 COMPLETA las frases con el verbo adecuado en pasado.

a. Rafa nació en Zaragoza y cuando (tener) ......tenía..... 17 años (trasladarse) ..se trasladó.. a estudiar a Barcelona.
b. Jesús (empezar) ...empezó... a estudiar Derecho, pero en segundo curso lo dejó y (entrar) .....entró..... a trabajar en la televisión.
c. Mi hermana (estar) .....estuvo.... trabajando unos meses en una pizzería para pagarse los estudios.
d. Últimamente David (trabajar) ..ha trabajado.. de presentador en varios concursos.

3 ESCUCHA a Laura hablar de su biografía y completa la ficha.

NOMBRE Laura PROFESIÓN Periodista
LUGAR DE TRABAJO *El Mundo* DOMICILIO EN Madrid
EDAD 38 años ESTADO CIVIL Soltera GUSTOS Leer, viajar, cocinar.
PREMIOS *Actualidad* por un trabajo sobre "La situación de las mujeres afganas".

4 PRACTICA en parejas. Entrevista a tus compañeros. Pregúntales datos sobre su biografía y luego escríbela.

Actividad semilibre.
Repase con sus alumnos el Pretérito Indefinido de los verbos regulares y de los irregulares necesarios para la actividad.

	TU COMPAÑERO	OTRO COMPAÑERO
¿Dónde naciste?		
¿Dónde estudiaste?		
¿Cuándo terminaste los estudios?		
¿Estás casado/a?		
¿Dónde conociste a tu marido / mujer?		
¿Cuándo / Dónde empezaste a trabajar?		
¿Qué te gusta hacer en tu tiempo libre?		

5 PRACTICA en grupos de cuatro. ¿Conoces a estos personajes famosos? Tienes que escribir, junto a tus compañeros, el máximo de información sobre ellos. Si no los conoces, haz con toda la clase una lista de famosos.

Actividad libre.

Jennifer López: actriz y cantante nacida en Nueva York (1970). Películas: *My Little Girl; Asalto al tren del dinero; My family*, Canciones: *If you had my love*.

Nelson Mandela: político sudafricano (1918). Dirigente del Congreso Nacional Africano, líder destacado en la lucha contra el *apartheid*. Estuvo en prisión entre 1964 y 1990. Premio Nobel de la Paz (1993).

Madonna: cantante y actriz estadounidense (1958). Algunos discos: *Like a Prayer, Erotica, American Life*. Películas: *Buscando a Susan desesperadamente, Evita*.

Ronaldo: futbolista, juega en el Real Madrid desde 2002. Nació en Río de Janeiro. A los 17 años, entró en la selección de Brasil. En Europa jugó en el PSV Eindhoven, luego en el Barcelona, después en el Milán, donde se lesionó una rodilla. Le llaman "El Fenómeno". Obtuvo el "Balón de oro" en 1997.

Hillary Clinton

Hillary Clinton: abogada y política estadounidense, esposa del ex presidente Bill Clinton. Desde el año 2000 es senadora por Nueva York.

Contenidos gramaticales

Pretérito Perfecto. Forma y usos

Forma:

	IR	
(Yo)	he	ido
(Tú)	has	ido
(Él/ella/Ud.)	ha	ido
(Nosotros/as)	hemos	ido
(Vosotros/as)	habéis	ido
(Ellos/as/Uds.)	han	ido

Uso:

El Pretérito Perfecto se usa para hablar de acciones acabadas en un tiempo que el hablante siente próximo al presente. Suele utilizarse con marcadores como *esta mañana, este mes, esta semana...*

Este mes no he ahorrado nada.

(Podemos decir esto tanto si es 25 ó 30 del mes.)

Pretérito Indefinido. Verbos irregulares y usos

Pretérito Indefinido de algunos verbos irregulares:

	IR	HACER	PONER	QUERER	VENIR
(Yo)	fui	hice	puse	quise	vine
(Tú)	fuiste	hiciste	pusiste	quisiste	viniste
(Él/ella/Ud.)	fue	hizo	puso	quiso	vino
(Nosotros/as)	fuimos	hicimos	pusimos	quisimos	vinimos
(Vosotros/as)	fuisteis	hicisteis	pusisteis	quisisteis	vinisteis
(Ellos/as/Uds.)	fueron	hicieron	pusieron	quisieron	vinieron

Uso:

Se usa el Pretérito Indefinido para hablar de acciones pasadas puntuales y acabadas en un tiempo determinado. Se emplea con marcadores como *ayer, en 1968, el mes pasado* o *hace un año*.

Ayer me encontré con María Luisa en el cine.

En 1998 fuimos de vacaciones a Grecia.

1 COMPLETA las frases con uno de los verbos del recuadro en Pretérito Indefinido.

querer ir (2) venir invitar llegar estar hacer

a. Hace cinco años mis hermanos y yo *fuimos* de vacaciones a Marbella.
b. La semana pasada yo no ....fui.... a clase ningún día.
c. Felipe ....hizo.... sus estudios de postgrado en la Universidad Autónoma de México.
d. Anoche Lorena ....llegó.... muy tarde a mi casa porque ....estuvo.... en casa de Julia mucho tiempo.
e. Eduardo, ¿por qué no ....viniste.... ayer a clase?
f. Unos amigos nos ....invitaron.... a comer fuera, pero mi marido no ....quiso.... ir.

Contraste Pretérito Perfecto / Pretérito Indefinido

El Pretérito Perfecto se utiliza preferentemente, para hablar de experiencias, sin determinar la fecha. El Indefinido lo utilizamos también cuando sabemos la duración de la acción y su terminación.

Miguel se ha casado tres veces.

María Luisa vivió en París muchos años / varios meses / un año.

SUBRAYA el verbo más adecuado en las frases siguientes.

a. La semana pasada trabajé / *he trabajado* más que esta.
b. Hace cinco años estuvimos / *hemos estado* en Perú.
c. Este fin de semana he salido / *salí* mucho. El sábado *he estado* / estuve en la discoteca y el domingo *he ido* / fui a ver un partido de fútbol.
d. • Jennifer, ¿has comido / *comiste* paella alguna vez?
• Sí, la *he probado* / probé una vez cuando *he ido* / fui de vacaciones a España, hace dos años.

Estaba + Gerundio

Se usa esta estructura cuando queremos expresar una acción interrumpida por otra.

Conocí a Fernando cuando estaba trabajando en la empresa de mi padre.

En algunas ocasiones, la perífrasis *estar* + Gerundio no se puede utilizar y se usa en su lugar el Pretérito Imperfecto.

Cuando tenía 14 años sus padres le regalaron una moto.

COMPLETA las frases con el verbo en el tiempo adecuado (*estaba* + Gerundio, Pretérito Imperfecto o Pretérito Indefinido).

a. Cuando (hablar) *estaba hablando* con Isabel, (llegar) *llegó* mi hermana.
b. Cuando (ser) ....era.......... pequeña, mi hermana (tener)....tuvo.... un accidente.
c. Yo (caerse)....me caí.... cuando (salir)...salía / estaba saliendo... de mi casa.
d. En el año 2000, cuando Ernesto (ir) ....fue.... a Japón, yo (trabajar) ....estaba trabajando.... en París, y por eso no ...pude... (poder) ir con él.

Llevar + Gerundio

Se usa esta forma para hablar de la duración de una acción que empezó en el pasado y que aún continúa.

• *¿Cuánto tiempo llevas trabajando en esta empresa?*
• *(Llevo trabajando aquí) seis meses.*

4 ESCRIBE frases como en el ejemplo.

a. Ernesto llegó a Guatemala en 2001. Estamos en 2004.
Ernesto lleva tres años viviendo en Guatemala.
b. Empecé a trabajar en esta empresa en abril. Estamos en agosto.
...Llevo cuatro meses trabajando en esta empresa....
c. Quedé con Juanjo a las siete. Son las ocho menos veinte.
...Llevo cuarenta minutos esperándolo....
d. La niña se acostó a las nueve de la noche y son las ocho de la mañana.
...Lleva once horas durmiendo....

Lengua en uso

1 **LEE este documento e indica qué clase de información corresponde a cada hueco numerado. Elige entre las expresiones del recuadro.**

Nombre de la madre	Segundo apellido	Estado civil
País de nacimiento	Domicilio en España	Localidad
CP (código postal)	Fecha de nacimiento	Lugar de nacimiento
Permanente	Firma	Ocupación o puesto de trabajo

Se trata de un modelo de solicitud de permiso de residencia para extranjeros en España. Recuerde a sus alumnos que en España una persona se identifica con uno o varios nombres de pila y dos apellidos, normalmente el del padre y el de la madre, en ese orden, aunque puede cambiarse.

ADMINISTRACIÓN GENERAL DEL ESTADO

EXTRANJEROS

Solicitud de permiso de trabajo y residencia

DATOS PERSONALES DEL EXTRANJERO

Primer apellido: MAROTO
(1) Segundo apellido: FERNÁNDEZ
Nombre: SUSANA
(2) Fecha de nacimiento: 12-8-76
Sexo: hombre / mujer
(3) Lugar de nacimiento: MONTEVIDEO
(4) Estado civil: soltero / casado / viudo / divorciado
País de nacionalidad: ARGENTINA
(5) País de nacimiento: URUGUAY
(6) Nombre de la madre: MARÍA ISABEL
Nombre del padre: CARLOS
(7) Domicilio en España: GOYA, 76 3°-B
(8) Localidad: MADRID CAPITAL
Teléfono: 91-4416538
(9) CP (código postal): 28004
Provincia: MADRID

DATOS RELATIVOS AL PERMISO

- permiso de residencia: temporal ☐ (10) permanente ☐
- permiso de trabajo: por cuenta propia ☐ por cuenta ajena ☐

Nombre o razón social: ORQUESTA GIRASOL
Actividad de la empresa:
(11) Ocupación o puesto de trabajo: MÚSICO
Domicilio: PLAZA DE LAS NACIONES, 3

Madrid, 4 de *febrero* de 2.00....

(12) Firma del solicitante

Susana Maroto

RESOLUCIÓN ADOPTADA
concedida ☐ denegada ☐
Fecha

RELACIONA los nombres de documentos con su función o utilidad.

a. Documento Nacional de Identidad
b. Pasaporte
c. Carné de conducir
d. Certificado de estudios
e. Partida de nacimiento

Sirve/ Es necesario para...
1. viajar a países extranjeros.
2. conducir un vehículo de motor.
3. demostrar quién eres en gestiones cotidianas.
4. demostrar los datos de tu nacimiento: lugar, fecha, etc. (por ej., cuando pides otros documentos).
5. demostrar los cursos que has hecho.

Mira otra vez el documento de la actividad 1. ¿Qué información NO aparece normalmente en un pasaporte? ¿Y en un carné de conducir?

¡OJO! LÉXICO DE HISPANOAMÉRICA

Los pasaportes españoles consignan los datos siguientes: nombre completo, sexo, profesión, estado civil, lugar y fecha de nacimiento y domicilio. Un carné de conducir incluye estos datos: nombre completo, fecha de nacimiento y domicilio. Los alumnos podrían explicar qué datos figuran en estos documentos en sus países.

a. *Cédula de identidad* (En Venezuela)
b. *Licencia de manejar* (En México)
c. *Constancia de estudio* (En Venezuela)

Susana habla con una funcionaria que le explica cómo rellenar el impreso. Sigue las instrucciones de la funcionaria y RELLENA el impreso donde Susana tiene dudas.

Marcar con una cruz las casillas "permanente" (número 10) y "por cuenta ajena". Escribir "espectáculos" en la casilla correspondiente a la actividad de la empresa.

ESCUCHA estas cuatro conversaciones. En cada una hay personas que hablan sobre sí mismas o sobre otros, pero las situaciones son diferentes. Relaciona cada diálogo con la situación que se plantea.

Situación	a	b	c	d
1. Los han presentado en una fiesta y están charlando.		x		
2. Están en una entrevista de trabajo.	x			
3. Una persona tiene que rellenar un documento.				x
4. Una persona hace un discurso en una presentación.			x	

Ahora ANOTA toda la información que oigas sobre estas personas.

a. Óscar	Es economista, terminó sus estudios hace tres años y ha tenido dos trabajos.
b. Renata	Es italiana, simpática, de Milán.
c. Eduardo	Es escritor, autor de *Cuentos para el olvido*.
d. Sra. Garmisz	Es polaca, de Varsovia. Tiene contrato laboral en España.

PRACTICA en parejas. Prepara un diálogo parecido (cambiando los nombres y la información) a uno de los diálogos de la actividad anterior, y represéntalo delante de toda la clase. Tus compañeros deben decir cuál es la situación de vuestro diálogo.

Taller [Hispanos en Estados Unidos]

Antes de leer

1. ¿Qué conocidos personajes del mundo de Hollywood son hispanos?

2. De los siguientes nombres, ¿quiénes son directores, quiénes actores / actrices y quiénes cantantes?

Actrices: Salma Hayek, Penélope Cruz, Jennifer López.
Actores: Benicio del Toro, Andy García.
Directores: Alfonso Cuarón, Robert Rodríguez.
Cantantes: Gloria Stefan, Jennifer López.

Salma Hayek *Alfonso Cuarón* *Benicio del Toro* *Jennifer López*
Gloria Stefan *Robert Rodríguez* *Penélope Cruz* *Andy García*

3. ¿Sabes su nacionalidad?

Mexicanos: Salma Hayek, Alfonso Cuarón.
Cubanos: Gloria Stefan, Andy García.
Españoles: Penélope Cruz.
Norteamericanos: Jennifer López y Robert Rodríguez.
Puertorriqueño: Benicio del Toro.

La lectura

1. Lee el texto y contesta a las preguntas.

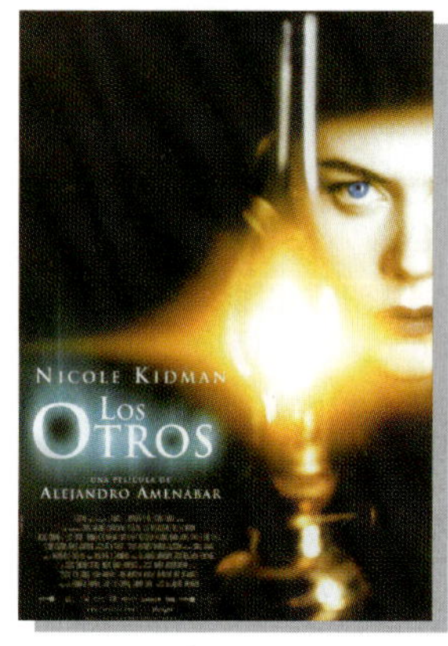

La conquista de HOLLYWOOD

Las producciones hispanas comienzan a pisar duro en el mundo del cine americano. Y ya son varias las compañías listas para enfrentar ese mercado.

LOS ÁNGELES. Revista Poder

Son signos de un tiempo que cambia: Gael García Bernal, protagonista de *Y tu mamá también* y *Amores perros*, fue uno de los presentadores en la ceremonia de entrega de los Oscar de 2003. En la misma, Pedro Almodóvar recibió un Oscar por el mejor guión original, mientras que la película *Frida*, protagonizada por Salma Hayek, consiguió los Oscar a la mejor composición musical y al mejor maquillaje. El director mexicano Alfonso Cuarón fue contratado para dirigir la tercera película de la serie de *Harry Potter*. Penélope Cruz sigue compitiendo con Meg Ryan en las portadas de las principales revistas de la farándula. Y la cinta *Los Otros*, de Alejandro Amenábar, recaudó unos 96 millones de dólares en taquilla...

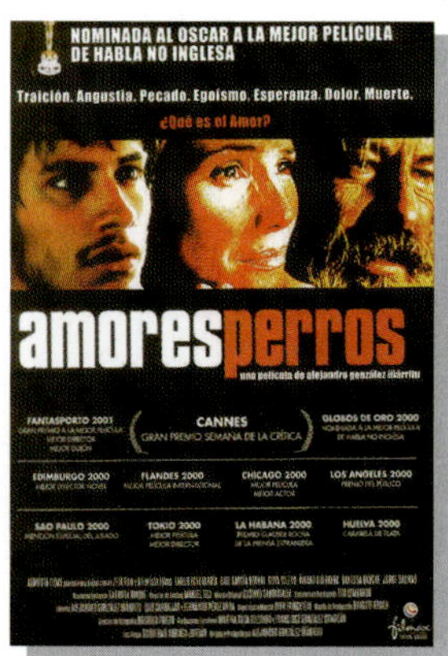

Actores, directores y productores hispanos han trabajado en producciones americanas desde hace mucho tiempo. Lo que marca la diferencia es que ahora las películas españolas y latinas han comenzado a introducirse en los principales canales de distribución con mayor facilidad que en el pasado. De hecho, no es nada inusual encontrarlas junto a las últimas superproducciones de Hollywood y a otras películas de largo metraje, en la TV por cable, en los vídeos de alquiler y en los servicios de "pague por ver". [...] No es fácil entender por qué la cinematografía hispana está en auge, y por qué hay una mayor disposición de los inversionistas para financiarla y un público cada vez más interesado en verla: algunos afirman que es el éxito reciente de algunas películas mexicanas en el mercado estadounidense el que ha despertado un nuevo interés en la cinematografía hispana. Otros dicen que su éxito se debe simplemente a que surgió en el momento oportuno. Sin minimizar, por supuesto, el hecho de que algunas de las principales empresas de medios de comunicación de la región hayan decidido apoyar el cine hispano.

(Texto adaptado de la Revista *Poder*)

a. ¿Cómo se llama el director de *Los Otros*? Alejandro Amenábar.
b. ¿Quién dirigirá la tercera parte de *Harry Potter*? Alfonso Cuarón.
c. ¿Qué actriz norteamericana rivaliza con Penélope Cruz? Meg Ryan.
d. ¿Qué hispano ganó un Oscar en 2003? Pedro Almodóvar.

2. Lee el texto otra vez y busca en la columna de la derecha un sinónimo para las palabras de la columna izquierda.

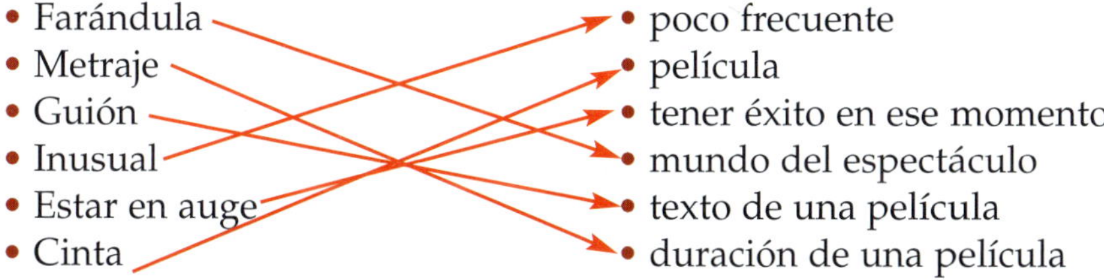

• Farándula	• poco frecuente
• Metraje	• película
• Guión	• tener éxito en ese momento
• Inusual	• mundo del espectáculo
• Estar en auge	• texto de una película
• Cinta	• duración de una película

3. ¿Has visto alguna de las películas que se mencionan en el texto? ¿Qué películas con presencia hispana has visto recientemente? Pregunte a sus alumnos por los actores / actrices / directores de las películas presentadas en el texto.

Después de leer

• Comenta estas cifras del cuadro. ¿Cuáles te parecen más significativas?

Algunos datos sobre los hispanos en Estados Unidos:

El enorme crecimiento de la población hispana en EE.UU. es debido tanto a una fuerte inmigración como a una alta tasa de natalidad. De ahí que la edad media de la comunidad hispana sea más baja que la del resto del país.
Hay una gran concentración de hispanos en los estados del sur de EE.UU., pero también en otras zonas, como Nueva York, donde resulta más fácil encontrar puestos de trabajo.
A pesar de algunos problemas asociados con esta comunidad, la realidad es que la comunidad hispana en EE.UU. está cada vez más enraizada en esa sociedad e integrada en ella, y aumenta el porcentaje de hispanos nacidos en EE.UU. con respecto a la de los inmigrantes.

• Población hispana en Estados Unidos: 35,3 millones (censo de 2001).
• Crecimiento entre 1990 y 2000: 58%
• Edad media de la población: 25,9 (35,3 en el resto del país).
• Tres de cada cuatro hispanos vive en California, Texas, Nueva York, Florida, Illinois, Arizona y Nueva Jersey.
• Las nacionalidades mayoritarias son: mexicanos, puertorriqueños, dominicanos, cubanos, centroamericanos y de otros países sudamericanos.

Fuente: Oficina del Censo. Departamento de Comercio de Estados Unidos (2001)

• ¿Recuerdas películas sobre la vida de los hispanos en EE. UU.? ¿Tienes otra información (periódicos, revistas, TV, etc.) sobre este tema?

• ¿Qué problemas relacionarías con el mundo hispano en EE. UU.?

Templo maya de la Calavera
Palenque, México

Unidad 2
Sentimientos

Competencias pragmáticas:

- **Hablar de estados de ánimo.**
- **Describir la personalidad y el carácter de alguien.**
- **Pedir y expresar opinión.**
- **Expresar acuerdo y desacuerdo.**

Competencias lingüísticas:

Competencia gramatical

- **Usos de *ser* y *estar*.**
- **Futuro Imperfecto de verbos regulares e irregulares.**
- **Verbo *parecer*.**

Competencia léxica

- **Adjetivos para describir estados de ánimo.**
- **Adjetivos de personalidad.**

Conocimiento sociocultural:

- **Patrimonios de la Humanidad en el mundo hispano.**

Antes de comenzar la sección:
Salude a los alumnos y dígales cómo se siente, por ejemplo: "Estoy nerviosa". Explique por qué ("he tomado mucho café", "tengo que ir al dentista" o cualquier otro motivo fácil de entender) y mediante mímica presente el significado de *nerviosa* (temblor de manos, agitación, etc.). Presente otras cuantas palabras que indican estados de ánimo del mismo modo. Pregunte en la clase quién se siente nervioso, tranquilo, estresado, etc.

A. ¡Qué mal humor!

Lee y ESCUCHA.
En las oficinas de Hispavisión, Sandra se encuentra con un compañero que trabaja como cámara.

Sandra: *¡Hola, Ramón! ¿Qué te pasa? Estás muy serio.*
Ramón: *Nada, es que la jefa está de mal humor hoy. Hemos discutido. Nada le parece bien. Dice que hay que repetir todo el reportaje. Estoy harto.*
Sandra: *Vamos, Ramón. No te enfades con Silvia. Es una persona muy eficiente. Lo que pasa es que su trabajo es muy estresante. Pero cuando está tranquila es muy amable.*
Ramón: *Sí, tienes razón, pero si Silvia tiene estrés, yo no tengo la culpa. Normalmente soy paciente, pero hoy ha estado inaguantable. No puedo trabajar con una persona tan inflexible.*
Sandra: *No seas pesimista, Ramón. Todos sabemos que Silvia es perfeccionista, le gusta todo bien terminado. ¿Por qué no vamos a tomar algo a la cafetería y hablamos tranquilamente? Luego, más relajado, verás las cosas de forma más positiva.*
Ramón: *De acuerdo, Sandra. Tú siempre tan optimista.*

1 Escucha otra vez y SEÑALA la respuesta correcta.

a. ¿Por qué está serio Ramón?
   1. Porque está enfadado con Sandra.
   2. Porque ha discutido con Silvia.
b. ¿Cómo es Silvia normalmente?
   1. Es eficiente y amable.
   2. Es optimista y flexible.
c. ¿Cómo está Silvia hoy?
   1. Está tranquila y relajada.
   2. Está nerviosa y estresada.
d. ¿Qué le propone Sandra a Ramón?
   1. Hablar los dos.
   2. Hablar con Silvia, la jefa.

• Hablar de estados de ánimo

A. *¿Sabes algo de Pilar?* B. *Está de mal humor. Se ha enfadado con su novio.*
A. *¿Qué te pasa?* B. *Estoy harto, aburrido y cansado.*

Para ayudarte

2 CLASIFICA las palabras del recuadro en la columna correspondiente.

harto/a	eficiente	serio/a	estresante	inaguantable
inflexible	razón	la culpa	optimista	perfeccionista
paciente	pesimista	amable	estrés	solidario/a

inflexible, paciente, eficiente, pesimista, serio/a, amable, estresante, optimista, inaguantable, perfeccionista, solidario.

SER...	ESTAR...	TENER...
	harto/a, serio/a, amable, inaguantable	razón, la culpa, estrés

Sentido positivo: *eficiente, tranquila, amable, paciente, optimista.*
Sentido negativo: *serio, de mal humor, harto, estresante, estrés, culpa, inaguantable, inflexible, pesimista.*

¿Hay palabras que pueden ir en dos columnas? ¿Por qué?
En el diálogo, ¿qué palabras tienen un sentido positivo y cuáles negativo?

- **Describir la personalidad**

A. *¿Sabes algo de la nueva jefa?*
B. *¿De Isabel? Creo que tiene buen carácter.*
A. *Cuéntame, ¿cómo es Eva?*
B. *Pues es divertida y muy lista.*

ara ayudarte

ESCUCHA los diálogos y relaciona cada personaje con dos rasgos de carácter de los que aparecen en el recuadro.

aburrido/a	divertido/a	generoso/a	tacaño/a
amable	grosero/a	solidario/a	egoísta

a. Margarita ......divertida...... ......tacaña......
b. Julián ......egoísta...... ......amable......
c. Alejandro ......generoso...... ......aburrido......

Para los casos en que el adjetivo puede ir con *ser* o *estar*: la palabra detrás de *ser* se refiere a una característica permanente de una persona. Detrás de *estar* se refiere a un estado de ánimo pasajero y no necesariamente permanente. Así, podemos decir "Carlos es muy serio", afirmando que ese es su carácter habitual. Si decimos "Carlos está serio", queremos expresar que ahora está enfadado, de mal humor, pero esto no tiene por qué ser así siempre.

4 ¿Qué palabra de las actividades 2 y 3 corresponde a cada definición? ESCRIBE tus respuestas.

a. Que siempre cree que todo está bien, o mejor de lo que está en realidad. Optimista
b. Que lo hace todo correctamente, sin cometer errores y en poco tiempo. Eficiente
c. Que ayuda a los demás. Solidario
d. Que no es gracioso ni interesante. Aburrido

5 Ahora DEFINE las palabras: *egoísta, divertido, pesimista.*

Respuestas orientativas:
Egoísta: que sólo piensa en su propio interés, que no piensa en los demás ni los ayuda.
Divertido: que tiene sentido del humor, y dice o hace cosas graciosas.
Pesimista: que piensa que todo está mal, o peor de lo que está en realidad.

6 RELACIONA las frases con los dibujos. A continuación, termina las frases con el adjetivo adecuado.

1

2

3

a. No paro de trabajar todo el día y nadie me da las gracias. Estoy ......harto...... . Dibujo 1
b. Es mi primer día en el trabajo. Estoy un poco ......nerviosa...... . Dibujo 2
c. Mi exposición de fotografías ha sido un éxito. Estoy muy ......contenta...... . Dibujo 3

B. Yo creo que...

Antes de comenzar la sección:
Se presenta la expresión de la opinión Haga observar el uso enfático de los pro nombres sujeto (*Yo creo, A mí me parece* para resaltar que se trata de algo muy per sonal. Aproveche también para recorda el uso de "Lo que pasa es que..." para introducir una objeción y aclaración.

Lee y ESCUCHA.
Los reporteros de la televisión han salido a la calle a pedir la opinión de la gente.

1. La publicidad engaña a la gente: ¿está usted de acuerdo?

A: Sí, claro, estoy totalmente de acuerdo. Yo nunca compro las marcas que hacen más publicidad porque son las más caras. No me creo nada de lo que dicen.

B: Bueno, no estoy totalmente de acuerdo. La publicidad a veces exagera un poco la calidad de los productos, pero no engaña. Yo compro productos de marca porque creo que son mejores que los que no hacen ninguna publicidad.

C: Yo creo que la publicidad es un arte y en el arte hay de todo. A mí me gusta mucho ver los anuncios de la tele, hay algunos que son preciosos, otros son divertidos, pero no me importa si dicen la verdad o no. Yo compro donde quiero.

2. ¿Qué opina usted del fútbol?, ¿es un deporte o un negocio?

A: ¿El fútbol? Yo creo que es un negocio, por supuesto. ¿Cómo pueden pagar tanto dinero a un futbolista por correr detrás de un balón? Además, me parece una barbaridad el dinero que pagan los aficionados por ver un partido. Claro que es un negocio.

B: A mí me parece que el fútbol es básicamente un deporte que mueve mucho dinero, es verdad. Para mí es un placer ver un partido con buenos jugadores y no me importa pagar un poco más.

C: Yo creo que el fútbol es una manera de escapar de los problemas reales. Casi todos mis amigos (y algunas amigas) se ponen a ver un partido en la tele y parece que se vuelven locos.

3. ¿Cree usted que el reciclaje (papel, cristales, plásticos) sirve para algo?

A: No sé, la verdad es que yo no entiendo muy bien para qué sirve eso del reciclaje. A mí me da muchos problemas porque no sé dónde guardar cada cosa: que si los papeles aquí, los cristales allí... No lo entiendo.

B: Por supuesto que sirve para algo: para conservar el medio ambiente. Si no reciclamos la basura que producimos, pronto no sabremos dónde ponerla. Además, al utilizar productos reciclados ahorramos dinero y energía.

C: Yo creo que sí, que hay que reciclar la basura. En mi casa mi madre nos obliga a utilizar el papel por las dos caras y claro, se ahorra papel. Lo que pasa es que yo creo que reciclar también cuesta energía y dinero, ¿no? Y al final, no sé si es rentable.

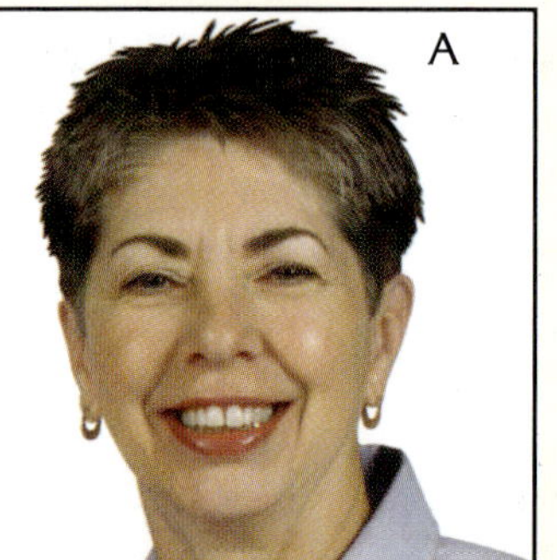
A

B

C

1 **Escucha otra vez los diálogos y SEÑALA a quién corresponde cada afirmación.**

	A	B	C
1. Está segura de que la publicidad es un engaño.	X		
2. Le gustan mucho los anuncios publicitarios.			X
3. Compra las marcas porque son mejores.		X	
4. Cree que el fútbol es un puro negocio.	X		
5. No le importa pagar mucho para ver un buen partido.		X	
6. No sabe para qué sirve el reciclaje.	X		

Para ayudarte

- **Pedir la opinión**
  A. *¿Qué opina usted de...?*
- **Expresar la opinión**
  B. *Yo pienso / creo que...*
  C. *A mí me parece que...*
- **Expresar acuerdo o desacuerdo**
  Claro, por supuesto que sí.
  Estoy (totalmente de acuerdo) con...
  No estoy de acuerdo con...
- **Expresar indiferencia**
  No me importa (si)...

PRACTICA en parejas. Haz las preguntas del diálogo inicial a tu compañero. Toma nota de sus opiniones y luego, ponedlas en común con el resto de la clase. Actividad semilibre.

- *¿Qué opinas de...?*

- *A mí me parece que...*

Mi compañero piensa que la publicidad... / No está de acuerdo con...

PRACTICA en grupos de cuatro. A continuación hay una serie de afirmaciones, expresa tu opinión. Llega a un acuerdo con tus compañeros y expón las conclusiones del grupo.
Actividad semilibre.

El arte moderno ya no es arte.

La navegación por Internet tiene que ser controlada.

Los animales que vamos a comer tienen derecho a vivir "dignamente" y a no ser maltratados.

Las parejas de hecho deben tener los mismos derechos que las casadas.

- **Expresar una condición**
  Si no reciclamos, no sabremos dónde meter las basuras.
- **Futuro Imperfecto**

	PASAR	SABER
(Yo)	pasaré	sabré
(Tú)	pasarás	sabrás
(Él)	pasará	sabrá

Para ayudarte

4 RELACIONA las dos partes de la condición.

Subraye que se presentan aquí las condicionales reales, es decir aquellas en las que el cumplimiento de la condición es posible.

1. Si Pedro llega a tiempo,
2. Si tienes hambre,
3. Si tengo tiempo,
4. Si puedes,
5. Si Rosa no puede trabajar,
6. Si necesito dinero,

a. en el frigorífico tienes comida.
b. te lo pediré.
c. pásate después del trabajo por mi casa.
d. te llamaré después de comer.
e. iremos a la fiesta de Javier.
f. iré yo a su oficina.

Contenidos gramaticales

Futuro Imperfecto. Verbos regulares

Forma:

Infinitivo + desinencias: *-é, -ás, -á, -emos, -éis, -án.*

	HABLAR	BEBER	VIVIR
(Yo)	hablaré	beberé	viviré
(Tú)	hablarás	beberás	vivirás
(Él/ella/Ud.)	hablará	beberá	vivirá
(Nosotros/as)	hablaremos	beberemos	viviremos
(Vosotros/as)	hablaréis	beberéis	viviréis
(Ellos/as/Uds.)	hablarán	beberán	vivirán

Uso:

El Futuro Imperfecto se utiliza para hablar del futuro. Los marcadores más frecuentes son: *mañana, el año que viene, dentro de..., la semana próxima:*

El año que viene me matricularé en japonés.
Volveremos a nuestro país dentro de tres meses.

Se utiliza para hacer predicciones:

Dentro de 50 años todos los coches funcionarán con electricidad.

También es habitual encontrarlo en la segunda parte de una condicional real:

Si comes mucho chocolate, engordarás.

Futuro Imperfecto. Verbos irregulares

	HACER	SALIR	SABER	PONER	PODER
(Yo)	haré	saldré	sabré	pondré	podré
(Tú)	harás	saldrás	sabrás	pondrás	podrás
(Él/ella/Ud.)	hará	saldrá	sabrá	pondrá	podrá
(Nosotros/as)	haremos	saldremos	sabremos	pondremos	podremos
(Vosotros/as)	haréis	saldréis	sabréis	pondréis	podréis
(Ellos/as/Uds.)	harán	saldrán	sabrán	pondrán	podrán

1 COMPLETA las frases siguientes con el verbo en futuro. SEÑALA qué uso del futuro se da en cada caso.

a. El señor Fernández no está, *volverá* a las diez. (volver) Predicción
b. Yo creo que este libro le ...gustará... a mucha gente. (gustar) Predicción
c. Profesor, mañana no ...podré.. venir a clase porque tengo que ir al médico. (poder) Hablar del futuro
d. ¿Tú crees que ....irá.... mucha gente a la boda de Cati? (ir) Predicción
e. • Ana, ¿has hecho los deberes?
  • No, mamá, los ...haré.... después de cenar. (hacer) Hablar del futuro

Usos de *ser* / *estar*

Se usa *ser* para:	Se usa *estar* para:
• Definir y expresar las características de un objeto, animal, persona, etc. *Manolo es cariñoso y divertido.* *Esta mesa es muy sólida.* • Hablar de la procedencia: *Este vino es de Rioja.* *Natalia y Nuria son catalanas.*	• Situar algo en el espacio: *Las islas Canarias están en el Océano Atlántico.* • Hablar del lugar o del tiempo: *Hoy estamos a 20 de septiembre.* • Expresar estados de ánimo o físicos de las personas: *Pilar siempre está de mal humor.* *Francisco está enfermo.*

SUBRAYA la opción adecuada en cada frase.

a. Luisa *está* / *es* enfadada con sus compañeros porque no le ayudan lo suficiente.
b. Los médicos dicen que no *es* / *está* bueno comer mucha carne.
c. Mi hermana Paloma *es* / *está* una egoísta, no comparte nada.
d. Ramón *está* / *es* nervioso porque tiene demasiadas cosas que hacer.
e. Mis vecinos normalmente *son* / *están* amables, pero últimamente *son* / *están* inaguantables.
f. Julián no vino ayer a trabajar porque *era* / *estaba* malo.

Verbo *parecer*

• El verbo *parecer* se conjuga como el verbo *gustar* (con los pronombres *me, te, le, nos, os, les*) cuando se utiliza para expresar opinión.

¿Qué te parece (a ti) el nuevo coche de Pedro?
A mis padres no les pareció bien lo que dijiste en la cena.

• Las construcciones con el verbo *parecer*:

Me parece que + frase
A mí me parece que el fútbol es un negocio, no un deporte.

Me parece + adjetivo
Engañar a la gente con la publicidad me parece deshonesto.

Me parece + nombre
El arte moderno me parece una tontería.

COMPLETA las frases con el pronombre adecuado.

a. ¿Qué *te* parece mi camisa nueva?, ¿te gusta?
b. A nosotros no ...nos... parece bien la nueva casa de Nuria y Jordi. Es demasiado grande.
c. ¿Qué ...le... parece lo que ha dicho el Presidente, señora Antón?
d. ¿A Uds. ...les... parece correcta la actitud de la Ministra de Sanidad?
e. A mí todos esos programas de cotilleo sobre los artistas de la tele ...me... parecen una basura.
f. Arturo, ¿...te... parece bonito lo que has hecho? ¡Me has estropeado el ordenador!

Lengua en uso

1

Andrés está leyendo los anuncios personales, buscando una chica que le guste. LEE la información sobre Andrés y los anuncios. Contesta a las preguntas.

Andrés rompió con su novia hace cuatro meses. Se siente solo, pero no le gustan las discotecas ni los deportes. Por eso tiene pocos amigos y amigas, y se pasa los fines de semana viendo películas.

ANDRÉS. Economista, soltero, 30 años. Ojos marrones, 1,78 m. Sensible, un poco tímido, pero ingenioso y divertido cuando se siente querido. Le gusta el cine y la lectura. Quiere conocer mujeres de edad parecida para salir y hacerse compañía.

ISABEL. 40 años, empresaria divorciada sin hijos, alta, rubia, ojos verdes, amante de los animales y la naturaleza, quiere conocer a hombres de edad parecida para compartir aficiones y amistad.

ERIKA. Estudiante noruega, 20 años, 1,78 m rubia, ojos azules, le gusta bailar. Quiere conocer chicos y chicas españoles jóvenes con mucha marcha para divertirse y practicar español.

NATALIA. 27 años. Con título universitario. 1,65 m, morena, ojos castaños. Le gusta el cine, la música moderna y la literatura. Quiere conocer hombres de 30 a 35 años con aficiones similares para amistad y quizá una relación.

a. ¿Quién tiene 30 años? Andrés.
b. ¿A quién le preocupa cuidar el medio ambiente? A Isabel.
c. ¿Quién quiere conocer a personas más mayores que él / ella? Natalia.
d. ¿Quién está casado? Nadie.
e. ¿Quiénes tienen la misma estatura? Andrés y Erika.
f. ¿Cómo se llaman las personas a las que les gusta leer? Andrés y Natalia.

Ahora, elige la mejor opción para Andrés.

2

Andrés llama a una de las mujeres. ESCUCHA la conversación, mira las fotos y decide cuál es la chica y cómo se llama. Se trata de la fotografía 3, que corresponde al personaje de Natalia.

1

2

3

PRACTICA en grupos. Pensamos en tres maneras de conocer gente y hacer amigos, además de escribir o leer anuncios personales.

¿Cuáles son las ventajas y desventajas de cada método?

Un miembro de cada grupo anota las ideas:

MÉTODOS	VENTAJAS	DESVENTAJAS
Anuncios personales		

4 Entras en un foro y te encuentras con un debate planteado. Lee los mensajes de los participantes y ESCRIBE tu respuesta.

IMPRIMIR

Aprovecho un buen foro como este para plantear un tema que me preocupa... ¿Qué opináis sobre el amor por Internet en *chats* y en sitios de contactos? Yo creo que no puede existir amor real y que todo ese amor es una mentira. De todas formas, he de reconocer que estoy en contra porque mi ex-novia me dejó por uno de un *chat*. ¿Tan malo fui? Sólo un consejo a las chicas: NO LIGUÉIS EN INTERNET mientras tengáis novios. Os acabarán criticando en foros como estos.

Autor: grogui
Fecha: 10.02.2004 12:29

IMPRIMIR

Yo creía que uno no se podía enamorar por Internet, pues no se conoce lo suficiente a la persona ni siquiera para ser verdaderos amigos, pero parece que sí se puede. Un amigo mío está enamorado de una chica que conoció en un *chat*. Yo pensaba que estaba enamorado no de ella realmente sino de la imagen que se había hecho, pero ahora se han conocido y según me ha dicho les va estupendamente, pero ¿es amor de verdad? Yo no lo sé...
Un saludo,

Autor: mogambo
Fecha: 11.02.2004 18:50

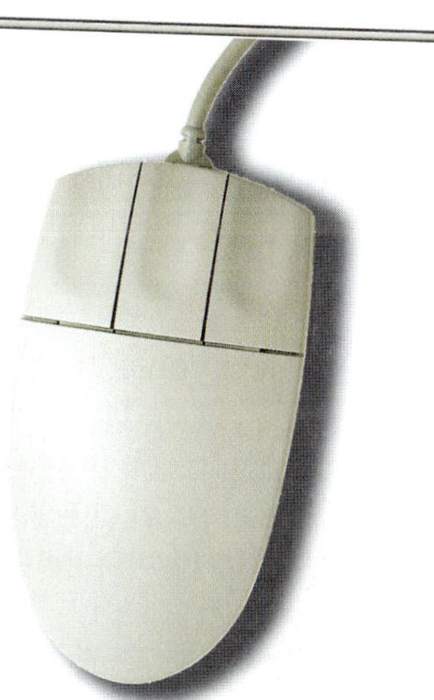

Taller [Joyas del Patrimonio de la Humanidad en España e Hispanoamérica]

Antes de leer

1. Mira las fotos y contesta.

Cuevas de Altamira: la muestra más importante del arte prehistórico. Están ubicadas junto a Santillana del Mar, en el norte de España. Se descubrieron en 1879.
Parque Güell: parque diseñado por el arquitecto Antonio Gaudí. Se terminó en 1949 y desde 1922 es parque público de Barcelona.

1 
2 
3 
4 

- ¿Por qué crees que se han elegido estos lugares de España y América Latina como Patrimonio de la Humanidad?
- ¿Reconoces alguno de ellos? ¿Sabes por qué son conocidos?
- ¿Cuál de ellos te gustaría visitar? ¿Por qué?

Machu Picchu: ciudadela inca descubierta en 1911. Arqueólo
e historiadores no han podido descifrar la historia y la función
esta ciudad construida en plena cordillera de los Andes.
Cartagena de Indias: ciudad colombiana fundada en 15
Destacan su impresionante centro histórico, de estilo colonia
sus formidables murallas.

2. Relaciona las fotos con los lugares. ¿Qué detalles te han ayudado a identificarlas?

a. Parque Güell (Foto 2) b. Cuevas de Altamira (Foto 1) c. Cartagena de Indias (Foto 4) d. Machu Picchu (Foto 3)

La lectura

1. Lee los textos y contesta a las preguntas.

Córdoba

Más de 2.000 años tiene la historia de esta ciudad. Romanos y musulmanes la enriquecen y la marcan definitivamente. La mezquita Aljama, con la catedral cristiana en su interior, es la joya que compone el singular conjunto histórico.

Las calles estrechas nos permiten descubrir los maravillosos monumentos con que las diferentes culturas la han ido dotando. Por las mismas calles paseamos y nos encontramos con las silenciosas plazas cordobesas, tan numerosas y diversas a la vez. Poco a poco iremos encontrando una y otra de aquellas viejas tabernas aún existentes, que nos invitan a un alto en el recorrido para recuperar fuerzas con el "tapeo".

Estas calles nos irán acercando a lo que se considera como el "alma" de la Córdoba tradicional: los patios. Es el espacio principal de las casas: la vida cotidiana de sus vecinos gira en torno al patio, decorado con flores y cuidado como el más valioso de sus tesoros. Las fuentes, junto con el olor y el color de la vegetación, convierten estos patios y plazas en sitios ideales para reponerse del calor y descansar en un espacio fresco y húmedo.

a. ¿En qué lugar está la catedral cristiana? En la mezquita Aljama.
b. ¿Qué puede ser el "tapeo"? Pequeñas porciones de comida que se acompañan con bebida.
c. ¿Por qué los patios cordobeses son el alma de la ciudad? Es el espacio principal de las casas, adornado con flores y el lugar donde transcurre la vida entre vecinos.
d. ¿Qué antigüedad tiene la ciudad de Córdoba? Más de 2000 años.

La Habana

La capital cubana es el destino turístico por excelencia de la isla. Fue fundada por los españoles en 1519 con el nombre de Villa de San Cristóbal de La Habana. Durante varios siglos fue un punto estratégico para España por sus características de ciudad con puerto y su ubicación geográfica, a la entrada del Golfo de México. A finales de 1982, el antiguo centro histórico, la ampliación urbana del siglo XIX, el canal del puerto con sus dos riberas y las fortificaciones que sirvieron de defensa, fueron declaradas por la UNESCO Patrimonio de la Humanidad.
Hay que ver dos lugares típicos para poder decir que se estuvo por las calles de La Habana: la Bodeguita del Medio para saborear la auténtica comida criolla y tomarse unos buenos mojitos. Queda exactamente en la calle Empedrado 207 y cuenta toda su historia mediante trozos de diarios, revistas y libros enmarcados que cubren sus paredes. La barra que da directo a la calle ofrece un panorama fabuloso: cientos de firmas famosas en las paredes homenajean un rincón habanero. La Floridita (calle Obispo 557) es el otro, un lugar muy visitado por Ernest Hemingway.
No sólo el día es una buena oportunidad para conocer la ciudad, la noche de La Habana es movida y variada. Cines, teatros históricos, clubes nocturnos y locales musicales que pueden llegar a agotar hasta al más trasnochador de los viajeros.

a. ¿En qué año se creó la ciudad? En 1519.
b. ¿Cuáles son dos de los sitios más visitados de La Habana? La Bodeguita del Medio y La Floridita.
c. ¿Cuál es la dirección de la Bodeguita del Medio? Calle Empedrado 207.
d. ¿Qué lugar está decorado con firmas de famosos? La Bodeguita del Medio.

2. Compara los datos más significativos de las dos ciudades. Resume la información en varias frases. Actividad semilibre en la que los alumnos elaboran sus propios resúmenes a partir de la información de los dos textos.

- Año de fundación
- Lugares o recorridos más representativos
- Personajes relevantes
- Actividades típicas

Después de leer

- ¿Cuál de los lugares que aparecen al comienzo de la sección te parece más valioso como "Patrimonio de la Humanidad"? ¿Por qué?

- ¿Conoces los lugares de tu país que se han declarado Patrimonio de la Humanidad? Elige uno de esos lugares y preséntalo al resto de la clase. Puedes ayudarte de los puntos de la actividad 2 (La lectura).

La calle Gran Vía en Navidad
Madrid. España

Unidad 3
Instrucciones

Competencias pragmáticas:

- **Expresar obligación de forma personal e impersonal.**
- **Expresar ausencia de obligación.**
- **Dar instrucciones y órdenes.**

Competencias lingüísticas:

Competencia gramatical
- **Presente de Subjuntivo. Verbos regulares.**
- **Imperativo afirmativo y negativo.**

Competencia léxica
- **Tareas domésticas.**
- **Cocinar: preparar una receta, formas de guisar.**

Conocimiento sociocultural:

- **El día de Reyes.**

Antes de comenzar la sección:
Para presentar la noción de obligación con *tener que,* explique a los alumnos las tareas que tiene que llevar a cabo un profesor normal ("tengo que explicar la lección", "tengo que corregir ejercicios", etc.) y pregunte a algún alumno por las tareas propias de su trabajo. Los demás alumnos pueden intentar ayudar con el vocabulario.
Para subrayar la idea de obligación impersonal con *hay que,* muestre fotos o dibujos de una habitación desordenada ("hay que ordenar la habitación") o un enorme vertedero ("hay que producir menos basura"), o un río contaminado ("hay que proteger el planeta de la contaminación"), etc.

A. Tareas

El diálogo aparece transcrito de acuerdo con la variante castellana a fin de no complicar la presentación del Imperativo. Haga notar que Silvia es argentina y, en consecuencia, coloca el acento en otra sílaba: en lugar de *mándale* dice *mandale*, en lugar de *compra* dice *comprá*.

Lee y ESCUCHA.
Silvia reúne a su equipo para discutir el plan de trabajo.

1

Sandra: *Silvia, dinos, ¿cuál es el plan de trabajo para hoy?*
Silvia: *Veamos, hay que ir al restaurante El Inca. Vamos a hacer un programa de cocina peruana. El programa tiene que ser original e interesante.*
Sandra: *¿Tengo que llamar al chef para concertar una cita?*
Silvia: *No, Sandra, no hace falta que llames. Hablé con el chef ayer. Pero mándale un correo electrónico y confirma la hora.*
Sandra: *De acuerdo.*

c

a

2

Sandra: *Bueno, más cosas. ¿Quién puede grabar?*
Silvia: *Ramón está libre mañana. No tiene nada que hacer.*
Sandra: *Muy bien. Voy a llamarlo al estudio.*

Sandra: *Hola, Ramón, tengo que hablar contigo.*
Ramón: *Vale, subo a tu oficina enseguida.*
Sandra: *No, no subas. Tengo que ir al estudio. Te veo allí.*

b

3

Felipe: *¿Tengo que llevar la furgoneta con el equipo?*
Silvia: *Sí, claro. ¡Ah!, y no te olvides de echar gasolina.*
Felipe: *Vale. ¿Algo más?*
Silvia: *Sí, hace falta comprar pilas. Compra dos paquetes de camino al restaurante.*
Felipe: *Oye, ¿y tengo que comer en ese restaurante?*
Silvia: *Hombre, no hace falta que comas ahí, pero te lo recomiendo. Es muy bueno.*

1  **Escucha otra vez y RELACIONA las ilustraciones con los diálogos.** 1.c; 2.a; 3.b

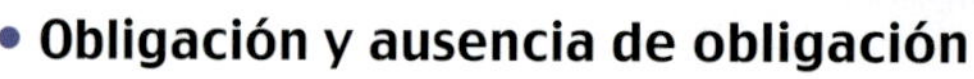

Para ayudarte

• Obligación y ausencia de obligación

(No) hay que + Infinitivo	*Hay que ir al restaurante.*
(No) tener que + Infinitivo	*Tengo que ir al estudio.*
(No) hace falta que + Subjuntivo	*No hace falta que comas ahí.*

¿Quién tiene que hacer cada una de estas tareas? MARCA las casillas.

¿Quién tiene que...	Silvia	Sandra	Ramón	Felipe
mandar un correo electrónico?		X		
grabar el programa?			X	
echar gasolina a la furgoneta?				X
comprar pilas?				X
ir al estudio?		X		
dirigirse al chef?		X		

• Presente de Subjuntivo (2ª persona – *Tú*)

Verbos regulares		Verbos irregulares	
LLAMAR	llames	HACER	hagas
COMER	comas	IR	vayas
SUBIR	subas	TENER	tengas

Para ayudarte

RELACIONA las ilustraciones con las tareas domésticas.

2 Limpiar las ventanas
1 Pasar la aspiradora
5 Hacer la comida
6 Lavar los platos
3 Poner la lavadora
4 Planchar la ropa
7 Fregar el suelo
8 Tender la ropa

PRACTICA en parejas. Vives con un amigo y tienes que compartir las tareas del hogar. Dile que haga unas cosas, que no haga otras y también dile si hay cosas que no hace falta que haga.
Actividad semilibre.

Hay que tender la ropa. Ya (TENDER) yo.

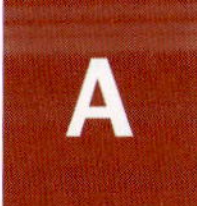

A • *Hay que tender la ropa.*

B • *No hace falta que tiendas la ropa. Ya la he tendido yo.*
• *No la tiendas.*

a. Está lloviendo mucho. (LIMPIAR) los cristales.
b. Están limpios. (LAVAR) los platos.
c. La casa está hecha un desastre. (FREGAR) el suelo, por favor.
d. Te invito a cenar. (HACER) la comida.
e. No tengo ropa limpia. (PONER) la lavadora.
f. Me duele mucho la cabeza. (PASAR) la aspiradora.

B. Sabores del Perú

LEE esta receta típica de Perú.

Papas a la Huancaina

• Ingredientes (para 8 personas):

- 8 patatas
- 8 hojas de lechuga
- 8 aceitunas negras
- 100 gramos de maíz cocido
- 2 limones
- 2 pimientos picantes
- 1 cebolla
- 250 gramos de queso fresco
- 1/2 taza de leche evaporada
- 1 taza de aceite
- sal y pimienta

• Preparación:

Primero, cueza las patatas. Después de pelar y partir las patatas en mitades, colóquelas en una fuente sobre algunas hojas de lechuga. Aparte, bata en una licuadora el queso fresco y los pimientos. En ese momento, añada la leche, la sal y la pimienta, hasta obtener una pasta suave. A continuación, eche esta pasta en una sartén con aceite caliente y remueva constantemente, cocinándola a fuego lento. Finalmente, cubra las patatas con la salsa obtenida y decore el plato con el maíz, las aceitunas y la cebolla cortada en rodajas y sazonada con limón, sal y pimienta. Déjelo enfriar y sírvalo frío.

1 **Las instrucciones para hacer la receta están desordenadas. Lee otra vez la receta y ORDENA los pasos.**

a. Cubrir las patatas con la salsa de queso. ....4....
b. Batir el queso fresco y los pimientos. ....2....
c. Cocinar la salsa de queso en la sartén. ....3....
d. Cocer las patatas. 1
e. Decorar el plato con maíz, aceitunas y cebolla. ....5....

Mira las ilustraciones sobre las actividades más frecuentes cuando se cocina. RELACIONA cada verbo con el dibujo correspondiente.

1 

COCER

2 

AÑADIR

3 

REMOVER

4 

RETIRAR DEL FUEGO

5 

BATIR

Para ayudarte

• **Dar instrucciones**	• **Imperativo (Ud.)**		
A. *¿Y qué hago ahora?*	regulares	irregulares	
B. *Bata el huevo, añada las patatas y eche un poco de sal.*	pelar> pel-e comer> com-a batir> bat-a	cocer > cueza picar> pique servir> sirva poner> ponga	calentar> caliente verter> vierta remover> remueva

3 ESCRIBE el Infinitivo correspondiente a los verbos en Imperativo que aparecen en la receta de Papas a la Huancaina.

1. Cueza	*cocer*	5. Cubra	......cubrir......
2. Bata	......batir......	6. Decore	......decorar......
3. Añada	......añadir......	7. Déjelo	......dejar......
4. Eche	......echar......	8. Sírvalo	......servir......

4 Si no tienes mucho tiempo para cocinar, puedes preparar algo rápido. COMPLETA las instrucciones de los productos siguientes con los verbos del recuadro en Imperativo.

verter (2)	calentar (3)	añadir (4)	retirar (2)	remover (2)

a. Sopa de verduras
Vierta el contenido de la lata en un cazo. ....Añada....... una lata llena de agua y .....remueva..... . A continuación, ...caliente...... hasta que empiece a hervir removiendo de vez en cuando.

b. Puré de patatas instantáneo
Ponga en un cazo medio litro de agua, un cuarto de litro de leche y un poco de sal y ....caliéntelo.... . A continuación, ...retírelo...... del fuego y ......añada...... los copos de puré, removiéndolos. Por último, ...añada...... una cucharada de mantequilla y ya está.

c. Flan rápido
......Caliente...... medio litro de leche y ......retírelo...... del fuego cuando hierva. A continuación, ...añada...... el contenido de un sobre y ....remuévalo.... todo bien. Por último, ...vierta...... la mezcla en un molde para flanes y déjelo enfriar.

5 ESCUCHA la grabación y comprueba tus respuestas.

6 PRACTICA en parejas. ¿Sabes cocinar? Piensa en un plato que haces normalmente y explícaselo a tu compañero. Puede ser algo fácil (una ensalada, una tortilla, una sopa, freír un filete, etc.) o bien alguna receta típica de tu país (que no sea muy complicada).

Actividad libre.
Antes de empezar a hablar, dígales que escriban un guión de lo que van a decir, para preparar la interacción.

A
- *Yo primero cuezo / pelo / frío... en un cazo / una sartén / una fuente.*
- *A continuación, caliento... Luego, añado... y finalmente, lo adorno / lo sirvo con...*

B
- *¿Es una tortilla de patatas?*

Contenidos *gramaticales*

Imperativo. Verbos regulares

	COMPRAR		COMER		BATIR	
	afirmativo	negativo	afirmativo	negativo	afirmativo	negativo
(Tú)	compr-a	no compres	com-e	no comas	bat-e	no batas
(Ud.)	compr-e	no compre	com-a	no coma	bat-a	no bata
(Vosotros/as)	comprad	no compréis	comed	no comáis	batid	no batáis
(Uds.)	compren	no compren	com-an	no coman	batan	no batan

Imperativo. Verbos irregulares

	DECIR		HACER		SALIR		PONER	
	afirmativo	negativo	afirmativo	negativo	afirmativo	negativo	afirmativo	negativo
(Tú)	di	no digas	haz	no hagas	sal	no salgas	pon	no pongas
(Ud.)	diga	no diga	haga	no haga	salga	no salga	ponga	no ponga
(Vosotros/as)	decid	no digáis	haced	no hagáis	salid	no salgáis	poned	no pongáis
(Uds.)	digan	no digan	hagan	no hagan	salgan	no salgan	pongan	no pongan

Los verbos irregulares que cambian las vocales en el Presente de Indicativo, también lo hacen en el Imperativo:

Presente	Imperativo
cerrar>cierro	>cierra, cierre, cerrad, cierren
cocer>cuezo	>cuece, cueza, coced, cuezan
servir>sirvo	>sirve, sirva, servid, sirvan

COMPLETA las frases siguientes con el verbo entre paréntesis en Imperativo.

a. Julia, por favor, *haz* los deberes ahora mismo. (hacer)
b. Manuel, por favor, ...calienta... la leche para el niño. (calentar)
c. María, no ...salgas... a la calle sin abrigo, hace un frío terrible. (salir)
d. Juan, ...fríe... los filetes de ternera que hay en la nevera. Yo llegaré un poco tarde. (freír)
e. Por favor, no ...pongáis... los vasos encima del cristal. Se puede romper. (poner, vosotros)
f. Señora, no ...cierre... la ventanilla. Tengo calor. (cerrar)
g. Rosa, no ...cuezas... los macarrones todavía; ...espera... un rato. (cocer, esperar)
h. Pedro, ...sirve... tú el vino, yo no puedo. (servir)
i. Por favor, ...pedid... vosotros las bebidas, yo vuelvo ahora. (pedir)
j. Pablo, no ...vuelvas... muy tarde esta noche, ¿vale? (volver)

Imperativo con pronombres

- Cuando usamos el Imperativo afirmativo, los pronombres van detrás del verbo, formando una sola palabra.

Pablo, necesito tu móvil. Préstamelo, por favor.
¡Ya está bien de tanto ruido! Callaos. (callad+os> callaos)

- En el caso del Imperativo negativo, los pronombres van antes del verbo.

Esto es un secreto, no se lo digas a nadie.
No te sientes ahí, ese es el sitio de Peter.

TRANSFORMA en negativo.

a. Dímelo *No me lo digas.*
b. Llámale ....No le llames.....
c. Ciérrala ....No la cierres.....
d. Esperadme ....No me esperéis.....
e. Acuéstate ....No te acuestes.....
f. Págamelo ....No me lo pagues.....
g. Decídselo ....No se lo digáis.....
h. Recógelo ....No lo recojas.....

Presente de Subjuntivo. Verbos regulares

	COMPRAR	COMER	SUBIR
(Yo)	compre	coma	suba
(Tú)	compres	comas	subas
(Él/ella/Ud.)	compre	coma	suba
(Nosotros/as)	compremos	comamos	subamos
(Vosotros/as)	compréis	comáis	subáis
(Ellos/as/Uds.)	compren	coman	suban

Presente de Subjuntivo. Verbos irregulares

- Los verbos irregulares en Presente de Indicativo suelen tener la misma irregularidad en Presente de Subjuntivo.

	Presente de Indicativo	Presente de Subjuntivo
HACER	hago	haga, hagas, haga, hagamos, hagáis, hagan.
PONER	pongo	ponga, pongas, ponga, pongamos, pongáis, pongan.

Otros son totalmente irregulares: IR vaya, vayas, vaya, vayamos, vayáis, vayan.

Uso:
Se usa especialmente en oraciones subordinadas dependientes de verbos principales que significan deseo, sentimientos, inseguridad, futuro.

ESCRIBE el verbo adecuado, en Presente de Subjuntivo o en Infinitivo, en las siguientes frases.

a. Si quieres comer en el restaurante peruano, tienes que *reservar* mesa. (reservar)
b. Para hacer una buena comida, hay que ....comprar.... buenos ingredientes. (comprar)
c. Ya tenemos bastante fruta, no hace falta que ..compres.. más. (comprar)
d. Yo creo que no hace falta ....limpiar.... las ventanas, están limpias. (limpiar)
e. Pedro, mamá ha dicho que hay que ....poner.... la lavadora. (poner)

Lengua en uso

1

Se denomina dieta mediterranea a aquella que se consume principalmente en el sur de Europa y que se caracteriza por ser muy saludable. Sus máximos exponentes son el aceite de oliva, las hortalizas, las legumbres y las frutas.

¿Qué sabes de la "dieta mediterránea"? Mira la ilustración. ¿Cuántos productos conoces y puedes nombrar? ¿Hay alguno que no sea propio de esa dieta?
¿Qué productos son más "sanos" en tu opinión? ¿Por qué?

En la primera fotografía vemos un plato con surtido de ibéricos (chorizo, lomo, fuet, jamón), queso curado, pan de hogaza y vino tinto. El vino está en un "porrón", que se usa para beber directamente, sin vaso.

En la segunda foto aparecen muchas hortalizas características de la dieta mediterránea, como pimientos, calabazas, repollo, calabacines, brécol, alcachofas, etc.

En la tercera, se representan frutas como las uva y las grosellas así como frutos secos (avellanas).

2 **LEE el texto y contesta a las preguntas.**

LA DIETA MEDITERRÁNEA, EN PELIGRO

Los consumidores españoles siguen apostando por sus productos más tradicionales, pero los platos preparados y la bollería industrial comienzan a ganar terreno.

Costó décadas de historia convencer a americanos y noreuropeos de las cualidades de la dieta que se cultivaba a orillas del Mediterráneo. Una calidad de vida demostrable a simple vista, un envejecimiento mucho más saludable y una esperanza de vida mayor que la del resto de países fueron las pistas decisivas.

Y precisamente cuando el mundo desarrollado giró sus ojos hacia el ángulo latino, el Mediterráneo ya se había dejado seducir por [...] la americanización. Nutricionistas y dietistas han dado la voz de alarma a sus conciudadanos.

Si todos los estudios científicos han demostrado que nuestra dieta, junto a la japonesa, es una de las más ricas –en cuanto a la nutrición– lo lógico sería que la conservemos. Sin embargo, la incorporación de la mujer al mundo laboral y el trepidante ritmo de vida que sufre la sociedad actual también ha tenido sus consecuencias en el mercado. Y es que a la saludable dieta mediterránea le han salido dos competidores: los platos preparados, cuyo consumo aumentó un 16,6% respecto al año anterior, y la bollería industrial, que aumentó un 3,9%. A pesar de esto, el informe del Ministerio de Agricultura, Pesca y Alimentación refleja que los españoles están cada día más interesados por su salud: los productos *light* y con poco azúcar interesan cada vez más a los consumidores.

(Sonia González Criado, *El Mundo*, 15 de octubre 2003. Texto adaptado)

Tener una calidad de vida mejor, un envejecimiento más saludable y una esperanza de vida mayor.

a. ¿Cuáles son las tres razones más importantes para adoptar la dieta mediterránea?
b. ¿Cuál es la paradoja o contradicción? En el mundo mediterráneo la gente empieza a comer como los americanos.
c. ¿Qué otra dieta es, junto con la española, una de las más ricas desde el punto de vista nutricional? La japon
d. ¿Por qué los españoles están cambiando sus hábitos alimenticios? Por la incorporación de la mujer al trabajo y el ritmo de vida
e. Según el texto, ¿cuáles son los competidores de la dieta mediterránea? Los platos preparados y la bollería industrial.
f. ¿En qué se nota que los españoles están cada vez más interesados por su salud?
En el interés por los productos *light* y con poco azúcar.

3 **ESCUCHA a la nutricionista Belén Delgado y completa la pirámide con los alimentos que oigas.**

Antes del ejercicio de comprensión auditiva, presentamos los nombres de diversas comidas que aparecen en el dibujo y el tipo de alimentos a que pertenecen. Por ejemplo: zanahorias y tomates son hortalizas; naranjas y plátanos son frutas, etc.

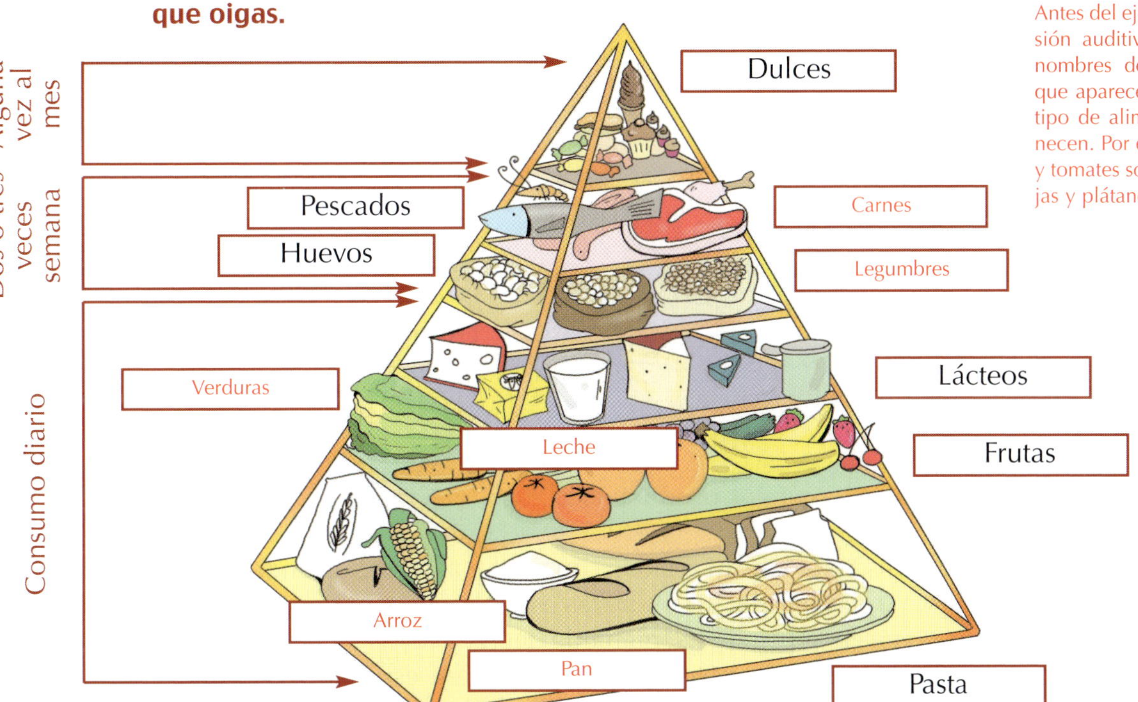

4 **PRACTICA en grupos. Piensa en una forma de servir un plato, preparar una bebida o cocinar algo. Escribe las instrucciones necesarias para hacerlo en un papel y el título en otro papel aparte (por ejemplo, "Cómo hacer una sangría", "Cómo servir el *sushi*", etc.) y entrega los dos papeles al profesor.** Una vez escritas las instrucciones, cada grupo empieza a leerlas sin indicar de qué se trata. El resto de la clase escucha y mira la lista de títulos en la pizarra. Cuando alguien cree que ya sabe de qué están hablando, interrumpe y dice: "Esto es cómo servir el *sushi*, ¿verdad?".

5 **PRACTICA en grupos. La "Oca de las instrucciones". Cada jugador lanza dos monedas: "cara" son dos puntos, "cruz" es un punto. Se avanza tantas casillas como puntos se obtenga. Hay un minuto para dar las instrucciones que se piden en la casilla donde se ha caído. El primer jugador en llegar al diez gana.**

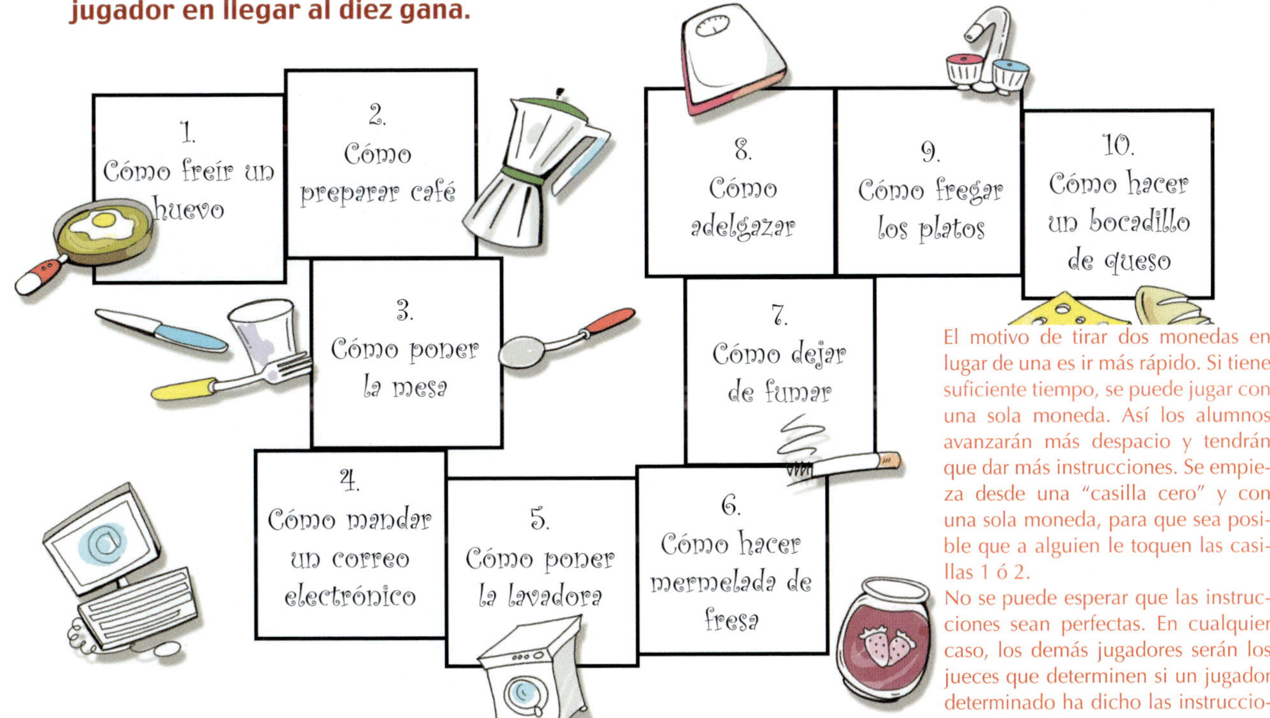

El motivo de tirar dos monedas en lugar de una es ir más rápido. Si tiene suficiente tiempo, se puede jugar con una sola moneda. Así los alumnos avanzarán más despacio y tendrán que dar más instrucciones. Se empieza desde una "casilla cero" y con una sola moneda, para que sea posible que a alguien le toquen las casillas 1 ó 2.

No se puede esperar que las instrucciones sean perfectas. En cualquier caso, los demás jugadores serán los jueces que determinen si un jugador determinado ha dicho las instrucciones adecuadamente o no.

Taller [El día de Reyes]

El día de los Reyes Magos es el 6 de enero. La víspera, la noche del 5 de enero, también se celebran fiestas. Es costumbre dar regalos (sobre todo a los niños) el mismo día 6. Las roscas o roscones de Reyes se comen unos días antes y después del día 6.

Estos productos son típicos de Navidad y no suelen comerse durante el resto del año, (salvo el turrón, en forma de helado, en verano).

Antes de leer

1. ¿Cuántos de estos productos navideños típicamente españoles conoces?

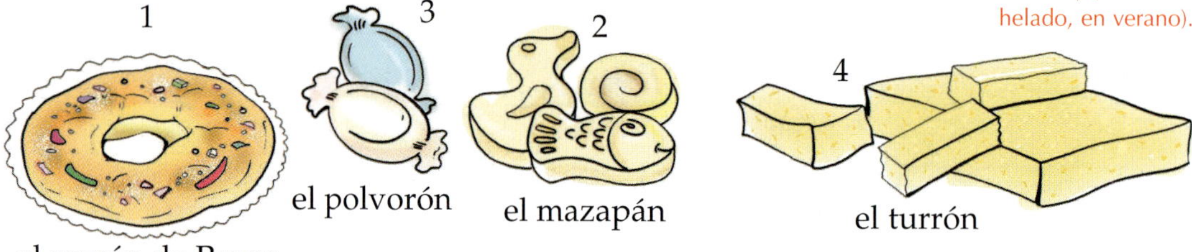

2. Relaciona las descripciones con los productos.

a. Masa hecha de almendras tostadas, mezcladas con miel y azúcar. Se vende en forma de barra. Turrón
b. Bollo en forma de rosca (rueda) ovalada con frutas escarchadas. Contiene un pequeño regalo sorpresa en el interior. Se come en la primera semana de enero. Roscón de Reyes
c. Torta pequeña o pasta de harina, manteca y azúcar que tiene estructura de polvo comprimido y se deshace al comerla. Cada unidad viene envuelta en papel. Polvorón
d. Pasta hecha con almendras y azúcar. Se presenta en formas diversas: barras o figuritas de diferentes tamaños. Mazapán

La lectura

1. Lee este fragmento de la novela de Laura Esquivel *Como agua para chocolate* y contesta a las preguntas.

Chocolate y Rosca de Reyes

- **Ingredientes** (para el Chocolate):

2 libras Cacao Soconusco
2 libras Cacao Maracaibo
2 libras Cacao Caracas
Azúcar entre 4 y 6 libras según el gusto

- **Ingredientes** (para la Rosca de Reyes):

30 g de levadura fresca
1 1/4 kg de harina
8 huevos
1 cucharada de agua de azahar
1 1/2 tazas de leche
300 g de azúcar
300 g de mantequilla
250 g de frutas cubiertas
1 muñeco de porcelana

La primera operación es tostar el cacao. [...] El grado de tueste aconsejable es el del momento en que el cacao comienza a despedir su aceite. Si se retira antes, aparte de presentar un aspecto descolorido y desagradable, lo hará indigesto. Por el contrario, si se deja más tiempo sobre el fuego, el grano quedará quemado en gran parte. [...]

Mientras Tita daba forma a las tablillas, añoró con tristeza los días de Reyes de su infancia. Su mayor preocupación en esa época era que los Santos Reyes nunca le traían lo que ella pedía, sino lo que Mamá Elena pensaba que sería lo más adecuado para ella. Hasta hacía algunos años no se había enterado de que la causa por la que en una sola ocasión sí recibió el regalo esperado fue porque Nacha se pasó algún tiempo ahorrando de su salario para comprarle un "cinito" que había visto en el aparador de una tienda. Le llamaban cinito, por ser un aparato que proyectaba imágenes en la pared utilizando un quinqué de petróleo como fuente de luz, dando un efecto parecido al del cine, pero su nombre verdadero era el de "zootropo". Qué enorme felicidad le proporcionó verlo junto a su zapato, al despertarse por la mañana. Cuántas tardes gozaron ella y sus hermanas viendo las imágenes en secuencia que venían dibujadas en tiras de cristal, y que representaban diferentes situaciones de lo más divertidas. Qué lejos le parecían ahora esos días de felicidad, cuando Nacha estaba a su lado. [...] ¡Si pudiera volver un solo momento a aquella época para traerse de regreso un poco de la alegría de esos instantes y poder preparar la Rosca de Reyes con el mismo entusiasmo de entonces! Si pudiera comerla más tarde con sus hermanas como en los viejos tiempos, entre chanzas y bromas...

(Texto extraído de *Como agua para chocolate*, de Laura Esquivel. Barcelona. Mondadori. 1990.)

1. ¿Qué recuerdos tiene la autora mientras tuesta el cacao?
   a. Los días felices de la noche de Reyes.
   b. Los días tristes de la noche de Reyes.
2. Una vez los Reyes Magos sí le pusieron lo que ella había pedido. ¿Qué era?
   a. Una especie de cine.
   b. Un animal pequeño.
3. ¿Dónde se encontró el regalo cuando se levantó?
   a. Al lado de la cocina.
   b. Al lado del zapato.
4. A la narradora le gustaría...
   a. volver al pasado y disfrutar de estos momentos con sus hermanas.
   b. volver al pasado para no tener que preparar la Rosca de Reyes.

Cabalgata de Reyes el 5 de enero: Los Reyes Magos de Oriente desfilan por las calles con carrozas, caballos o camellos, transportando caramelos o pequeños juguetes para los niños. A menudo los Reyes atienden después las peticiones de juguetes de los niños, que les entregan sus cartas o se las cuentan de palabra. Se supone que los Reyes Magos "toman nota" de los regalos que quiere cada niño y luego, durante la noche de Reyes, los van dejando en las casas.

2. Practica en grupos. Contesta a estas preguntas: ¿qué productos o platos son típicos de Navidad u otras fiestas tradicionales en tu país? ¿Son dulces o salados? ¿Se toman en las comidas o entre horas? ¿Se consumen solamente en fechas señaladas o durante todo el año?

Después de leer

• Estas son costumbres relacionadas con la comida y con la celebración de la Navidad. ¿Las conoces?¿Hay costumbres parecidas en tu país? En grupos, reúne fotos y prepara una guía gastronómica de la Navidad o una fiesta tradicional en un país que conozcas bien. Después, la presentas al resto de la clase y/o expones un mural.

"Belén" o "nacimiento": maqueta con figuritas que representa el nacimiento de Jesucristo en el pesebre de Belén. Se monta en un lugar destacado de la casa. Son los niños, naturalmente, los que más disfrutan montándolo.

Descapotable rojo en almacén de repuestos
Barranquilla. Colombia

Unidad 4
En coche

Competencias pragmáticas:

- Expresar probabilidad e hipótesis.
- Sugerir.
- Preguntar por una dirección.
- Dar instrucciones para llegar a un lugar.
- Expresar distancia o tiempo aproximado.

Competencias lingüísticas:

Competencia gramatical
- Condicional simple.
- *Se* impersonal.
- Pretérito Pluscuamperfecto. Verbos regulares e irregulares.

Competencia léxica
- Léxico relacionado con los viajes.
- Periódicos.

Conocimiento sociocultural:

- Viajes de antes y de ahora.

A. De viaje por Granada

Lee y ESCUCHA.
Felipe, Sandra y Ramón preparan un viaje de trabajo.

Sandra: *Bueno, la semana que viene vamos a Granada. Haremos un programa sobre la inauguración del Parque Temático Al-Andalus. Habrá mucha gente. Estará la ministra de Cultura. Podríamos hacerle una entrevista.*
Ramón: *Hum, no sé. Seguramente será aburrida.*
Felipe: *Por cierto, ¿cómo se va a Granada desde Valencia?*
Ramón: *Aquí tengo un mapa. Está a unos 300 kilómetros. Se va por la autopista del Mediterráneo, la A-7, hasta Puerto Lumbreras y luego se toma un desvío a Granada.*
Sandra: *¿Cuánto tardaremos?*
Ramón: *No sé, unas dos horas. A lo mejor un poco menos.*
Felipe: *¿Por qué no hablamos con "Ecologistas en Acción"? Están en contra de ese parque temático. Seguramente irán a la inauguración. A lo mejor hacen una manifestación. Sería muy interesante como noticia.*
Sandra: ¡Buena idea!

El de Granada fue el último reino musulmán en ser reconquistado por los reinos cristianos unificados por los Reyes Católicos (Isabel de Castilla y Fernando de Aragón). Por eso la huella arquitectónica y cultural musulmana es especialmente notable en Granada. El palacio de la Alhambra y los jardines del Generalife son las muestras más destacadas. *Al-Ándalus* era el nombre dado por los árabes a la Península Ibérica, y el origen del nombre de Andalucía.

1 Siguen el itinerario 2, en el que se desvían en Puerto Lumbreras.

Escucha otra vez y SEÑALA cuál de los itinerarios recomienda Ramón.

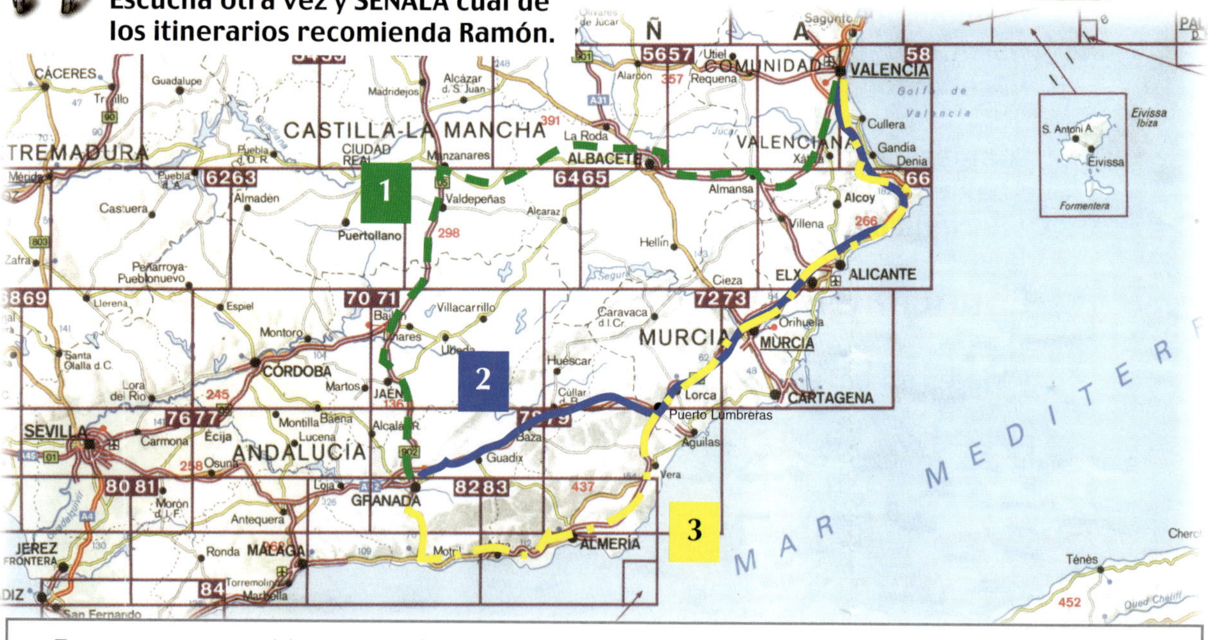

- **Expresar probabilidad o hipótesis**

A. *¿Qué hacéis este fin de semana?*	B. *Iremos a París.*	+
	B. *Seguramente pasaremos el fin de semana en París.*	↓
	B. *A lo mejor vamos a París.*	–

Para ayudarte

2 Lee estas ideas e indica si lo que va a ocurrir es seguro, probable o sólo posible. ESCRIBE las frases completas; usa el Futuro o *seguramente / a lo mejor*, según el grado de probabilidad.

a. IR (nosotros) al planeta Marte en el siglo XXI.
b. VIVIR sin trabajar nunca en el siglo XXII.
c. TARDAR (nosotros) una semana en llegar a la Luna.
d. IR a vivir al extranjero.
e. HACER (los ecologistas) una manifestación para salvar a Marte.

Actividad semilibre.
Los alumnos escriben frases según consideren más o menos probable los hechos propuestos.
Respuestas recomendadas:
seguramente: a ; *a lo mejor*: b; respuesta libre: resto.

Para ayudarte

• Hacer sugerencias

A. *¿Por qué no hablamos con los ecologistas? Podríamos hacerles una entrevista.*

• Responder. El Condicional simple

B. *Yo en tu lugar, haría una entrevista primero a la ministra de Medio Ambiente y luego la haría a los ecologistas.*

3 PRACTICA en grupos. Consulta con tus compañeros la propuesta para un viaje de fin de semana o un "puente" en coche. Haz sugerencias para el viaje y reacciona ante las sugerencias de tus compañeros. Tienes que llegar a un acuerdo.

Actividad semilibre.

OFERTAS PUENTE DE LA INMACULADA

SANTIAGO DE COMPOSTELA
DURACIÓN:
4 DÍAS Y 3 NOCHES
PRECIO: 129 EUROS
FECHAS DISPONIBLES:
06-12-2004 AL 09-12-2004

EXCURSIONES (OPCIONALES):
ISLA DE LA TOJA, CENTRO HISTÓRICO DE SANTIAGO, CABO FINESTERRE
RESTAURANTES:
EL PEREJIL (COCINA CASERA), CASA DE TROYA (ALTA COCINA GALLEGA), PIZZA NOSTRA
POR LA NOCHE:
LA CATEDRAL (LO MÁS *IN* DE SANTIAGO), CAFÉ MEIGA, MOMO (MÚSICA EN DIRECTO)

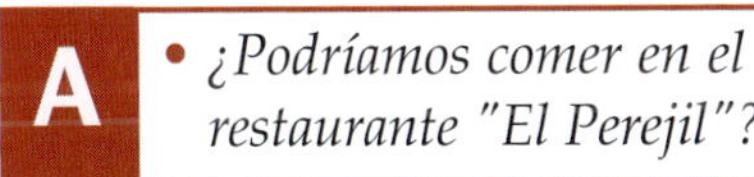

A • *¿Podríamos comer en el restaurante "El Perejil"?*

B • *Buena idea.*

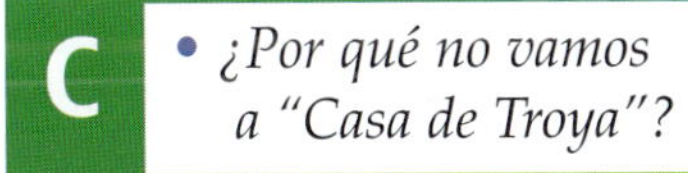

C • *¿Por qué no vamos a "Casa de Troya"?*

• Expresar distancia o tiempo aproximado

A. *¿Dónde está Cuenca?* B. *Está a unos 200 kms.* (distancia)
A. *¿Cuánto tardamos en llegar?* B. *Tardaremos unas dos horas.* (tiempo aproximado)

Para ayudarte

4 PRACTICA en grupos. Describe un plan de un viaje. Los demás hacen preguntas sobre distancias y tiempo. Intenta contestar dando cifras aproximadas.

Actividad libre.

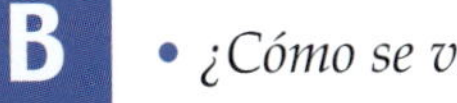

B • *¿Cómo se va?*

C • *¿Está lejos?*

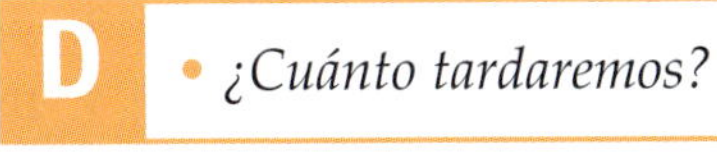

D • *¿Cuánto tardaremos?*

A • *Se va... / Está a unos... kilómetros / unas... horas.*

B. ¿Puede decirme...?

Mira el mapa. Lee y ESCUCHA.

Antes de comenzar la sección:
Señale y explique el vocabulario referido a los establecimientos y monumentos que aparecen en el plano: *catedral, farmacia, estanco, museo,* etc.

Turista:	*Por favor, señora, ¿puede decirnos cómo se va a la catedral?*
Carmen:	*Sí, claro, mire, siga recto por esta calle. Al llegar a un restaurante que hay en la esquina, tuerza por la primera calle a la derecha y enseguida verá la catedral.*
Señor:	*No, no, Carmen, creo que no es así. Mire, siga recto por esta calle; al llegar al restaurante de la esquina gire por la primera calle a la izquierda, siga recto y vuelva a girar a la izquierda en la segunda calle. Allí está la catedral.*
Turista:	*¿Está muy lejos?*
Señor:	*No, a unos diez minutos andando.*
Turista:	*Muchas gracias.*
Carmen:	*De nada.*

1 **Escucha otra vez y SEÑALA en el mapa cuál de los recorridos es el correcto.**

Pida a sus alumnos que sean ellos mismos los que señalen en el mapa el recorrido a partir de la audición.

2 **¿Dónde se pueden comprar estas cosas? RELACIONA.**

1. un periódico
2. unas aspirinas
3. un pintalabios
4. un vestido
5. unos sellos
6. un dulce
7. una postal

a. pastelería
b. perfumería
c. quiosco
d. estanco
e. boutique
f. farmacia

- **Dirigirse a un desconocido**
  Perdone / Por favor / Oiga...

- **Preguntar por una dirección**
  A. *¿Puede decirme cómo se va a...?*
  A. *¿Sabe (Ud.) cómo se va...?*

- **Dar instrucciones para llegar a un lugar**
  B. *Siga recto / tuerza a la derecha / izquierda...*
  B. *Cruce...*

P ara ayudarte

3

Mira el mapa y ESCUCHA a estos turistas que preguntan por unas direcciones. Todos están en la Plaza Mayor, pero... ¿adónde van?

Turista 1: .....Plaza de Toros....... Turista 2: ....Restaurante........ Turista 3: ....Museo de escultura....

4

PRACTICA en parejas. Pregunta a tu compañero cómo ir de un sitio a otro según el plano de la página 46. Tu compañero responde. Pida a sus alumnos que coloquen en el mapa, a su criterio, la estación del metro y el teatro. De esta manera la actividad se hace más libre, pues no tienen forma de averiguar, sino por medio de la interacción, la ubicación exacta de los nuevos establecimientos.

a. Desde la Plaza Mayor hasta la estación de metro.
b. Desde el hotel al supermercado.
c. Desde el parque hasta el teatro.
d. Desde el hotel al museo.

5

Lee la noticia del periódico y ORDENA los hechos cronológicamente.

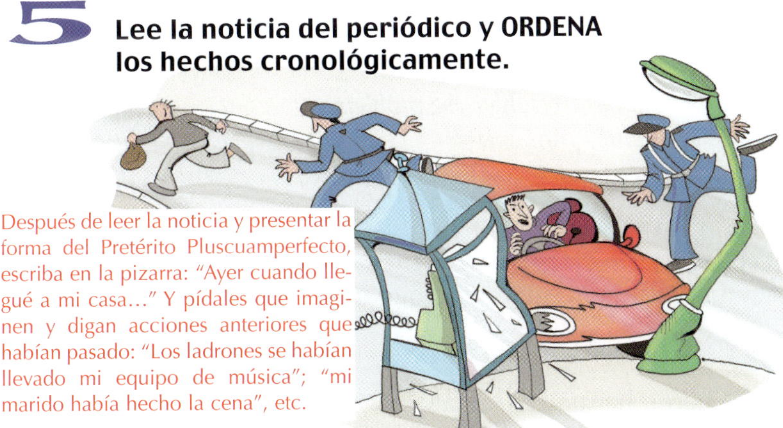

Después de leer la noticia y presentar la forma del Pretérito Pluscuamperfecto, escriba en la pizarra: "Ayer cuando llegué a mi casa..." Y pídales que imaginen y digan acciones anteriores que habían pasado: "Los ladrones se habían llevado mi equipo de música"; "mi marido había hecho la cena", etc.

a. El agente detiene a uno de los ladrones. [5]
b. Un vecino avisa a la policía. [2]
c. Dos ladrones roban el bolso a una mujer. [1]
d. El vehículo de los ladrones se queda empotrado. [4]
e. Los agentes ven el coche de los ladrones. [3]
f. Un delincuente logra escapar. [6]

El País, viernes 16 de enero de 2004

Un delincuente detenido y otro fugado después de robar a una mujer

Valencia. EFE

Ayer a mediodía un vecino informó a la policía de que dos hombres habían robado el bolso a una mujer y se habían dado a la fuga en un automóvil.

Tras el aviso, dos agentes vieron el vehículo que circulaba por una calle de la ciudad. Al ver a la policía, el conductor dio un giro brusco a la derecha y quedó empotrado entre una farola y una cabina telefónica.

Inmediatamente, uno de ellos intentó escapar, pero uno de los agentes lo detuvo. Mientras tanto, el conductor arrancó el coche, dio marcha atrás, y logró escapar de la policía. El delincuente detenido es J.B.F., de 28 años y tiene antecedentes penales.

- **Expresar una acción pasada anterior a otra también pasada**

  Un vecino informó de que dos ladrones habían robado el bolso a una mujer.

- **Pretérito Pluscuamperfecto**

(Yo)	había	venido
(Tú)	habías	venido
(Él/ella/Ud.)	había	venido

P ara ayudarte

6

PRACTICA en parejas. Has tenido un accidente de coche o te han robado y estás en la comisaría. Tu compañero es el policía y te hace preguntas para saber qué pasó. Actividad libre.

A • *Entonces, ¿qué pasó?*

B • *Cuando estaba en la tienda comprando...*

Contenidos gramaticales

Condicional simple. Verbos regulares

Forma:
Infinitivo + *-ía, -ías, -ía, -íamos, -íais, -ían*

	HABLAR	COMER	VIVIR
(Yo)	hablaría	comería	viviría
(Tú)	hablarías	comerías	vivirías
(Él/ella/Ud.)	hablaría	comería	viviría
(Nosotros/as)	hablaríamos	comeríamos	viviríamos
(Vosotros/as)	hablaríais	comeríais	viviríais
(Ellos/ellas/Uds.)	hablarían	comerían	vivirían

Uso:
El Condicional se usa para dar consejos y hacer sugerencias:

Yo, en tu lugar, hablaría con tu hijo para resolver ese problema.
Podríamos ir al cine, ¿no?

Condicional simple. Verbos irregulares

Las formas del Condicional irregular tienen la misma irregularidad que el Futuro irregular:

	Futuro	Condicional
Hacer	haré	haría, harías, haría, haríamos, haríais, harían.
Salir	saldré	saldría, saldrías, saldría, saldríamos, saldríais, saldrían.
Saber	sabré	sabría, sabrías, sabría, sabríamos, sabríais, sabrían.
Poner	pondré	pondría, pondrías, pondría, pondríamos, pondríais, pondrían.
Poder	podré	podría, podrías, podría, podríamos, podríais, podrían.

1 Piensa un consejo para cada una de estas situaciones. ESCRIBE tus respuestas.

Se trata de un ejercicio semilibre para el que se ofrecen éstas como posibles respuestas.

1. • No sé si comprarle un libro o un disco a Antonio.
   • *Yo que tú, le compraría un disco. Le gusta mucho la música.*
2. • Mi hijo Javier fuma y no sé qué hacer ni qué decirle.
   • Yo que tú, le diría que fumar es malo para la salud.
3. • Mi marido trabaja todos los días mucho y llega a casa a las tantas.
   • Yo que tú, hablaría con él.
4. • Cada día estoy más gordo; ya no sé qué hacer.
   • Yo que tú, iría a un gimnasio y haría dieta.
5. • Esta noche tengo una fiesta de compromiso y no sé qué ponerme.
   • Yo que tú, me pondría algo sencillo y elegante.

Pretérito Pluscuamperfecto

Forma:
El Pretérito Pluscuamperfecto se forma con el Pretérito Imperfecto de *haber (había)* más el Participio.

LLEGAR

(Yo)	había		
(Tú)	habías		
(Él/ella/Ud.)	había		
(Nosotros/as)	habíamos	+	llegado
(Vosotros/as)	habíais		
(Ellos/ellas/Uds.)	habían		

- Participios regulares:
verbos en –ar > *-ado*: trabajado
verbos en –er y en –ir > *-ido*: bebido, venido

- Participios irregulares:
abrir > abierto — ver > visto
hacer > hecho — romper > roto
escribir > escrito — poner > puesto
decir > dicho — volver > vuelto

COMPLETA las frases con el verbo que hay entre paréntesis en el tiempo del pasado adecuado. (Pret. Indefinido / Pret. Imperfecto / Pret. Pluscuamperfecto).

a. El sábado por la noche (ir, nosotros) *fuimos* al cine y al volver a casa vimos que nos (robar, ellos) habían robado el equipo de música nuevo.
b. Cuando (ir, yo) fui de viaje a Nueva York, mi hija (tener) tenía seis años.
c. Cuando (llegar, nosotros) llegamos al teatro, la obra ya (empezar) había empezado .
d. A Juan lo (despedir, ellos) despidieron del trabajo porque (llegar) había llegado / llegó tarde una vez.
e. El otro día (encontrarse) me encontré con Paula y me contó que (separarse) se había separado de Rafael porque no (llevarse) se llevaban bien.
f. Cuando (conocer) conocí a Laura, mi mujer, ya (terminar, yo) había terminado mis estudios.

Expresar la probabilidad

- *Seguramente* + verbo en Indicativo.
¿Por qué no llamas a Antonio y Puri? Seguramente les apetece venir al cine.
- *A lo mejor* + verbo en Indicativo.
A. *¡Qué raro!, mi madre no contesta al teléfono.*
B. *No te preocupes, a lo mejor ha salido a comprar.*
- Verbo en Futuro:
A. *Ernesto no ha venido hoy a clase.*
B. *¡Qué raro! Estará enfermo.*

COMPLETA las frases con el verbo más adecuado.

a. Llaman a la puerta, ¿quién *será* a estas horas? (ser)
b. • Oye, ¿sabes qué hora es?
• No, no tengo reloj, pero yo creo que serán las dos o las dos y cuarto. (ser)
c. • ¿Sabes por qué se han separado Sonia y José?
• Pues no lo sé, a lo mejor es que José ha conocido a otra chica. (conocer)
d. • ¡Qué raro! Son las tres y los niños aún no han venido.
• No te preocupes, seguramente se han quedado en el parque jugando al fútbol. (estar)

Lengua en uso

Enseñe un mapa de una región conocida, pida a los alumnos que describan un itinerario turístico y recomiende sitios donde parar y admirar algo.

1 **LEE este extracto de una guía de viajes y marca en el mapa el itinerario según la explicación. ¿Cuál es el orden del recorrido?**

En el mapa aparece señalado el itinerario: Lanjarón> Órgiva> Pamapaneira> Trevélez

En La Alpujarra, tras las huellas de Gerald Brenan

La Alpujarra es una de las comarcas andaluzas más singulares de toda Europa. La belleza de sus paisajes ha cautivado a innumerables artistas y escritores desde hace siglos, pero Gerald Brenan** (Al Sur de Granada) **es quizá el que más se ha identificado con La Alpujarra tras su estancia en Yegen.
Ha sido declarada Reserva de la Biosfera por la Unesco, Parque Natural y Parque Nacional.

Tras visitar la Alhambra y los jardines del Generalife en Granada, partimos en dirección al sur, hacia Motril, por la carretera N-323. A unos 43 kilómetros nos encontramos un cruce a la altura de una gasolinera y cafetería, la "Venta de las Angustias". En ese cruce tomamos la dirección de Lanjarón, a nuestra izquierda. Esta es la A-348, es una carretera más estrecha que la N-323 y con más curvas, pero bastante segura, aunque puede tener mucho tráfico. A 4 kilómetros se encuentra Lanjarón, localidad famosa por su balneario y su agua, que se consume embotellada en toda España. Continuamos el camino, siempre en dirección este; llegamos a Órgiva, el primero de los pequeños pueblos alpujarreños. Para dirigirnos a Pampaneira volvemos atrás unos cuatro kilómetros y tomamos el segundo desvío a nuestra derecha para ascender, hacia el norte, por la carretera comarcal GR-421. Pampaneira es famoso por su artesanía y sus casas de piedra. Si lo desea, puede pasearse por los tejados de las casas. El pueblo se halla a más de 1000 metros de altitud, y tiene menos de 400 habitantes. Seguimos camino hacia Trevélez atravesando Sierra Nevada. La carretera se hace más estrecha y las curvas muy pronunciadas. Las vistas de las cumbres nevadas son espectaculares, pero los barrancos al borde de la carretera también. Hay que conducir con mucha precaución...

Una "venta" es una fonda o taberna de carretera, a menudo tienen habitaciones para pasar la noche.

2 **Lee otra vez y CONTESTA a las preguntas.**

a. ¿Cómo es la carretera A-348?
  a) Muy ancha pero aburrida porque hay poco tráfico.
  b) Mala, pero hay pocos coches y es interesante.
  c) Buena porque es poco peligrosa, pero pasan muchos coches.

Gerald Brenan
Nació en Malta en 1894 y pasó su infancia en la India, Sudáfrica e Inglaterra. Llegó a España en 1919, concretamente a Yegen, donde residió unos años, y se enamoró del país. Regresó en 1953 para vivir en La Alpujarra hasta su muerte, en 1987. Es autor de diversos estudios fundamentales sobre la vida y la cultura españolas (*El laberinto español*) y de una apasionante autobiografía, *Al sur de Granada*.

b. ¿Qué pueblo está cerca de la Venta de las Angustias?
   a) Órgiva.
   b) Granada.
   c) Lanjarón.

c. ¿Qué es típico de Pampaneira?
   a) Las montañas.
   b) Las casas de piedra.
   c) El balneario.

d. ¿Cuál es el mayor peligro de la carretera GR-421?
   a) El tráfico intenso.
   b) Los barrancos profundos.
   c) La gran altitud y la nieve.

Lanjarón. Alpujarras al fondo.

Capileira. Calle típica.

Las palabras de la columna de la izquierda han aparecido en el texto. ¿Cuáles son sus equivalentes en la columna de la derecha? RELACIONA.

1. Partimos	a. Al llegar a
2. A la altura de	b. Salimos
3. Se halla	c. Subir
4. Desvío	d. Está
5. Ascender	e. Carretera pequeña que sale de una principal
6. Continuar	f. Parte superior de las casas
7. Tejado	g. Seguir

Se trata de una región montañosa y aislada, con paisajes de montaña espectaculares. Su aislamiento ha hecho que pervivan costumbres ancestrales. Los pueblos son, por lo tanto, muy pintorescos.

4 **PRACTICA en parejas. ¿Te parece interesante este itinerario? ¿Qué es lo que te parece más atractivo y menos atractivo? ¿Por qué? Subraya las palabras del texto que te ayudan a imaginar cómo es esta parte de Andalucía.** Respuesta libre; las palabras más características son: *pequeños pueblos / artesanía / casas de piedra / 1000 m de altitud / carretera estrecha y con muchas curvas.*

Julia y Arturo están haciendo la ruta descrita en la guía de viajes. Presencian un accidente en la carretera. ESCUCHA y contesta a las preguntas.

a. En el mapa, marca el punto donde estaban Julia y Arturo en el momento del accidente.
   1 ☐ 2 ☐ 3 ☐ 4 ☐

b. Marca en el croquis los vehículos implicados en el accidente.

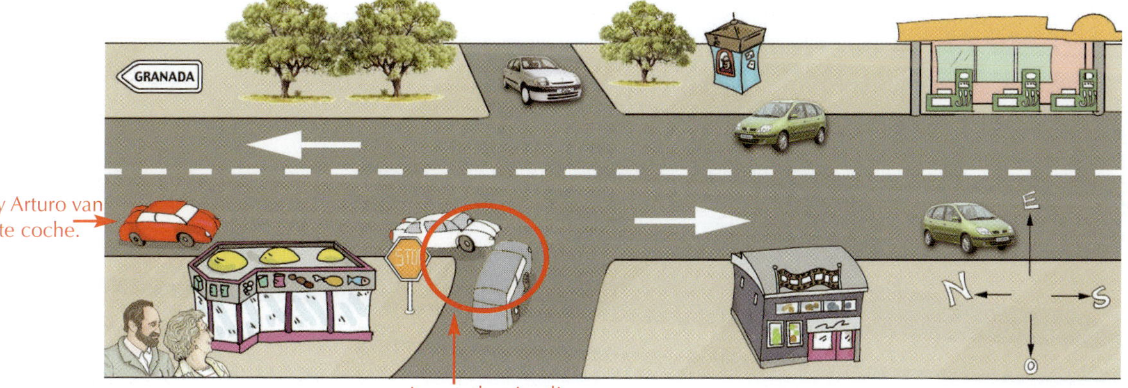

GRANADA
STOP
E
N
S
O
Julia y Arturo van en este coche.
Los coches implicados son estos.

Taller [Viajes en el tiempo]

Antes de leer

1. ¿Dónde veraneas? ¿Has pasado siempre tus vacaciones de verano en el mismo sitio? ¿Cuánto tiempo solías pasar de pequeño? ¿Ibas con toda tu familia? ¿Cómo te sentías cuando tenías que regresar?

2. ¿Cómo viajabas hasta allí? ¿Has ido siempre en el mismo medio de transporte?

3. ¿Guardas buenos recuerdos de tus veraneos cuando eras pequeño? Cuenta alguna anécdota que recuerdes.

La lectura

1. Lee el texto y contesta a las preguntas.

Los veranos de mi infancia transcurrieron en la playa, donde la familia tenía una gran casona frente al mar. Partíamos en diciembre, antes de Navidad, y regresábamos a finales de febrero, negros de sol y llenos de fruta y pescado. El viaje, que hoy se hace en una hora por autopista, entonces era una odisea que tomaba un día completo. Los preparativos comenzaban con una semana de anterioridad, se llenaban cajas de comida, sábanas y toallas, bolsas de ropa, la jaula con el loro, y por supuesto, [nuestra perra] Pelvina López-Pun.

Mi abuelo tenía un coche inglés negro y pesado como un tanque. [...] El Tata, que debía parar a menudo para que nos bajáramos medio desmayados a respirar aire puro y estirar las piernas, conducía aquel carromato maldiciendo la ocurrencia de llevarnos a veranear. También paraba en los campos de los agricultores a lo largo del camino para comprar queso de cabra, melones y frascos de miel. Una vez compró un pavo vivo para engordarlo; se lo vendió una campesina con una barriga enorme a punto de dar a luz, y mi abuelo con su caballerosidad habitual, se ofreció para atrapar el ave. A pesar de las náuseas, nos divertimos un buen rato ante el espectáculo inolvidable de ese viejo cojo corriendo. [...] Lo vimos regresar al automóvil con su trofeo bajo el brazo, bien atado por las patas. Nadie imaginó que la perra lograría sacudirse el malestar por unos minutos para arrancarle la cabeza de un mordisco antes de llegar a destino.

(Extraído de Paula, de Isabel Allende. Barcelona. Plaza y Janés. 1999, pp. 52-53)

GLOSARIO
carromato: carruaje o vehículo viejo
maldecir la ocurrencia: quejarse o criticar la idea de hacer algo
arrancar: quitar con violencia
mordisco: mordedura, bocado

a. ¿En qué estación del año es Navidad en el país de la autora? ¿Qué país puede ser? En verano. Es Chile; podría ser cualquier país del hemisferio sur.
b. ¿Cómo era el viaje entonces? Era una odisea que "tomaba" un día completo.
c. ¿Qué medio de transporte utilizaban? El coche.
d. ¿Cuántos miembros de la familia, incluyendo animales, se iban de vacaciones? La familia, el abuelo, el loro y la perra.
e. ¿Por qué se quejaba el Tata? Porque debía parar a menudo para que los niños descansaran.
f. ¿Qué alimentos compraban por el camino? Queso de cabra, melones y frascos de miel. En este viaje, compró un pavo vivo.

2. Lee el texto otra vez y escribe cinco palabras para cada categoría.

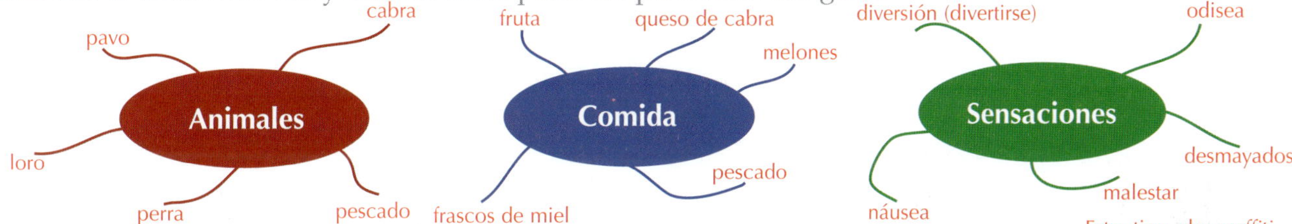

3. Selecciona una palabra de cada categoría y escribe una frase con todas ellas.

4. Escoge uno de estos *graffiti* o frases irónicas y coméntalo. Vota el mejor.

Este tipo de *graffiti,* que aparecen en los muros o paredes de las ciudades, baños públicos, etc., suelen ser irónicas, ingeniosas y divertidas.
Los alumnos votan el *graffiti* que más les gusta por el motivo que sea y explican a los demás por qué han elegido ese.
El primer mensaje intenta concienciar a los ciudadanos para que usen el cinturón de seguridad, el segundo es más general y llama la atención sobre el riesgo mortal de la conducción temeraria, es decir, que se puede morir y también matar a otros cuando se conduce peligrosamente. El tercer mensaje se refiere específicamente a la prohibición de conducir bajo los efectos del alcohol.

Prohibido pintar en la pared.
Responsable la empresa anunciadora.
El coche nunca reemplazará al CABALLO.
La yegua ♡
Si el UNIVERSO es infinito... ¿por qué cuesta tan
APARCAR

Después de leer

• Estos son los mensajes de las últimas campañas de seguridad vial en España. Léelos y trata de explicar su significado a toda la clase y su relación con la seguridad en la carretera.

Abróchate el cinturón. Abróchate a la vida

VIVE Y DEJA VIVIR

Si bebes, no conduzcas

• Practica en grupos. Prepara una encuesta breve sobre la seguridad en carretera a partir de unas pocas preguntas. A continuación realiza la encuesta entre los compañeros de clase. Por último, pon en común la información y escribe los resultados, que se leerán en la clase.

Puesto de periódicos en la Avenida Corrientes
Buenos Aires. Argentina

Unidad 5
Noticias

Competencias pragmáticas:

- **Transmitir lo dicho por otra persona.**
- **Reaccionar ante una noticia.**
- **Pedir una información. Responder.**
- **Informar de una noticia. Responder.**

Competencias lingüísticas:

Competencia gramatical
- **Estilo indirecto. Verbos introductorios.**
- **Estilo indirecto. Transmisión de preguntas.**

Competencia léxica
- **Secciones de un periódico.**
- **Aficiones.**

Conocimiento sociocultural:

- **La prensa argentina.**

Antes de comenzar la sección:
"El juego de los mentirosos". Se preparan tantos papeles como jugadores. En cada papel se escribe un dato sobre una persona, ficticia o no (por ejemplo, el profesor, un personaje ficticio o un alumno): su profesión, dónde vive, dónde nació, qué va a hacer el fin de semana que viene, etc. (Es conveniente que haya variedad de tiempos verbales.) Para cada dato se escriben tres papeles: dos iguales y uno distinto. El alumno al que le toque un papel con información "distinta" es el mentiroso. Se reparten los papeles y los alumnos empiezan a contarse lo que dicen sus papeles. Es importante recordar que está prohibido enseñar el papel. Hay que relatar su contenido. Después, cada alumno va relatando a otros tanto lo que dice su papel como lo que le han contado otros alumnos:
A le dice a **B**: "Andrés tiene 30 años".
B le cuenta a **C**: "Andrés vive cerca del parque, y **A** me ha dicho que tiene 30 años", etc.
Al contarse unos a otros lo que dicen sus papeles, poco a poco van surgiendo las discrepancias ("**A** dice que Andrés tiene 30 años, pero **E** y **F** dicen que tiene 35, luego **A** es un mentiroso") y se va descubriendo a los "mentirosos".

A. Entrevista con el alcalde

Lee y ESCUCHA.
En junio, Sandra entrevistó al alcalde de la ciudad, Ángel del Valle. Ahora, cuatro meses más tarde, lo entrevista otra vez.

Antes: en junio

Sandra: *Ayer visitó usted las obras del nuevo museo de arte contemporáneo. ¿Está satisfecho?*
Ángel: *¡Ya lo creo! Las obras van bien. Estarán terminadas el mes que viene.*
Sandra: *¡Vaya, por fin! ¿Y qué otros proyectos tiene para los próximos meses?*
Ángel: *Bueno, habrá dos parques nuevos para los niños y un polideportivo.*
Sandra: *Los jóvenes estarán contentos con usted, ¿no?*
Ángel: *He hablado con cientos de jóvenes desde que soy alcalde. Tengo una relación muy buena con ellos porque yo también me siento joven.*
Sandra: *Ya, pero dicen que el precio del billete de autobús va a subir dentro de dos meses. ¿Es verdad?*
Ángel: *El precio del billete no va a subir. Esté usted tranquila.*

Ahora: en octubre

Sandra: *Alcalde, usted dijo que había visitado las obras del museo y que estaba satisfecho porque iban muy bien. También dijo que las obras estarían terminadas al mes siguiente, en julio. Ahora estamos en octubre y todavía no están terminadas. ¿Está satisfecho ahora?*
Ángel: *No, claro que no. Hemos tenido problemas, pero el museo abrirá dentro de pocas semanas. Estoy seguro.*
Sandra: *En junio yo le pregunté si iba a subir el precio del billete de autobús, y usted me dijo que no subiría. Al final ha subido un 10%. ¿Todavía cree que su relación con los jóvenes es buena?*
Ángel: *Bueno, también dije que habría dos parques y un polideportivo nuevos y ya están terminados. Dije que había hablado con cientos de jóvenes. Pues bien, este verano he hablado con muchos jóvenes más, y sigo pensando lo mismo que pensaba en junio.*
Sandra: *Muchas gracias, alcalde.*
Ángel: *A usted.*

Escucha otra vez y CONTESTA verdadero (V) o falso (F).

	V	F
a. El alcalde no está muy satisfecho con las obras del museo.	x	
b. El museo de arte contemporáneo todavía no está terminado.	x	
c. El precio del billete de autobús ha subido un 15%.		x
d. Han construido dos parques y un polideportivo nuevos.	x	

• **Transmitir las ideas de otras personas. Estilo indirecto**

Dijo:	*Me dijo que...*
"Las obras van bien".	*las obras iban bien.*
"He hablado con Carmen".	*había hablado con Carmen.*
"Visité las nuevas instalaciones"	*había visitado las nuevas instalaciones.*
"Habrá vacaciones de Navidad".	*habría vacaciones de Navidad.*
"No van a subir las temperaturas".	*no iban a subir las temperaturas.*

Para ayudarte

Nuestros amigos tienen muy buenas intenciones pero a veces no cumplen sus promesas. TERMINA las frases indicando con tus palabras si estos amigos han cumplido o no las suyas.

Pilar: *"Mañana me pongo a dieta."* ☹
Pilar dijo que al día siguiente se pondría a dieta y no ha empezado todavía.

a. Carlos: *"Pasaré a recogerte a tu casa a las ocho."* ☺ Carlos dijo que...pasaría a recogerme a mi casa a las ocho y ya ha pasado.
b. Eloísa: *"He decidido aprender informática."* ☹ Eloísa dijo que...había decidido aprender informática pero no ha empezado
c. Juan: *"Voy a sacarme el carné de conducir."* ☺ Juan dijo que...iba a sacarse el carné de conducir y ya se lo ha sacado.
d. Tomás: *"Voy a ir al gimnasio todos los días."* ☹ Tomás dijo que...iba a ir al gimnasio todos los días y no ha empezado.

PRACTICA en grupos. ¿Y tú? ¿Cumples siempre tus promesas o tu planes? Escribe en un papel una promesa que cumpliste y otra que no. Mezcla todos los papeles. Tus compañeros tratan de adivinar qué promesas cumpliste y cuáles no. Actividad semilibre.

Raquel: *Voy a estudiar alemán.*

A • *Raquel dijo que iba a estudiar alemán y yo creo que lo hizo.*

Raquel • *Correcto.*

PRACTICA en grupos de tres. A es periodista y entrevista a B, un importante político de la ciudad. C escribe un resumen de la entrevista. Actividad libre.

Para ayudarte

• **Reaccionar ante una noticia**

A. *¿Vas a ir al concierto de Estopa?*	B. *¡Ya lo creo! (sí, con énfasis)*
A. *Lo de mi madre es una enfermedad grave.*	B. *¡Vaya! (noticia buena o mala, según la entonación)*
A. *¿Sabes que me caso el año que viene?*	B. *¡No me diga(s)! (sorpresa)*
A. *¡Ya me he decidido! ¡Me voy a Italia con Paolo!*	B. *¡Por fin! (impaciencia)*

Elige una o más de las expresiones para reaccionar ante estas frases. ESCRIBE tus respuestas.

a. He aprobado el examen del carné de conducir. Era la décima vez que me presentaba.
b. Creo que ayer vi un fantasma.
c. A lo mejor te interesan dos entradas para el concierto de Álex Ubago.
d. No puedo ir al trabajo. Estoy enfermo.
e. Me ha tocado la lotería.
f. Me voy a divorciar de mi marido.

Respuestas probables:
a. ¡Ya era hora! / ¡Enhorabuena!
b. ¡No me digas!
c. ¡Ya lo creo!
d. ¡Vaya! / ¡Que te mejores!
e. ¡Enhorabuena! / ¡Qué bien!
f. ¡No me digas! / ¡Vaya! / Lo siento.

B. ¿Te has enterado de que...?

Antes de comenzar la sección:
Haga varias preguntas a sus estudiantes sobre noticias ocurridas hoy: "¿Os habéis enterado de que van a bajar el precio de los pisos?". Asegúrese de que contestan: "Sí, ya lo sabía" o "No, no me había enterado". Haga lo mismo con: "¿Sabes si Helen está trabajando?".

LEE la noticia del periódico.

A. *¿Te has enterado de que esta noche hay que atrasar los relojes una hora?*
B. *Sí, ya lo sabía, lo he leído en el periódico.*

El País, viernes 16 de octubre de 2004

EL PAIS.es

Los relojes se atrasarán una hora la próxima madrugada

Madrid.

Los relojes deberán atrasarse una hora a las tres de la madrugada (las dos en Canarias) de mañana, domingo, con el fin de adaptarse al horario de invierno. Todos los trenes que circulen a esa hora serán detenidos 60 minutos en la estación más próxima. El 25 de marzo comenzó el horario de verano en el que se adelantó una hora para aprovechar la luz solar y conseguir un ahorro energético.

A. *¿Sabes que los trenes tienen que parar cuando cambia la hora?*
B. *¡No me digas! No lo sabía. ¿Y sabes si pararán durante mucho tiempo?*
A. *No sé, no tengo ni idea.*

1 **Lee otra vez y CONTESTA a las preguntas.**

a. ¿Por qué hay que atrasar los relojes una hora? Para adaptarse al horario de invierno.
b. ¿Cuándo adelantaron los relojes? El 25 de marzo.
c. ¿Qué harán los trenes? Estarán parados.
d. ¿Qué objetivo tienen esos cambios horarios? Para adaptarse al horario de invierno. Ahorrar energía.

• **Pedir una información** A. *¿Sabe(s) si...?*	• **Responder** B. *No sé, no tengo ni idea.* B. *Sí, / No, ...*
• **Informar de una noticia** A. *¿Sabes que...?* A. *¿Te has enterado de que...?*	• **Responder** B. *Sí, ya lo sabía.*

Para ayudarte

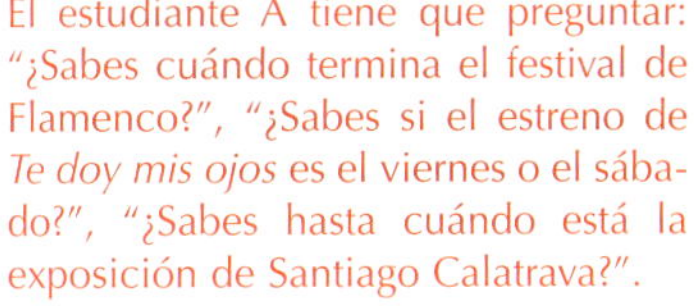

2 Fíjate en el cuadro anterior y COMPLETA las frases con una palabra en cada espacio.

1. • Oye, Luis, ¿.....sabes..... si Jacinto va a venir de vacaciones con nosotros?
   • Pues no ...lo... ...sé...; le preguntaré esta tarde.
2. • ¿Te has enterado de que Alejandro Sanz va a dar un concierto en Bilbao?
   • ¡No me digas! No ...lo.. ...sabía... Me encantaría ir.
3. • ¿.....Sabes..... .....que..... mi hermana ha tenido un niño?
   • Sí, ya ...lo... ...sabía..., me lo dijo Rita.
4. • ¿.....Sabes..... que a Pedro lo han ascendido a Jefe de Redacción?
   • Sí, ya ....lo.... ...sabía.., me parece estupendo.
5. • ¿Te ...has... ..enterado.. de que el alcalde quiere cerrar el Centro de Exposiciones nuevo?
   • No, no ...lo... ...sabía.. ¡Qué pena!

El estudiante A tiene que preguntar: "¿Sabes cuándo termina el festival de Flamenco?", "¿Sabes si el estreno de *Te doy mis ojos* es el viernes o el sábado?", "¿Sabes hasta cuándo está la exposición de Santiago Calatrava?".
El estudiante B tiene que preguntar: "¿Sabes si la Exposición de Manet termina el 8 ó el 15 de febrero?", "¿Sabes cuándo es el concierto de Van Morrison?".

3 PRACTICA en parejas. Mira tu tabla y pide a tu compañero la información que te falta.

guiadelocio.com

- Fin del Festival de Flamenco
- Estreno de *Te doy mis ojos* (viernes o sábado)
- Exposición de Manet: finaliza el 8 de febrero
- Gran concierto de Van Morrison: sábado 20
- Exposición de Santiago Calatrava.

guiadelocio.com

- Festival de Flamenco: 18- 22 de febrero
- Estreno de *Te doy mis ojos*: viernes 7 de noviembre
- Cierre de la Exposición de Manet (8 ó 15 de febrero)
- Concierto de Van Morrison:
- Exposición de Santiago Calatrava: hasta 26 de agosto.

En cada tabla hay actividades con la información completa y otras donde no está.

A • *¿Sabes cuándo empieza el festival de Flamenco?*

B • *Sí, el domingo 18 de febrero.*

4 ESCUCHA y completa la información sobre las siguientes convocatorias.

1. Concurso Nacional de puzzles por parejas
a. Precio por parejas: ....18 euros........
b. Fecha límite para inscribirse: .....18 de mayo.....
c. Nº de piezas del puzzle: ....500........
d. Duración de la prueba: .....Dos horas.....

2. XI Festival Flamenco
a. Fechas: ..18-22 de febrero..
b. Lugar: ...Teatro Albéniz...
c. Dirección: Calle de La Paz, 11
d. Protagonista: ..Carmen Linares..

3. Esculturas de Lluis Llongueras
a. Profesión de Lluis: .....Peluquero.....
b. Lugar de la exposición: .Galería Moncada.
c. Fecha de terminación : .....16 de junio.....

4. Santiago Calatrava
a. ¿Qué se expone? Esculturas y dibujos
b. Lugar de la exposición: .Instituto Valenciano de Arte Moderno.
c. Fecha de terminación: ....26 de agosto....

5 PRACTICA en parejas. Piensa en tres noticias que le pueden interesar a tu compañero relacionadas con tu ciudad: exposiciones, sucesos, conciertos... Coméntaselas y comprueba si las conocía. Él tiene que responder. Actividad semilibre.

A • *¿Sabes que Pilar ha ganado un premio de...?*

B • *No lo sabía / ¡No me digas!*

Contenidos gramaticales

Estilo indirecto. Transmitir mensajes. (Verbo introductor en Presente o Pretérito Perfecto)

Estilo directo	Estilo indirecto	
	Verbo introductor en Presente (y Pretérito Perfecto)	
Pedro: *"Tengo mucho miedo".*		*... tiene mucho miedo.*
Pedro: *"Iré a buscarte al aeropuerto".*	Pedro dice que... / ha dicho que...	*... irá a buscarme al aeropuerto.*

En este caso sólo cambian los elementos referidos a las personas.

Roberto: *"Mi hijo está enfermo".* (Estilo directo)
Roberto dice / ha dicho que su hijo está enfermo. (Estilo indirecto)

Estilo indirecto. Transmitir mensajes. (Verbo introductor en pasado)

Estilo directo	Verbo introductor en Pasado	Estilo indirecto
• Presente: Ana: *"Estoy harta de mi trabajo".* • Pretérito Perfecto: Ana: *"Han despedido a mi marido".* • Pretérito Indefinido: Ana: *"Ayer discutí con mi jefe".* • *Voy a* + Infinitivo: Ana: *"Este año no vamos a ir de vacaciones".* • Futuro: *Ana: "Te llamaré un día de estos".*	*Ayer vi a Ana y me ha dicho / me dijo que...*	• Pretérito Imperfecto: *estaba harta de su trabajo.* • Pluscuamperfecto o Indefinido: *habían despedido a su marido.* • Pluscuamperfecto o no cambia: *había discutido con su jefe anteayer.* • *Iba a* + Infinitivo *este año no iban a ir de vacaciones.* • Condicional: *me llamaría un día de estos.*

1 **SUBRAYA el / los verbo(s) adecuado(s) en las frases siguientes. A veces puede haber dos opciones.**

a. Mi madre me *ha dicho* / *dijo* / *dice* que me habías llamado.
b. Luis *dice* / *dijo* que no puede venir mañana a la sierra.
c. El jefe *dijo* / *dice* que teníamos que acabar hoy el informe.
d. Ellos *dijeron* / *dicen* que este restaurante era muy bueno.
e. Tú me *dijiste* / *dices* / *has dicho* que te gustaban las películas de ciencia ficción.
f. Ella *dijo* / *dice* que mañana no va a ir a trabajar.
g. Mi padre *dice* / *dijo* que llamará más tarde.
h. Nos *dijeron* / *dicen* / *han dicho* que se casarían pronto.

2 TRANSFORMA en estilo indirecto como en el ejemplo.

a. Niña: "No quiero ir a la fiesta de cumpleaños."
La niña dijo que *no quería ir a la fiesta de cumpleaños.*

b. Luisa: "Te espero en la puerta del cine."
Luisa dijo que me esperaba en la puerta del cine.

c. Pedro: "En octubre tuve un accidente".
Pedro me dijo que en octubre había tenido un accidente.

d. Laura: "Mis hijos se han marchado de casa, por fin".
Laura me contó que sus hijos se habían marchado de casa.

e. Jacinto: "Todavía no he visto tu exposición".
Jacinto me ha dicho que todavía no ha visto mi exposición.

f. Yo: "Voy a hablar con el profesor del niño".
Tú dijiste que ibas a hablar con el profesor del niño.

g. Jefe: "Saldré de viaje el domingo".
El jefe dijo que saldría de viaje el domingo.

h. Candidato: "Bajaré los impuestos".
El candidato a la Presidencia dijo que bajaría los impuestos.

Estilo indirecto. Transmitir preguntas

• Cuando el verbo introductorio es *preguntar*, u otro con significado similar, la transformación al estilo indirecto sigue las mismas reglas que hemos visto anteriormente:

Policía: *¿Dónde vive usted?* (Estilo directo en Presente)
La policía me preguntó que dónde vivía. (Estilo indirecto en Pretérito Imperfecto)

Madre: *¿Has comido?* (Estilo directo en Pretérito Perfecto)
Mi madre me preguntó si había comido. (Estilo indirecto en Pretérito Pluscuamperfecto)

3 ESCRIBE la pregunta correspondiente.

a. • Pepa me preguntó que cuánto me había costado el bolso nuevo.
• *¿Cuánto te ha costado / costó el bolso nuevo?*

b. • Ellos me preguntaron si tenía algún problema con el español.
• ¿Tienes algún problema con el español?

c. • Carlos me preguntó si quería casarme con él.
• ¿Quieres casarte conmigo?

d. • Los periodistas le preguntaron a la alcaldesa que cuándo iba a construir el parque nuevo.
• ¿Cuándo va a construir el parque nuevo?

e. • Susana me preguntó si iríamos a su boda.
• ¿Vendréis / iréis a mi boda?

f. • Los vecinos me han preguntado que cuándo vamos a arreglar la luz de la escalera.
• ¿Cuándo vais / vas a arreglar la luz de la escalera?

Lengua en uso

RELACIONA los titulares con las fotos.

1. d; 2.a; 3. b; 4. c

1 

2 

3 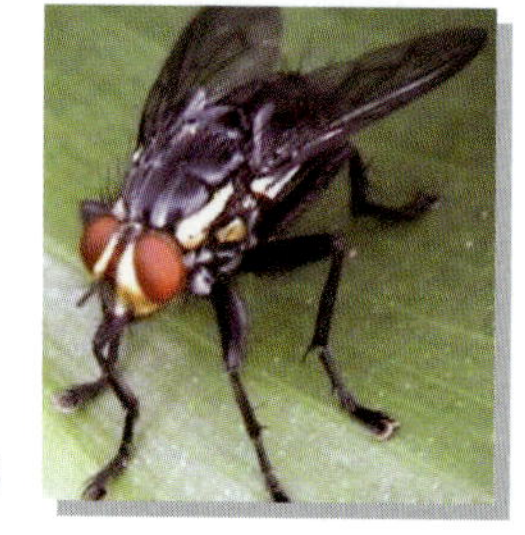

4 

a

NUEVO ESCÁNDALO EN WALL STREET

b

c

SÓLO ERA UN "PEDRUSCO"

d

EL "SPIRIT" REALIZA CON ÉXITO SU PRIMERA MANIOBRA SOBRE SUELO MARCIANO

2 Ahora, LEE los artículos y únelos con los titulares correspondientes. A continuación, subraya en cada texto las palabras que te han ayudado a relacionarlos.

Todos estos periódicos son españoles. Las fechas son ficticias, pero las noticias son verdaderas.

El País, martes 13 de junio de 2004

"Ve hacia ese cráter y gira a la derecha". Esa ha sido la primera orden enviada por los científicos de la NASA poco después de que el vehículo dejara sus huellas en el suelo de Marte. Cuando llegue allí, tras recorrer 250 metros, el robot explorador deberá desplegar sus instrumentos para tratar de buscar la presencia de agua en el Planeta Rojo.

a Titular d

El Mundo, lunes 9 de abril de 2004

Aquello de "tiene menos cerebro que una mosca", para referirse a alguien poco inteligente, ha dejado de tener sentido a raíz de la investigación realizada por el profesor alemán Rinhard Wolf, que ha descubierto que las *grisophilas*, las mismas que acompañan al astronauta español Pedro Duque en su viaje espacial, tienen iniciativa y son capaces de aprender.

b Titular b

ABC, jueves 19 de mayo de 2004

Al más puro estilo americano, el FBI entró el martes por la tarde, hora local, en las oficinas de varios de los mayores *brokers* del mercado de divisas de Nueva York y se llevó esposados a un total de 47 operadores. Según parece, éstos estafaban a los clientes a través de llamadas telefónicas y han sido acusados de fraude y otros delitos por el Departamento de Justicia.

c Titular a

La Vanguardia, lunes 22 de enero de 2004

El Laboratorio de Certificación e Identificación de Meteoritos del Centro de Astrobiología (CAB) ha analizado el fragmento de roca hallado en Lerma (Burgos) y ha concluido que no se trata de un resto del supuesto meteorito visto en parte del país el viernes 4 de enero. Los otros fragmentos, encontrados en Fuentes de Ropel (Zamora) y que fueron analizados la pasada semana, fueron identificados como "piedra terrestre vacuolar".

d Titular c

3 RELACIONA las palabras con los dibujos.

a. astronauta
b. cráter
c. divisas
d. meteorito
e. esposas (llevar esposado)

a. astronauta

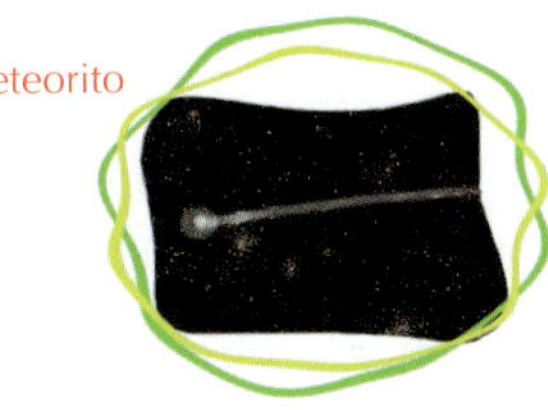
d. meteorito

b. cráter

c. divisas

e. esposas (llevar esposado)

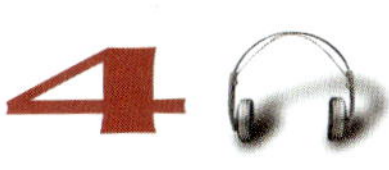

4 ESCUCHA el diálogo y completa el resumen que hace Ana a su amiga de una de las noticias anteriores.

Ana: No vas a creer lo que voy a contarte. El lunes estuve hablando con (1) ...Vicente..., ya sabes, el chico ese de León. Pues el caso es que lo llamé porque el (2) ...sábado... yo había visto en la tele una noticia sobre su pueblo.
Amiga: Ah, sí, algo de un (3) ...meteorito..., ¿no?
Ana: Sí, eso. Pues resulta que Vicente me dijo (4) ...que... él lo (5) ...vio... todo, porque estaba conduciendo en ese momento. Me dijo que (6) ...fue... él quien llamó a la Guardia Civil.
Amiga: ¿Te dijo Vicente (7) ...que... él (8) ...salió... en la tele regional?
Ana: Sí, el mismo sábado por la tarde. ¿Lo viste?
Amiga: No, no llegué a tiempo. ¿Sabes si (9) ...grabó... la entrevista?
Ana: Sí, la ha grabado, pero no la he visto todavía. Me comentó que me la (10) ...daría... su padre cuando viniera a la ciudad, pero creo que no vendrá hasta mañana.

5 En su explicación, Ana ha cometido dos errores. CORRÍGELOS.

Errores:
1: ...fue en un pueblo de Burgos, no de León...   2: ...fue el viernes cuando se produjo la noticia...

6 Primera plana. PRACTICA en grupos grandes. Eres periodista y tienes que encontrar, junto con tus compañeros, noticias y formar una primera plana de un periódico. Cada "periodista" se hace cargo de una sección y redacta una noticia breve, entregándola a la "redacción". Por último se "crea" la portada del periódico y se expone para el resto de la clase.

Si dispone de ordenadores se pueden crear "periódicos digitales" con gran variedad de materiales, unos originales inventados, y otros "bajados" de la Red. Si no se dispone de ordenadores, se puede crear un periódico mural para exponerlo en la pared de la clase. Redacción de las noticias: aunque sea conveniente que los alumnos "redacten" al menos parte de las noticias o materiales creados, es buena idea que consulten periódicos de habla española en Internet o en papel, para recoger ideas y vocabulario.

Taller [La prensa argentina]

Después de haber realizado el proyecto de la portada del periódico, los alumnos habrán recogido materiales de diversos diarios. Estos materiales pueden comentarse en clase. Conviene centrarse en actividades de "búsqueda de información" más que en las de comprensión de textos largos y complejos.

Antes de leer

1. ¿Conoces el nombre de alguno de los periódicos más importantes de España e Hispanoamérica?

2. ¿De dónde crees que son? Clasifica los siguientes nombres de diarios según la zona de procedencia (España o Hispanoamérica).

España

Argentina

España

España

México

España

Chile

Nicaragua

México

La lectura

1. Esta es la portada de la "versión electrónica" del periódico *El Clarín* de Buenos Aires. Observa las distintas partes de la portada y contesta a las preguntas.

Clarín.com — Periodismo en Internet

Lunes 24 de noviembre de 2003
A?I N° 2794
Hasta ahora **1.146.869** lectores

Buenos Aires
19°C Temp
76% Hum
ciudades

EL TIEMPO

Noticias | Suplementos | Especiales | Clasificados | Guías | Ayuda

Actualizado a las 23:56

Secciones
Tapa
Todos los títulos
Las más leídas
Ultimo Momento !
TodaVíA — Pensamiento y cultura en América Latina
Opinión
El Mundo
Sociedad
La Ciudad
Policiales
Deportes
Espectáculos
Optimiza la capacidad intelectual
Foros
Cartas de lectores
El tiempo
Tráfico
Claringrilla
Humor
Tapa Papel
Suplementos

Ultimo momento

23:25 | El País
Ibarra terminó de definir su nuevo gabinete
El jefe de Gobierno porteño ratificará a varios funcionarios para su nueva gestión, pero también incluirá hombres ajenos a su entorno más cercano. Entre ellos, al dirigente del ARI Rafael Romá, que aceptó hacerse cargo de la Secretaría de Desarrollo Social.

17:45 | Policiales
Santiago: ahora acusan a Musa Azar por doble homicidio calificado
La jueza que investiga los crímenes de La Dársena imputó al ex jefe de Inteligencia por la muerte de Leyla Nazar. Ya estaba acusado por el asesinato de Patricia Villalba y por ser el presunto jefe de una asociación ilícita.

19:21 | El País
Beliz amplió la denuncia por corrupción en la Federal
El ministro de Justicia aseguró que se detectaron negocios irregulares por 16 millones de pesos, originados cuando la fuerza estaba a cargo del ex jefe Giacomino.

19:48 | Fútbol
La AFA apeló el recurso que Tevez presentó para jugar en Boca
La entidad que lidera Grondona busca que, si el delantero no va al Mundial Sub 20, tampoco juegue en el campeonato local.

19:05 | El País
Se profundiza la pelea entre organizaciones piqueteras
Un día de roces y acercamiento entre el Gobierno y los piqueteros

13:01 | El Mundo
Condenan a muerte al francotirador de Washington

23:53 | La Ciudad
Un corte de luz afectó a 2 mil usuarios en Olivos

Escríbanos
Buscador ubbi + Google
en Clar/zn
Ir
Búsqueda avanzada
Ediciones anteriores
Clarín Edición Electrónica
Newsletters | Suscríbase aquí
Webmail

MASOPORTUNIDADES

Analizamos su Cartera de Inversión SIN COSTO!

Encuesta
¿Cuál es el efecto principal de los planes de ayuda social?
11222 votantes
Amortiguar la pobreza (2614) 23.3%
Potenciar el clientelismo (8608)

a. ¿Qué noticias consisten en declaraciones de alguien?
El ministro de Justicia aseguró que...

b. ¿Qué secciones debes consultar para...
- saber las noticias de Buenos Aires? La ciudad
- enterarte de los resultados de los partidos de fútbol? Deportes o "fútbol"
- consultar artículos especializados en sucesos? Policiales
- expresar tu opinión sobre un tema de actualidad? Foros y "encuesta"

2. Pulsando ("clicando" o "cliqueando") sobre algunas palabras o iconos se puede acceder a otras páginas. ¿Dónde has pulsado para acceder a estos extractos?

Tráfico

A. TRÁNSITO Y SUBTES

ESTADO DE AVENIDAS PRINCIPALES DE CAPITAL FEDERAL Y ACCESOS

AV. MADERO: FLUIDO
AV. RIVADAVIA: INTRANSITABLE
ENTRE SUIPACHA Y ESMERALDA: OPERATIVO POLICIAL
AV. DE MAYO: FLUIDO

RED DE SUBTES Y PREMETRO

LÍNEA A: SERVICIO NORMAL
TRENES CADA 4' 29"

El tiempo

C. INFORMACIÓN METEOROLÓGICA

Pronóstico oficial. Lunes 24 de noviembre de 2003, 05:30 (hora argentina).

Capital Federal

Lunes
Mínima: 12° Máxima: 24°

Cielo parcialmente nublado. Vientos moderados del sudeste, rotando al este.

Martes
Mínima: 18° Máxima: 28°

Cielo parcialmente nublado. Vientos leves a moderados del noreste, rotando al norte.

Espectáculos

B. OCIO
TEATRO

Mar del Plata abre el telón
El Teatro Auditorium de la ciudad atlántica anunció su programa para el año siguiente, con grandes figuras del teatro, la música y el ballet.

3. Lee los fragmentos de las secciones anteriores y responde a las preguntas. Cada una de ellas se refiere a un extracto diferente.

a. ¿Cuál es el único problema para el transporte en Buenos Aires hoy?
No se puede circular por la Avenida Rivadavia entre Suipacha y Esmeralda.

b. Lo que se anuncia es...
1) una obra de teatro. 2) un grupo de teatro. 3) un teatro.

c. ¿Qué cambio se producirá en el tiempo del lunes al martes?
1. Hará más calor. 2. Hará más frío. 3. Se nublará.

Después de leer

- Haz una presentación sobre los principales periódicos de tu país, número de lectores, tendencias...

Cascadas en el Parque Nacional de Soberanía
Alrededores de la ciudad de Panamá. Panamá

Unidad 6
La salud

Competencias pragmáticas:

- **Hablar de la salud.**
- **Expresar conjetura o suposición.**
- **Expresar buenos deseos.**
- **Hacer recomendaciones.**

Competencias lingüísticas:

Competencia gramatical

- **Presente de Subjuntivo: verbos regulares e irregulares.**
- **Futuro Perfecto.**

Competencia léxica

- **Expresiones relacionadas con la salud.**

Conocimiento sociocultural:

- **Opciones para una vida sana.**

A. En la consulta

Compare el uso del Subjuntivo que aparece en esta unidad con el uso aparecido en la unidad 3. Poco a poco los alumnos deben empezar a apreciar que el Subjuntivo se emplea con una serie de significados (inseguridad, deseo, probabilidad, esperanza, etc.) que tienen en común el carácter no real.

Lee y ESCUCHA.

Ramón no se encuentra bien y no puede ir a trabajar. Llama por teléfono y va a la consulta de su médico de cabecera.

Enfermera:	*Consulta de la doctora Ordóñez, dígame.*
Ramón:	*Llamo para pedir hora, para hoy si es posible.*
Enfermera:	*Dígame su nombre.*
Ramón:	*Ramón Valdés.*
Enfermera:	*Pues... hay un hueco libre a las diez y media. ¿Le viene bien?*
Ramón:	*Sí, sí, de acuerdo. Muchas gracias. Hasta luego.*

Enfermera:	*Señor Valdés, ya puede pasar.*
[...]	
Doctora:	*Buenos días. Cuénteme, ¿qué le pasa?*
Ramón:	*Pues me siento mal, tengo fiebre y toso mucho. Habré pillado la gripe o algo así. No sé, ojalá no sea bronquitis...*
Doctora:	*Bueno, vamos a ver. ¿Tiene dolores de espalda o de cabeza?*
Ramón:	*Me duele la cabeza y la garganta. La espalda no.*
Doctora:	*¿Cuánto tiempo lleva así?*
Ramón:	*Unos cuatro días.*
Doctora:	*A ver, abra la boca... Respire... Tosa un poco. Bien, no es nada grave. Tiene un catarro un poco fuerte.*
Ramón:	*¿Cómo lo habré pillado? Me he puesto la vacuna.*
Doctora:	*Pues... se habrá enfriado. A lo mejor la vacuna no ha funcionado bien. Pero no se preocupe. Voy a recetarle unas pastillas y un jarabe. Beba mucha agua y descanse bien. Si no mejora, vuelva por aquí dentro de una semana.*
Ramón:	*Muy bien. Muchas gracias, doctora.*

En este diálogo aparecen algunas expresiones de significado impreciso, pero de uso muy frecuente: *a ver / pues / bien*. A veces se usan tan sólo para "rellenar un hueco" en la conversación, por ejemplo, para pensar lo que se va a decir. Otras veces se usan para llamar la atención del interlocutor (*a ver, bien*).

1 **Escucha otra vez y CONTESTA verdadero (V) o falso (F). Corrige la información equivocada.**

	V	F
a. Ramón se puso malo hace cuatro días.	x	
b. A Ramón le duele la cabeza y la espalda.		x
c. Ramón tiene bronquitis.		x
d. La doctora le dice que debe tomar un jarabe y unas pastillas.	x	

- **Expresar conjetura o suposición**

A. *No sé lo que me pasa. Me duele la cabeza, tengo frío...*	B. *Será una gripe.*
A. *¿Cómo habré pillado este catarro?*	B. *Habrás cogido frío.*
A. *Carmen está más delgada, ¿no te parece?*	B. *Habrá seguido un régimen.*

ara ayudarte

RELACIONA los síntomas de Ramón con las conjeturas sobre lo que le pasa.

a. He vomitado y tengo diarrea. → 2
b. Me han salido granos y tengo fiebre. → 1
c. Tengo malestar y fiebre. Toso mucho. → 4
d. Me duele el pecho. ¿No será un infarto? → 3

1. Serás alérgico al polen.
2. Te habrá sentado mal la comida.
3. No, hombre. Será un catarro.
4. Habrás pillado la gripe.

En Hispavisión varios trabajadores llaman al contestador para decir que están enfermos y no irán a trabajar. ESCUCHA los mensajes y marca en el cuadro todas las posibilidades de combinación que oigas. Figuran en la tabla, entre paréntesis, las posibilidades correctas que no se oyen en la cinta pero que son combinaciones muy empleadas en español.

	bueno/a, malo/a	enfermo/a	bien / mal	mejor / peor
Me siento...		(x)		x
Me encuentro...		x	(x)	x
Estoy...	x	x	(x)	x
Me he puesto...	x	x	(x)	x

- **Expresar buenos deseos**

A. *Tranquilízate. Ya he llamado al médico. Viene enseguida.*
B. *¡Ojalá no sea nada grave!*

ara ayudarte

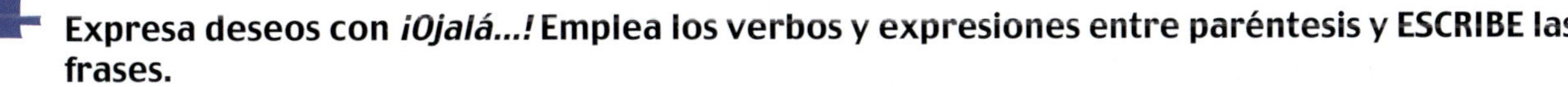

Expresa deseos con *¡Ojalá...!* Emplea los verbos y expresiones entre paréntesis y ESCRIBE las frases.

a. • Mañana vamos de excursión al campo, pero no sé si hará buen tiempo.
  • (no LLOVER) ¡Ojalá no llueva!
b. • El viernes que viene se casa mi hermana en Caracas. No sé si me darán permiso en el trabajo para ir.
  • (PODER ir) ¡Ojalá pueda ir!
c. • Los niños quieren ver la película de la tele, pero quizá sea demasiado violenta.
  • (PONER una película para niños) ¡Ojalá pongan una película para niños!
d. • Creo que han vendido un cuadro mío. No sé cuánto me van a pagar.
  • (PAGAR mucho dinero) ¡Ojalá (me) paguen mucho dinero!
e. • Alguien tiene que quedarse a trabajar el fin de semana.
  • (no SER yo) ¡Ojalá no sea yo!

PRACTICA en grupos de tres. Te sientes mal, pero no hablas español y te expresas con gestos. Un compañero es el médico, pero no te entiende. Con la ayuda de otro compañero, explicas los síntomas al médico. Actividad libre.

B. El insomnio

Antes de comenzar la sección:
Antes de leer el texto, pregunte a los estudiantes si alguna vez han sufrido insomnio y cuál era la causa. También puede preguntar si conocen alguna solución para evitarlo. Se trata de preparar el tema de la lectura, pero no es necesario extenderse demasiado.

LEE este artículo de una revista.

INSOMNIO

Un 30 % de la población pasa la mitad de la noche sin poder dormir. Pero no todos tienen el mismo problema: hay unas personas que tardan mucho en dormirse, otras se despiertan demasiado pronto y otras no duermen pensando en que no podrán dormir. También varía la duración del insomnio. Algunas personas presentan insomnio pasajero debido a una tensión emocional, por ejemplo una boda o la muerte de un ser querido. Otras personas llevan años durmiendo mal.

Por lo general, se puede hablar de dos tipos de causas en el caso del insomnio.

a. Causas médicas: por ejemplo, problemas de alimentación, enfermedades respiratorias, u otros síntomas como dolor o fiebre.

b. Causas psicológicas: el 80% de los casos de insomnio se debe a causas psicológicas como tener una depresión o sufrir ansiedad. A su vez, hay múltiples factores que provocan la ansiedad, desde factores ambientales (ruidos, por ejemplo), o sociales como un nuevo trabajo, un examen. O a veces simplemente no se puede dormir porque se han consumido demasiados estimulantes como la cafeína, el tabaco o el alcohol. En cualquier caso, es importante saber cuál es la causa de nuestro insomnio para poder tomar las medidas adecuadas.

(Adaptado de la revista *Clara*)

TRUCOS PARA DORMIR

- **El horario:** si es posible, no te vayas a dormir antes de la once de la noche.
- **El ejercicio físico:** es mejor que hagas algo de deporte a lo largo del día. Desconecta de las tensiones.
- **Vigila la dieta:** si cenas tarde, come cosas ligeras.
- **La televisión:** no es aconsejable que pases muchas horas ante el televisor.
- **El entorno:** es indispensable tener una cama cómoda. La temperatura ideal para dormir está entre los 18° y los 22° C.

1 **Lee otra vez y CONTESTA a las preguntas.**

a. ¿Qué porcentaje de la población se ve afectada por el insomnio? Un 30%.
b. ¿Qué motivos pueden provocar un insomnio puntual? Una tensión emocional como una boda o la muerte de un ser querido
c. ¿Qué porcentaje de insomnes lo es por razones psicológicas? Un 80%.
d. ¿Cuáles son las causas más frecuentes del insomnio? Las psicológicas.
e. ¿Qué tipo de razones psicológicas provocan insomnio? Depresión o ansiedad.

PRACTICA en grupos de cuatro. Cada uno habla durante un minuto respondiendo a las preguntas sobre sus problemas de sueño. Actividad semilibre.

a. ¿Cuántas horas duermes normalmente?
b. ¿Has tenido problemas de insomnio alguna vez?
c. ¿Sabes cuál fue la causa?
d. ¿Qué hiciste para resolver el problema?

- **Hacer recomendaciones**

Es importante que hagas ejercicio físico para estar mejor.
No es bueno cenar demasiado antes de acostarse.

Para ayudarte

ESCUCHA los siguientes consejos para dormir bien y relaciona las dos columnas.

1. Es conveniente que...	a. utilices la cama para dormir.
2. Es imprescindible que...	b. tengas un horario fijo para acostarte y levantarte.
3. Es importante que...	c. visites a un especialista.
4. No es bueno...	d. hagas ejercicio físico.
5. Será necesario que...	e. cenar abundantemente.

PRACTICA en grupos. Haz, junto a tus compañeros, una lista de soluciones para dormir bien. Luego la expones al resto de la clase. Actividad semilibre.

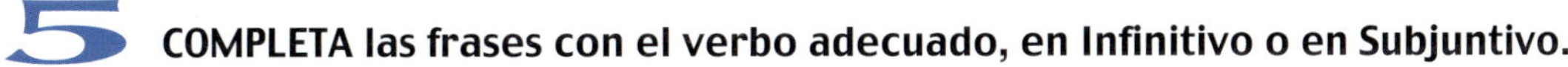

COMPLETA las frases con el verbo adecuado, en Infinitivo o en Subjuntivo.

1. Si quieres tener buena salud, es conveniente que *vayas* a un gimnasio. (ir)
2. El médico te ha dicho que es necesario que ......tomes...... estas pastillas para dormir. (tomar)
3. • Yo creo que no es recomendable ......dormir...... la siesta, pues luego por la noche no se puede descansar bien. (dormir)
   • Pues yo creo que sí es bueno, a mí me va estupendamente.
4. No es bueno que los niños ......salgan...... con el pelo mojado a la calle, se pueden resfriar. (salir)
5. La fiesta de esta noche no es muy formal, no es imprescindible que te ......pongas...... el vestido largo. (poner)
6. Si quieres comer en ese restaurante, es imprescindible que ......reserves...... con un mes de antelación, es que está de moda y es dificilísimo ......encontrar...... mesa. (reservar, encontrar)

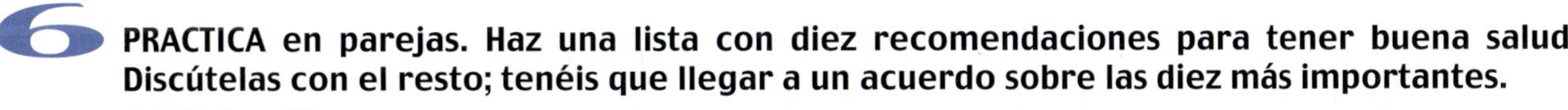

PRACTICA en parejas. Haz una lista con diez recomendaciones para tener buena salud. Discútelas con el resto; tenéis que llegar a un acuerdo sobre las diez más importantes.
Actividad semilibre.

Es conveniente dormir ocho horas diarias.
Es necesario comer fruta.

Contenidos *gramaticales*

Presente de Subjuntivo. Verbos irregulares

- Los verbos irregulares en la primera persona del Presente de Indicativo suelen tener la misma irregularidad en Presente de Subjuntivo.

	IR	VENIR	ENCONTRAR
(Yo)	vaya	venga	encuentre
(Tú)	vayas	vengas	encuentres
(Él/ella/Ud.)	vaya	venga	encuentre
(Nosotros/as)	vayamos	vengamos	encontremos
(Vosotros/as)	vayáis	vengáis	encontréis
(Ellos/as/Uds.)	vayan	vengan	encuentren

	Presente de Indicativo	Presente de Subjuntivo
SALIR	salgo	salga, salgas, salga, salgamos, salgáis, salgan.
PEDIR	pido	pida, pidas, pida, pidamos, pidáis, pidan.
HACER	hago	haga, hagas, haga, hagamos, hagáis, hagan.

Expresar deseos

- *Ojalá* + Presente de Subjuntivo: expresa deseos posibles para el presente o el futuro.

¡Ojalá Ernesto lo esté pasando bien en la playa!

¡Ojalá venga pronto mi novio!

1 COMPLETA las frases con uno de los verbos del recuadro.

aprobar	contratar	dar	tener	tocar

a. He comprado un billete de Lotería de Navidad, ojalá me *toque*.
b. A mi novia la han llamado para una entrevista de trabajo, ojalá la contraten .
c. Julia se examina mañana del carné de conducir, ojalá lo apruebe .
d. Hemos pedido una beca para que nuestro hijo estudie, ojalá nos la den .
e. José Luis está ingresado y no saben qué tiene, ojalá no tenga nada grave.

Dar consejos o recomendar

- (No) *Es necesario / es bueno / es conveniente* + Infinitivo: cuando la oración subordinada es impersonal.

No es bueno cenar mucho antes de acostarse.

- (No) *Es necesario / es bueno / es conveniente* + *que* + Subjuntivo: cuando la oración subordinada tiene un sujeto.

No es bueno que (tú) cenes tanto antes de acostarte.

Estos son unos consejos para aprender un idioma. COMPLETA las frases con los verbos adecuados.

ser	ver	estudiar	buscar	explicar	escuchar	hablar

		.... claro.
a. Es imprescindible que...		.... los verbos.
b. Es conveniente que...	tú	.... mucho en español.
c. (No) Es bueno...	los profesores	.... películas españolas.
d. Es importante que...	el libro	.... la gramática.
e. (No) Es necesario que...		.... canciones.
		.... un/a novio/a español/-a.

a. el libro sea claro.
b. (tú) estudies los verbos.
c. (tú) hables mucho en español.
d. (tú) veas películas españolas.
e. (tú) estudies la gramática.
f. escuches canciones.
g. busques un novio/a español/-a.

Futuro Perfecto. Forma y uso

Forma:
El Futuro Perfecto se forma con el Futuro del verbo *haber* + el Participio del verbo que conjugamos.

		LLEGAR / COMER / VENIR
(Yo)	habré	
(Tú)	habrás	
(Él/ella/Ud.)	habrá	+ llegado / comido / venido
(Nosotros/as)	habremos	
(Vosotros/as)	habréis	
(Ellos/as/Uds.)	habrán	

Uso:
Expresa que una acción estará acabada en un momento del futuro.

Yo creo que para el 30 de diciembre ya habrán acabado las obras del metro.

También expresamos una conjetura sobre una acción ocurrida en un pasado reciente.
- *He llamado a mi madre y no contesta.*
- *No te preocupes, habrá salido a comprar algo.*

SUBRAYA en las frases el verbo más adecuado: Futuro Imperfecto o Futuro Perfecto.

a. • Hoy no me encuentro bien, tengo fiebre y me duele la garganta.
   • Te *enfriarás* / *habrás enfriado*, tómate una aspirina.
b. • Mira cuánta gente hay allí, ¿qué pasará?
   • *Habrá* / *habrá habido* un accidente.
c. • Llaman a la puerta.
   • ¿Quién *será* / *habrá sido* a estas horas?
d. • Hemos ido a casa de Lourdes y no contesta.
   • *Irá* / *habrá ido* al cine, le gusta mucho.
e. • Son las tres y nuestros invitados no han llegado.
   • Seguramente *estarán* / *habrán estado* aparcando.
f. • ¿Quién *será* / *habrá sido* el hombre que va con María Elena?
   • *Será* / *habrá sido* su novio, ¿a ti qué te importa?
g. • Han robado en el piso de al lado, ¿quién *será* / *habrá sido*?

Lengua en uso

Este texto contiene varias palabras científicas que parecen difíciles, pero suelen parecerse de unos idiomas a otros. Sólo merece la pena presentar y explicar aquellas palabras que sean imprescindibles para entender el texto en su conjunto.

1 **LEE el texto y contesta a las preguntas.**

MUCHAS VITAMINAS PERJUDICAN LA SALUD

Un 15% de la población europea toma suplementos, en su mayoría vitaminas, convencida de que las pastillas mejorarán su salud. Entre las razones dadas para recurrir a estos suplementos se encuentran la prevención de enfermedades, pero los expertos argumentan que todavía no se ha publicado ningún estudio riguroso que demuestre esta capacidad preventiva. Algunos estudios recientes indican que las personas con niveles elevados de vitamina A en la sangre presentan un mayor riesgo de sufrir osteoporosis (descalcificación ósea) y, entre los niños, crisis epilépticas o pérdida de conciencia por un aumento de la presión en el interior del cráneo.

También se ha demostrado que el consumo desmedido de vitamina E aumenta la tendencia a sufrir hemorragias y el riesgo de infarto de miocardio o de ictus. La ingestión elevada de vitamina C puede ser perjudicial y puede dar lugar a alteraciones gastrointestinales como diarreas, náuseas y dolor abdominal, e incluso puede favorecer el desarrollo de ataques agudos de gota y empeorar una litiasis renal (enfermedad causada por las presencia de cálculos o piedras en el interior de los riñones o de las vías urinarias).

Otras investigaciones advierten respecto a la sobredosis de minerales. El exceso de hierro puede aumentar el riesgo de enfermedades cardiovasculares.

(Texto procedente de la revista *Mía*)

a. ¿Cuál es el objetivo de este artículo?
   1. Recomendar. 2. Advertir. 3. Criticar.

b. ¿Cuál es la frase correcta?
   1. Está demostrado que los suplementos vitamínicos previenen enfermedades.
   2. No está demostrado que los suplementos vitamínicos sirvan para prevenir enfermedades.
   3. Está demostrado que los suplementos vitamínicos no previenen ninguna enfermedad.

c. Las personas que toman mucha vitamina A...
   1. tienen mejor salud que el resto.
   2. tienen más riesgo de sufrir ciertas enfermedades.
   3. no padecen osteoporosis.

d. Un exceso de vitamina E y C...
   1. puede ayudar a superar algunas enfermedades.
   2. aumenta ligeramente el riesgo de infarto de miocardio.
   3. es dañino para la salud.

e. Si tienes piedras en el riñón y tomas mucha vitamina C...
   1. seguramente mejorarás.
   2. no te afectará ni para bien ni para mal.
   3. puedes ponerte peor.

f. ¿Qué hace que tengas más probabilidades de sufrir enfermedades cardiovasculares?
   1. Una sobredosis de minerales en general.
   2. Demasiado hierro.
   3. La falta de hierro.

  **ESCUCHA el debate radiofónico sobre "la automedicación" y contesta a las preguntas.**

a. ¿Cuántos invitados hay en el programa? Tres.
b. ¿Cómo se llama el programa de radio? "La salud es lo que importa"
c. ¿En qué ciudad española se realiza este programa? En Alicante.
d. ¿Qué porcentaje de medicamentos se vende sin receta? Un 40%.
e. ¿Qué invitado no está de acuerdo con lo que dice otro? La doctora Miralles con el señor Pons.

3 PRACTICA en grupos. Cuenta a tus compañeros.

Después de que los alumnos hablen por parejas, puede reunirse a toda la clase y comentar lo que han discutido sobre la automedicación y la necesidad de limitarla a los medicamentos más básicos e inocuos.

- ¿Qué medicinas o productos sanitarios compras sin consultar con ningún médico (por ejemplo, vendajes, alcohol para las heridas, pasta dentífrica, etc.)?

- ¿Consideras que tu dieta es sana y completa? ¿Le falta algo o le sobra algo?

  **Escucha otra vez el debate y CONTESTA verdadero (V) o falso (F). Corrige la información incorrecta.**

	V	F
a. La doctora Miralles es Jefa del Hospital Clínico.	x	
b. Don Esteban Pons es Presidente de la Asociación de Consumidores. Es vicepresidente.		x
c. Casi el 30% de las medicinas que se venden en las farmacias no están recetadas por ningún médico. Es casi el 40%, no el 30%.		x
d. Si el paciente se siente mal, es necesario que acuda inmediatamente al médico.	x	
e. El enfermo que se automedica no corre peligro. Corre dos peligros: la intoxicación y una curación incompleta.		x
f. El médico sólo escucha al enfermo y escribe la receta.	x	
g. Los servicios médicos son bastante buenos. Los servicios médicos deberían mejorar bastante.		x

5 Esta es la carta que te envía un amigo. Léela y ESCRIBE otra de respuesta.

Estoy un poco mejor, aunque todavía me duele.
Los médicos me han dicho que pronto estaré curado.
¡He aprobado! Por fin soy abogado.
Estoy...
A ver si me recupero pronto y podemos ir a...
¿Te acuerdas de aquel hotel en la playa...?

Incluye las ideas siguientes:

- Preguntar por su estado actual.
- Mencionar la información previa que te contaba en su última carta.
- Hacer alguna recomendación. (No de tipo profesional.)
- Expresar deseos de que se recupere pronto.
- Indicar que vas a llevarle / regalarle algo (especifica qué) para que se anime.

Taller [Opciones para una vida sana]

El tema general del taller es "Cómo mantenerse sano y cuidarse". Además de los balnearios y l gimnasia o el ejercicio en general, hay otros aspectos que pueden tratarse: aromaterapia, curac por medio de olores; homeopatía; curanderismo y medicina tradicional; productos de herbolar Los alumnos pueden aportar su experiencia y su opinión sobre estos métodos curativos. Tambi pueden tratarse temas relacionados con las dietas.

Antes de leer

1. ¿Qué haces tú para mantenerte sano y en forma?

Los alumnos comentan con los compañeros lo que hacen para mantenerse en forma: gimnasia, deporte, yoga, etc.

2. ¿Sabes lo que es un balneario? ¿Crees que los balnearios son útiles?

3. ¿Has hecho alguna vez gimnasia? ¿Conoces la gimnasia rítmica e integral? ¿Qué te parece?

Los balnearios, ahora también llamados "spa", son unos establecimientos donde puedes ir a rel jarte, a que te den masajes de todo tipo, duchas, baños, saunas, etc. y que están muy demanda dos hoy en día. Su principal ventaja es la relajación, olvidarte del mundo y del estrés y saber q estás en manos de profesionales que te van a cuidar y mimar durante un tiempo.

La lectura

1. Lee el anuncio del balneario de La Toja. ¿Qué clase de información es más importante? Escribe los datos de interés en la categoría correspondiente.

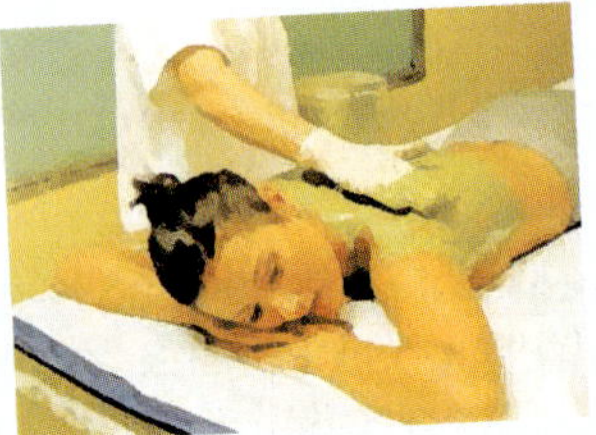

El Hotel-Balneario Isla de La Toja, inaugurado en el año 2002, se encuentra situado en la Isla de la Toja, lugar de gran riqueza natural favorecido por su suave microclima y las propiedades de sus manantiales. Un lugar único y de fácil acceso, ideal para los que buscan pasar unas vacaciones para la relajación, la salud y el reposo.

Las habitaciones disponen de baño completo, secador de pelo, aire acondicionado, TV interactiva, teléfono, hilo musical, caja fuerte y minibar.

Completa sus instalaciones con piscina exterior de 190 m^2, Club Termal, centro de congresos, biblioteca, sala de juegos, restaurantes, cafeterías, *fitness club*, parking, clínica y rehabilitación y piscina climatizada.

En las inmediaciones del hotel se encuentra un complejo deportivo con pistas de tenis, *paddle*, campo de golf de 9 hoyos, tiro con arco, tiro al plato.

PROPIEDADES DE LAS AGUAS, TRATAMIENTOS Y TARIFAS

Los manantiales de La Toja han acreditado sus propiedades terapéuticas desde 1846, y desde 1928 cuentan con la declaración de utilidad pública. Hoy, tradición y modernidad conviven en unas instalaciones dotadas de la tecnología y tratamientos más avanzados en balneoterapia para disfrutar del tiempo libre, a la vez que se consigue salud y bienestar.

Propiedades medicinales de las aguas	Alojamiento, ocio y comodidad	Interés cultural y turístico de la zona
Manantiales con propiedades terapéuticas desde 1846.	Hotel con todo tipo de lujos y comodidades. Cuenta con piscina, biblioteca, sala de juegos, *fitness* club, etc. Complejo deportivo con pistas de tenis, pádel, campo de golf, etc.	Hotel situado en la isla de La Toja que es un lugar de gran riqueza natural con un suave microclima y manantiales.

2. Lee el texto sobre la gimnasia integral. ¿Cuáles de estas ideas aparecen en el texto y cuáles no se mencionan? Señala en la tabla tus respuestas.

GIMNASIA RÍTMICA E INTEGRAL EN URUGUAY

Profesora: Lucía Grandes

La gimnasia integral está dirigida a todo tipo de público, femenino y masculino, para los jóvenes y no tan jóvenes que quieran cuidar y respetar su cuerpo. La profesora también es terapeuta corporal y realiza trabajos a domicilio.

Los médicos recomiendan cada vez más hacer actividad física, pero en general a la gente le resulta difícil comenzar y prolongar en el tiempo una actividad. Las razones son que no encuentran motivación, les resulta un trabajo más, una obligación.

El papel del profesor es generar la motivación y ayudar en el proceso de adaptación de acuerdo a sus posibilidades.

En los tiempos que corren la gente prefiere prácticas menos agresivas que le permitan expresarse y disfrutar de una clase de gimnasia y además poder vincularse con el grupo afectivamente, pero también que sirva para mejorar el sistema fisiológico, trabajar músculos, postura y flexibilidad.

Las personas, a través de su cuerpo, revelan su historia. La columna, el eje principal del mismo, es el lugar dónde se manifiestan todas las dolencias, debido a bloqueos y contracturas producidas sobre todo por tensiones emocionales. Por eso necesita ser cuidada desde una edad temprana.

Es apta para gente con problemas de columna, corrige defectos posturales, hombros caídos, espaldas encorvadas, escoliosis, etc. Controla cada músculo del cuerpo dándole flexibilidad y agilidad. Las actividades terminan de una manera progresiva con una placentera relajación.

IDEA	SÍ	NO
a. La gente sabe que debe hacer gimnasia pero no se anima.	x	
b. El profesor no puede tomar decisiones que dependen del alumno.	x	
c. La gente quiere sentirse a gusto en clase de gimnasia y divertirse.	x	
d. La columna es la parte del cuerpo que antes envejece.		x
e. Este tipo de gimnasia no se limita a realizar ejercicios físicos.	x	

3. Subraya las partes del texto que describen aspectos menos usuales de este tipo de gimnasia, (van más allá del simple ejercicio físico y del desarrollo muscular).

Después de leer

- Trabaja en grupos. Piensa, junto a tu grupo, en una actividad física que reúna las características siguientes: agradable, divertida, saludable, y que permita la integración en un grupo.

- Expón el proyecto a la clase. Escucha a los otros grupos y opina sobre sus proyectos.

Museo Nabolom, San Cristóbal de las Casas
Chiapas, México

Unidad 7
Turistas y viajeros

Competencias pragmáticas:

- **Comentar las incidencias de un viaje.**
- **Localizar acciones en el tiempo.**
- **Expresar deseos y temores.**
- **Expresar quejas y reclamar.**
- **Llamar la atención de alguien.**

Competencias lingüísticas:

Competencia gramatical

- ***Cuando*** **+ Subjuntivo / Indicativo.**
- ***Esperar*** **+** ***que*** **+ Subjuntivo;** ***esperar*** **+ Infinitivo.**
- ***¿Cómo es posible que*** **+ Subjuntivo?**

Competencia léxica

- **Léxico de viajes.**
- **Medios de transporte.**

Conocimiento sociocultural:

- **Tipos de turismo, tipos de turistas.**

Práctica adicional de oraciones temporales con *cuando* (sección A. Actividad 5):

- **En pasado.** Los alumnos inventan una historia en grupos y de forma improvisada. Un alumno empieza a contar una historia, con dos o tres frases como máximo. Al final empieza una frase con *cuando*, pero la deja sin terminar: "Ayer llegué a casa muy tarde. Estaba cansado y tenía ganas de meterme en la cama, pero cuando abrí la puerta..."

Otro alumno debe continuar la misma historia y deja otra frase interrumpida con *cuando*. Así hasta completar dos rondas.

- **En futuro.** También en grupos y de manera espontánea, los alumnos hacen planes para unas vacaciones. Un alumno empieza nombrando un destino o una actividad turística. El segundo alumno debe enlazar y proponer otra actividad:
  1. "Vamos a ir a Roma, a visitar el Coliseo".
  2. "Cuando estemos en Roma, iremos a una pizzería auténtica".
  3. "Cuando terminemos la pizza, tomaremos un helado italiano..."

A. De vacaciones

1 **Lee el itinerario turístico y SUBRAYA la información que se pide.**

Argentina en 10 días

• DÍA 1 BUENOS AIRES
Llegada. Por la mañana, visita guiada de la ciudad por la Plaza de Mayo, la Casa Rosada y la Catedral. Seguimos por la Avenida de Mayo, la Plaza del Congreso, Calle Florida y la Plaza San Martín. Tarde libre. Por la noche, podrá asistir opcionalmente a un espectáculo de tango en el pintoresco barrio de La Boca.

• DÍAS 2-4 PUERTO MADRYN (Península Valdés)
Excursión de día completo a la Península Valdés. Visitamos las colonias de elefantes y leones marinos en Caleta Valdés. Excursión a Punta Tombo para visitar su impresionante colonia de pingüinos. Regreso a Puerto Madryn.

• DÍAS 5-6 PUERTO MADRYN / EL CALAFATE
Salida en avión con destino a Calafate, a orillas del Lago Argentino. Situado a 75 kms de distancia, se encuentra el Parque Nacional de los Glaciares, conocido como el "Campo de Hielo Patagónico", del que bajan 47 glaciares.
Excursión en todoterreno hasta la base del glaciar Perito Moreno, declarado Patrimonio de la Humanidad por la UNESCO.

• DÍA 7 USHUAIA (Tierra del Fuego)
Por la mañana, visitamos el Parque Nacional de Tierra del Fuego, donde está el Lago Roca y la Bahía Lapataia. Por la tarde, le recomendamos realizar un crucero en barco por el Canal de Beagle hasta la Isla de los Lobos, de carácter opcional.

• DÍAS 8-9 BUENOS AIRES / IGUAZÚ
Salida en avión a Iguazú, vía Buenos Aires. Las cataratas tienen numerosos saltos de agua. La "Garganta del Diablo" (en el límite argentino-brasileño) es donde el río Iguazú se precipita desde casi 80 m de altura. Desde su mismo hotel podrá admirar las maravillosas cataratas. Existe la posibilidad opcional de realizar un espectacular recorrido en helicóptero. Por la tarde, vuelo de regreso a Buenos Aires. Resto del día libre.

• DÍA 10 BUENOS AIRES
Desayuno. Salida en avión de regreso. Noche a bordo.

Buenos Aires

Península Valdés

Cataratas del Iguazú

Glaciar Perito Moreno

a. Tres monumentos o partes de una ciudad. Plaza de Mayo, la Casa Rosada, la Catedral.
b. Tres lugares o accidentes geográficos. Barrio de La Boca, Península Valdés, Punta Tombo.
c. Tres nombres de animales. Elefantes marinos, leones marinos, pingüinos.
d. Tres medios de transporte y el tipo de viaje (excursión, crucero, vuelo...) que se hace en ellos.
Avión, excursión en todoterreno, crucero en barco, viaje en helicóptero.

2 **Después de leer el texto, ¿qué crees que es una "visita opcional"? SEÑALA tu respuesta.**

a. La que tiene que hacer todo el mundo porque está incluida en el viaje.
b. La que sólo se hace con buen tiempo, si no se cancela.
c. La que puedes hacer si quieres, pero no está incluida en el precio.

¿Qué visitas opcionales de las que aparecen en este folleto elegirías tú?

Lee y ESCUCHA.
Sandra y Víctor están de vacaciones en Argentina.

Sandra: *¿Qué? ¿Te han gustado los pingüinos? Cuando andan son muy graciosos, ¿no te parece?*
Víctor: *¿Y te fijaste en ese león marino cuando salió del agua? Era impresionante. Esta visita es lo que más me ha gustado de momento, ¿y a ti?*
Sandra: *Bueno, a mí lo que más me ha gustado es Buenos Aires. ¡Qué ciudad! Cuando fuimos a ese restaurante con espectáculo de tango me lo pasé fenomenal.*
Víctor: *Sí, y cuando pasamos por la Plaza de Mayo me acordé mucho de mi tío Juan. Yo tengo una foto de él en esa plaza.*
Sandra: *¿Y cuándo vamos a ver los glaciares?*
Víctor: *Los veremos cuando lleguemos mañana a Calafate. Espero que no haga demasiado frío.*
Sandra: *Cuando estemos delante de las cataratas de Iguazú pediré a alguien que nos saque una foto.*
Víctor: *Espero que salga bien, no como la de las cataratas del Niágara.*
Sandra: *¡Claro! Por eso lo digo. ¡Ja, ja, ja!*

ESCUCHA otra vez y elige la opción correcta para cada una de las preguntas.

a. ¿Qué momento fue especial para Víctor?
☐ Ver un pingüino andando. ☒ La salida de un león marino. ☐ El espectáculo de tango.
b. ¿En qué sitio han estado ya?
☐ Calafate. ☐ Iguazú. ☒ La Plaza de Mayo.

- **Hablar de acciones habituales**
  Los pingüinos son graciosos cuando andan.
- **Hablar de acciones pasadas**
  Cuando fuimos a ese restaurante me lo pasé fenomenal.
- **Hablar de acciones futuras**
  Cuando lleguemos a Calafate, veremos los glaciares. (No hemos llegado todavía.)

ara ayudarte

RELACIONA las dos columnas para formar frases.

a. Revelé este carrete de fotos...
b. Nos pedirán los pasaportes...
c. Me acuerdo mucho de Argentina...
d. Es muy tarde ya. Será de noche...
e. Vi unos jerseys preciosos...

1. cuando oigo tangos.
2. cuando lleguemos al hotel.
3. cuando estuvimos en esa tienda de artesanía.
4. cuando pasemos por el control de policía.
5. cuando paramos dos horas en Calafate para comer.

PRACTICA en parejas. Primero, piensa en...

• ¿Qué hace tu familia cuando hay una celebración especial? • ¿Qué hace la gente en tu país cuando está de vacaciones? • ¿Qué harás tú cuando llegue el próximo verano? • ¿Qué harás tú cuando cumplas 30 / 50 / 70 años?

Ahora pregunta a tu compañero por sus planes para el futuro.

B. ¡Qué poca formalidad!

Lee y ESCUCHA.
Hay algunos problemas en el hotel.

Antes de comenzar la sección:
Comunique a sus alumnos alguna noticia desagradable para provocarles expresiones de queja: "Durante la semana próxima no funcionará la calefacción" o "La semana próxima me voy de viaje y no tendréis clase durante cinco días"... Se trata de que sus alumnos produzcan estructuras del tipo: "¿Cómo es posible que no haya calefacción?" "¡Qué poca formalidad!".

1

Huésped:	*¿Es la recepción?*
Recepcionista:	*Sí, dígame, ¿en qué puedo ayudarle?*
Huésped:	*¿Cómo es posible que no haya agua caliente en el cuarto de baño?*
Recepcionista:	*¿Está usted seguro?*
Huésped:	*Por supuesto; cuando he ido a ducharme y he abierto el grifo del agua caliente, sólo salía agua fría.*
Recepcionista:	*Lo siento mucho, pero me parece un poco raro. Mire, cuando abra el grifo del agua caliente, deje que corra el agua un minuto y enseguida sale caliente.*
Huésped:	*Espero que funcione... Voy a probar...*

c

b

Aproveche el diálogo 2 para explicar el significado de la expresión "No pegar ojo", que equivale a no poder dormir. Observe que esta situación (2) tiene que ver con el hecho de que en España, por ejemplo, la gente puede estar en una terraza hasta altas horas de la madrugada bebiendo y hablando alto.

2

Mujer:	*Hola, buenos días.*
Recepcionista:	*Buenos días, ¿en qué puedo ayudarle?*
Mujer:	*Tengo un problema, es que mi habitación da al bar de la plaza, y, claro, anoche había un montón de gente sentada en la terraza, y con el ruido de la música, no he pegado ojo hasta las cinco de la mañana. ¿Podría cambiarme la habitación?*
Recepcionista:	*Voy a ver qué puedo hacer. [...] Sí, mire, hay una que da atrás, en la sexta planta, pero la vista no es muy bonita...*
Mujer:	*No me importa, lo que quiero es dormir.*
Recepcionista:	*Entonces diré que le cambien de habitación esta misma tarde.*

3

Cliente:	*Buenos días.*
Recepcionista:	*Buenos días, ¿en qué puedo ayudarles?*
Cliente:	*Mire, nosotros vamos a la excursión de Oaxaca y el autocar todavía no ha llegado.*
Recepcionista:	*¿A qué hora está prevista la salida?*
Cliente:	*A las ocho y media.*
Recepcionista:	*Pero ahora son las 8.25.*
Cliente:	*Sí, pero si tenemos que salir a las ocho y media, ya me dirá. Espero que llegue a tiempo.*
Recepcionista:	*No se preocupen, el conductor estará desayunando, pero enseguidita viene.*
Cliente:	*¡Qué poca formalidad!*

a

La situación (3) tiene que ver con la diferencia de conceptos como "la puntualidad" en diferentes culturas. Puede hacer una breve digresión sobre ese tema: "¿Crees que los españoles e hispanoamericanos en general son más impuntuales que otros pueblos?".

  **Escucha otra vez y RELACIONA cada diálogo con su ilustración.** 1 – c, 2 – b, 3 – a

 **Ahora, RESPONDE a las preguntas sobre las situaciones anteriores.**

a. ¿Qué le aconseja el recepcionista al cliente que se queja de la falta de agua caliente? Abrir el grifo y dejar que corra el agua.
b. ¿Por qué no ha podido dormir la señora? Porque había demasiado ruido.
c. ¿De qué se queja el matrimonio que quiere ir a Oaxaca? De la falta de puntualidad y de la poca formalidad del hotel.

- **Expresar quejas y reclamar**

A. *¿Cómo es posible que llegue tarde el taxi?*
A. *Tengo un problema con el agua caliente.*
A. *¿Tienen hoja de reclamaciones?*

- **Responder a una queja**

B. *Lo siento, no se preocupe. Volveré a llamar.*
B. *Voy a ver qué puedo hacer.*
B. *Sí, por supuesto.*

Para ayudarte

Actividad semilibre.
Dígales a sus estudiantes que escriban la conversación, antes de leerla o representarla ante el resto de la clase .

3 **PRACTICA en parejas. Consulta la información de la oferta de viaje y prepara con tu compañero varios diálogos de protesta.**

Super oferta: Viaje a Cancún (México)

Hotel Bella Vista

Precio: 598,76 euros (todo incluido)
Duración: 7 noches
El precio incluye:
Billete de avión de ida y vuelta. Traslados de entrada y salida. Estancia de 7 noches en habitación doble en régimen de pensión completa. Una noche a bordo del avión.
Servicios de hotel:
- Primera línea de playa y excelentes vistas al mar.
- Aire acondicionado en todas las habitaciones.
- A 5 minutos del centro y perfectamente comunicado.

1. Hace demasiado calor y no funciona el aire acondicionado.
2. El desayuno no estaba incluido. El precio es 650 euros.
3. La habitación da a un patio interior y es muy oscura.
4. La playa está muy lejos y no hay transporte.

Cliente • *¿Cómo es posible que anuncien...?*

Empleado • *Perdone, pero...*

- **Expresar deseos**

Espero que + Subjuntivo
Espero que la foto salga bien.
Espero que no haga frío.

Espero + Infinitivo
Espero terminar el trabajo a tiempo.
Esperamos poder comprarnos un piso el año que viene.

Para ayudarte

4 **ESCUCHA a dos personas que hablan de sus expectativas para las vacaciones. Señala verdadero (V) o falso (F).**

	V	F	
a. María espera que el hotel sea confortable.	x		
b. A María no le molesta el ruido del tráfico y de la gente.		x	Espero que no haya mucho ruido.
c. Espera que no haga mucho frío ni mucho calor.	x		
d. Miguel espera que no haya muchas discotecas.		x	Espero que haya lugares para divertirse.
e. Miguel no puede dormir en una tienda de campaña.		x	Puedo dormir en cualquier sitio.

5 **Expresa deseos en estas situaciones empleando las palabras que aparecen entre paréntesis. ESCRIBE tus respuestas.**

a. Se está haciendo tarde y el tren no llega. (pronto) Espero que llegue pronto.
b. Para ver el Salto del Ángel tiene que hacer buen tiempo. (hacer sol) Espero que haga buen tiempo.
c. No sé si quedarán asientos libres junto a las ventanillas. (asientos libres. Querer ver las vistas) Espero que queden asientos libres junto a las ventanillas.
d. A veces se pierden maletas en estos vuelos. (nuestras maletas. Llevar nuestras cosas en ellas) Espero que no se pierdan nuestras maletas.

Contenidos gramaticales

Oraciones temporales: *Cuando* + Indicativo / Subjuntivo

- *Cuando* + Indicativo: se utiliza cuando hablamos del pasado o del presente.

Antes, cuando vivía en París, iba al Louvre a menudo.
El año pasado, cuando estuve en Argentina, vi las cataratas de Iguazú.
Normalmente, cuando llega a casa mi marido, se pone a ver la tele.

- *Cuando* + Subjuntivo: se utiliza cuando hablamos de acciones futuras.

Cuando vaya a Barcelona, iré a verte.

- En las preguntas: se utiliza el verbo en Futuro.

  - *Sr. Castro, ¿cuándo veremos el glaciar Perito Moreno?*
  - *Cuando haga mejor tiempo.*

1 SUBRAYA el verbo adecuado en las frases siguientes.

a. Cuando voy / *vaya* a casa de Pepe y Rosa, siempre me dan estupendamente de comer.

b. Avísame cuando lleguen / *llegarán* los clientes.

c. • Papá, ¿cuándo iremos / *vayamos* al Parque de Atracciones?
 • Cuando deje / *dejará* de llover.

d. Cuando estuve / *esté* en Roma por primera vez, me enamoré de la comida.

e. Cuando voy / *vaya* de viaje, me gusta dormir en buenos hoteles.

f. Cuando llamaron / *llamen* por teléfono, ya estábamos durmiendo.

g. No te olvides. Cuando llegues / *llegarás* a Buenos Aires, escríbeme una postal.

h. • ¿Cuándo *vayas* / vas a terminar ese trabajo?
 • Cuando el jefe me *pagará* / pague lo que me debe.

i. Cuando tenía / *tenga* 10 años, los Reyes me trajeron una bicicleta morada.

2 COMPLETA las frases libremente. Se trata de un ejercicio semilibre.

a. Me compraré un coche cuando ....
b. Iré de vacaciones a la playa cuando ....
c. Iremos a ver esa película cuando ....
d. Haré los deberes de español cuando ....
e. Le compraremos al niño una nueva vídeo-consola cuando ....

Expresar deseos: *Espero (que)* + Infinitivo / Subjuntivo

• *Espero* + Infinitivo: utilizamos esta estructura cuando el sujeto de la oración principal y el de la subordinada es el mismo.

Espero llegar a tiempo para coger el avión de las tres.

• *Espero* + *que* + Subjuntivo: utilizamos esta estructura cuando la oración principal y la subordinada no tienen el mismo sujeto.

(Yo) Espero que mis alumnos estudien mucho.
Jorge espera que sus hijos acaben la universidad.

3 COMPLETA las frases con un verbo en Infinitivo o en Presente de Subjuntivo.

a. Querido hijo: esperamos que *pases* un buen día de cumpleaños. (pasar, tú)
b. Yo creo que Pepe espera ....llegar.... muy alto en la empresa. (llegar, él)
c. Los clientes están esperando que les ....lleves.... la comida. (llevar, tú)
d. Los viajeros del crucero esperan ....disfrutar.... mucho de su viaje. (disfrutar, ellos)
e. Lola, espero que nunca me ....olvides.... . (olvidar, tú).
f. La Dirección del hotel espera que ....tengan.... una feliz estancia. (tener, Uds.)
g. Yo espero que no ....haga.... mucho frío allá en el glaciar. (hacer)
h. Pues yo espero que no ....haya.... muchos lobos en la Isla de los Lobos, porque me dan miedo. (haber)
i. Mi hermano espera ....aprobar.... todas las asignaturas en junio. (aprobar, él)
j. ¿Tú esperas que Lola ....salga.... contigo? Pues andas listo. (salir, ella)

Expresar quejas o hacer reclamaciones: *¿Cómo es posible que* + Subjuntivo?

• *¿Cómo es posible que* + Subjuntivo?:
¿Cómo es posible que mi habitación no tenga televisión?

• *¡No puede ser que* + Subjuntivo!:
¡No puede ser que no sepan todavía cuándo sale el avión a Buenos Aires!

4 Sigue el modelo y ESCRIBE las frases.

a. No hay agua caliente.
¿Cómo es posible que no haya agua caliente?
b. No funciona el ascensor del hotel.
¿Cómo es posible que no funcione el ascensor del hotel?
c. No hay aire acondicionado en las habitaciones.
¿Cómo es posible que no haya aire acondicionado en las habitaciones?
d. Las bebidas de la cafetería son muy caras.
¿Cómo es posible que las bebidas de la cafetería sean tan caras?
e. No se ve la tele de la habitación.
¿Cómo es posible que no se vea la tele de la habitación?
f. El baño está muy sucio.
¿Cómo es posible que el baño esté tan sucio?

Lengua en uso

Los pies (un tercio de metro aproximadamente) no son una medida habitual en los países de habla española, donde se emplea el sistema métrico decimal. Muestre a los alumnos el uso de la puntuación con números: el punto para separar las unidades de millar, los dos puntos para separar la hora de los minutos. Comente que los decimales se separan con comas.

1

Vas de vacaciones a un destino en Hispanoamérica. Estás en el avión y oyes el mensaje del comandante por los altavoces. ESCUCHA y contesta verdadero (V) o falso (F).

	V	F	
a. El comandante del avión se llama Jacinto Monteverde.		x	Se llama Francisco Montever
b. La compañía aérea es Iberia.	x		
c. El avión se dirige a San Juan de Puerto Rico.		x	Se dirige a Santo Domingo.
d. Volarán a una altura de 27.000 pies.		x	Volarán a unos 25.000 pies.
e. Aterrizarán en el aeropuerto a las 22:40.		x	Aterrizarán a las catorce hor

2

Has llegado a la recepción del hotel y te encuentras a varios clientes. ORDENA los diálogos que se producen allí.

RECEPCIÓN

1.

[3] Turista: *¡No hay derecho! Llevamos esperando media hora.*
[2] Recepcionista: *Cuando terminen de limpiarlas.*
[1] Turista: *¿Cuándo podremos subir a nuestras habitaciones?*
[4] Recepcionista: *Lo lamento muchísimo. Enseguida terminarán.*

2.

[5] Turista: *¡Ah, estupendo!*
[2] Guía: *Empezaremos la visita cuando llegue el guía local. No tardará mucho.*
[4] Guía: *Sí, claro. Hay varios restaurantes buenos. Cuando pasemos por delante, en el autobús, se los mostraré.*
[3] Turista: *Espero que no tarde. Dentro de poco oscurecerá. Oiga, ¿podría recomendarnos un restaurante para cenar?*
[1] Turista: *¿Cuándo vamos a visitar la ciudad?*

3.

[4] Recepcionista: *¿Está usted seguro?*
[2] Recepcionista: *Sí, dígame. ¿En qué puedo ayudarle?*
[6] Recepcionista: *Bueno, no se preocupe... Cuando venga el botones le subirá inmediatamente un par de mantas a su habitación.*
[3] Huésped: *Es que no hay mantas en el armario.*
[5] Huésped: *Por supuesto, la calefacción no estaba encendida y llevo buscando las mantas hace un rato.*
[1] Huésped: *¿Es la recepción?*

4.

[4] Silvia y marido: *Muchas gracias.*
[3] Recepcionista 2: *Cómo no. Aquí tiene.*
[2] Silvia y marido: *¿Puede darnos un plano de la ciudad, por favor?*
[1] Recepcionista 2: *Bien, aquí está la reserva. Sres. de Ordóñez, habitación 310. Aquí tienen sus llaves. Bienvenidos, espero que disfruten de su estancia en nuestra ciudad.*
[5] Recepcionista 2: *No hay de qué.*

Recuerde a sus alumnos que la expresión "Cómo no" equivale a "Por supuesto".

  **ESCUCHA la grabación. Comprueba tus respuestas de la actividad anterior y relaciona cada diálogo con su ilustración.** a.3, b.1, c.4, d.2

a

b
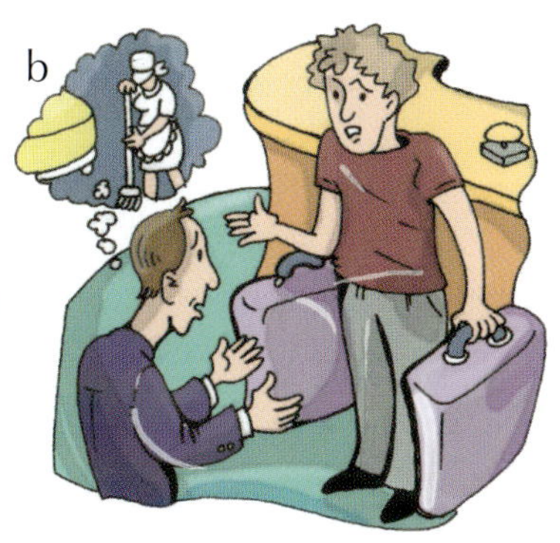
c

d

 **SEÑALA en qué diálogos de la actividad anterior se producen estas situaciones. Puede haber más de una respuesta para la misma frase.**

	1	2	3	4
a. Un cliente está impaciente.	x	x		
b. El recepcionista entrega algo.				x
c. Un cliente se queja.	x		x	
d. Un empleado del hotel se disculpa.	x			

Aproveche para repasar otros exponentes de las funciones descritas.
Entregar algo: "¡Tenga!","¡Tome!";
Expresar impaciencia: "¡Ya era hora!" (cuando lo que se espera, ya ha ocurrido) "¡Ya está bien!".
Disculparse: "Lo siento / lamento"; "Perdone".
Quejarse: "Esto es increíble"; "No hay derecho"; "Esto es el colmo"; "¡Qué poca vergüenza!".

5 **Estás muy insatisfecho con la calidad del hotel en el que estuviste hospedado. Lee tu carta de queja. COMPLETA con las frases del recuadro.**

2 Cuando abrí la ventana, vi que la persiana estaba rota.
1 Cuando entré en la habitación, la luz no funcionaba.
5 Cuando fui a beber un refresco del minibar, estaba vacío.
3 Cuando llamé a recepción, el teléfono no funcionaba.
4 Cuando encendí la televisión, sólo se veían dos canales en blanco y negro.

Muy señores míos:

Les escribo para poner en su conocimiento mi descontento y el de mi familia con respecto a su hotel.

La reserva la hicimos por Internet y las fotos que allí vimos y los servicios que su hotel ofrecía no tenían nada que ver con la realidad que nos encontramos cuando llegamos allí. El primer problema surgió al llegar a la habitación. No se veía nada y .... (1). Para colmo, ... (2) así que no pudimos disfrutar de las maravillosas vistas a la montaña que su hotel anunciaba. Muy disgustado cogí el teléfono pero .... (3).

Por si fuera poco, nos decepcionó aún más que dos de los servicios que ofrecían como minibar y televisión por satélite no funcionaran correctamente. Por ejemplo, ... (4). Y no sólo eso, como es natural, después del viaje tenía mucha sed y .... (5).

Por todo lo expuesto, exijo que se me indemnice con una cantidad igual o superior a lo que me costó el precio de la habitación.

A la espera de sus noticias, les saluda atentamente,

Manuel Holgado

Taller [¿Qué clase de turista eres?]

Antes de leer

1. ¿Cuándo fue la última vez que estuviste de vacaciones? ¿Recuerdas dónde estuviste, qué hiciste, con quién fuiste?

2. ¿Qué destinos prefieres en tus vacaciones? ¿Vas siempre al mismo lugar? ¿Sales de tu país?

La lectura

1. Lee los textos y responde a las preguntas.

A

Travesía sin tiempo por Latinoamérica

COMIENZO. Partimos el 1 de marzo de la ciudad de Buenos Aires con la intención de recorrer América del Sur para disfrutar de sus paisajes, gente, lugares y cultura. Junto a mi primo, Sergio, planeamos un viaje que no tiene itinerario fijo, pero cuya idea original fue salir de la capital argentina, pasar por la zona del Noroeste (NOA) y subir desde allí, paso a paso, ciudad a ciudad, hasta México. El tiempo que tomará el recorrido será muy flexible y podrá durar algunos meses e incluso uno o dos años. En el transcurso, y mediante correo electrónico, relataré las peripecias de la gira con fotos y detalles.

31/03/2004. Este primer contacto lo escribo desde La Paz, Bolivia. La última vez que alguien supo de mí estaba a punto de salir de San Antonio de los Cobres, en el Tren a las Nubes, aunque en realidad el convoy que tomamos fue mixto (de carga y pasajeros) y sólo costó 10 pesos. El verdadero Tren a las Nubes sale a casi 100, pero tiene todos los lujos y no se detiene en ningún lugar hasta finalizar el trayecto. El recorrido de ambos es el mismo, salvo que el nuestro paraba en cada pueblito donde subía y bajaba gente de variada cultura andina y extraña mercadería.

- ¿Cuánto tiempo durará este viaje? Este viaje durará algunos meses, incluso uno o dos años.
- ¿Cuál es el objetivo? Ir desde Buenos Aires hasta México paso a paso, de ciudad en ciudad.
- El autor cree que tendrá "peripecias". ¿Cómo definirías esa clase de turismo? Este turismo se podría llamar "de aventura", o de "trotamundos"

B

Cruceros de lujo toman los puertos

Espectáculos estilo Broadway, canchas de mini golf, piscina con olas y norteamericanos y europeos rojos de tanto tomar el sol y comer con vistas al mar, es lo que traen los cruceros que están llegando a Chile esta temporada. Sólo para este año el puerto de Valparaíso espera la llegada de 23 de estos verdaderos *resorts* flotantes provenientes de Estados Unidos, Grecia y otros países de Europa.

En cuanto a los tipos de embarcación, hay para todos los gustos y todos los bolsillos. En algunos no caben más de 200 pasajeros y la tripulación es casi la misma, así que la atención es completamente personalizada. Para las devotas del *shopping* hay tiendas de ropas y joyería con precios libres de impuestos, gimnasio con clases de aeróbica, piletas y yoga, *spa*, salas de negocios, servicios religiosos para los diferentes credos y un lugar especial para que las mascotas viajen cómodas.

La aparición de tantas palabras inglesas no es algo insólito en algunos textos en español. La influencia del inglés es particularmente fuerte en toda Hispanoamérica. Este texto, además, se refiere a un producto turístico de lujo, apropiado sobre todo para extranjeros, por lo que es bastante normal encontrar estos términos en inglés.

Broadway: calle de Nueva York famosa por sus teatros de espectáculos con montajes grandiosos y lujosos. *Resort*: complejo residencial turístico; *shopping*: ir de compras, de tiendas; *spa*: combinación de gimnasio y local de tratamientos hidrotermales, a modo de balneario.

- ¿Qué palabras no españolas puedes encontrar en este texto? Defínelas.
- ¿Qué servicios suponen un lujo en sí mismos y cuáles sólo por estar a bordo de un barco (jugar al tenis no es en sí lujoso, pero sí lo es poder hacerlo en un barco)?
- Subraya las palabras o frases que describen no lo lujoso sino lo variado de los servicios.

Variación: "hay para todos los gustos y todos los bolsillos".

Los servicios que son en sí mismos un lujo: espectáculos estilo Broadway, atención personalizada, lugar especial para las mascotas, *spa*. Los servicios que son un lujo por estar en un barco: minigolf, piscina con olas, tiendas, gimnasio, salas de negocios, servicios religiosos. El concepto de lujo puede variar, por lo que algunas respuestas serán objeto de discusión. Esto no es ningún problema; incluso es deseable.

Zambúllete en el Atlántico. Maravillosas playas te esperan en invierno o en verano

C

Gran Canaria cuenta con una enorme riqueza natural, en la que sobresalen sus numerosas playas de calidad, en su mayoría de arena rubia, algunas de las cuales son únicas en el mundo. Casi 60 de los 236 kilómetros de longitud de costa de Gran Canaria están ocupados por playas de distinta naturaleza, que van desde la impresionante Maspalomas, con sus 250 hectáreas de dunas junto al mar, a la recóndita y virgen Güigüi, pasando por la animada playa de Las Canteras. El clima templado y la agradable temperatura del agua del mar (entre los 18 grados de los meses de invierno y los 22 del resto del año) permite que las playas puedan ser usadas todo el año.

La isla de Gran Canaria, junto con Tenerife, es la isla más grande y poblada de las Canarias, y destino turístico preferente, sobre todo en invierno, dado su clima templado.

Además, las playas grancanarias destacan por la claridad de sus aguas y su limpieza y por su equipamiento. Un total de 150 son las playas y calas catalogadas por el Ministerio de Medio Ambiente, de las que unas 50 cuentan con equipamiento. La isla dispone también de una treintena de playas naturistas.

- Las playas grancanarias se califican de "variadas". ¿En qué sentido son variadas?
- ¿Qué otras cualidades tienen las playas de Gran Canaria?
- ¿Qué puede significar el verbo "zambullirse"?

Son variadas porque son "de distinta naturaleza", las hay como las Güigüi, "recóndita y virgen" y las hay como la de Las Canteras, que es "animada".

Otras cualidades: el clima templado, la temperatura del agua del mar y la posibilidad de usarlas todo el año.

"Zambullirse" es echarse al agua de un salto.

2. Compara todos los textos y contesta a las preguntas.

- ¿Qué clase de turismo de los descritos es el mejor si...

a. quieres conocer muchas culturas?
b. prefieres el relax y el descanso?
c. te gustan los placeres exquisitos?

a. La mejor clase de turismo si se quiere conocer otras culturas es el A.
b. Para el relax y el descanso, tanto el B como el C son buenos.
c. Para los placeres exquisitos, el mejor es el B.

- ¿Cuál es el que podría presentar las desventajas siguientes?

a. Poco interés cultural, pocas actividades, aburrimiento.
b. Precio elevado, sensación de falta de contacto con la realidad.
c. Duración demasiado larga para unas vacaciones normales.

a. Poco interés cultural, etc.: el C
b. Precio elevado, etc.: el B
c. Duración demasiado larga, etc.: el A.

Después de leer

- **Debate:** ¿Cuáles son las ventajas y desventajas de cada tipo de turismo? Subraya las palabras o frases que incluyen información al respecto. Después, en grupos, defiende el tipo de turismo que tú prefieres y critica los otros.

Este debate se facilita enormemente haciendo la actividad 2 de la sección anterior inmediatamente antes, porque se tratan las ventajas y desventajas de cada tipo de viaje.

Mujer dirigiéndose al trabajo en el barrio de La Boca
Buenos Aires. Argentina

Unidad 8
El trabajo

Competencias pragmáticas:

- **Hablar de las condiciones de trabajo.**
- **Hacer comparaciones.**
- **Expresar intensidad.**
- **Valorar actividades.**
- **Pedir confirmación de una duda.**

Competencias lingüísticas:

Competencia gramatical

- **Superlativos absolutos (*-ísimo/a*).**
- **Comparativos irregulares (*mayor, menor, peor, mejor...*).**
- **Estructuras impersonales.**

Competencia léxica

- **Profesiones.**
- **Vocabulario relacionado con el empleo.**

Conocimiento sociocultural:

- **Mundo laboral y mujeres en el trabajo.**

Antes de comenzar la sección:
Hable de personajes conocidos, señalando alguna característica compartida por todos ellos pero en distinto grado:

Profesor: ¿Julio Iglesias es rico o pobre?
Alumnos: Rico.
Profesor: ¿Y Bill Gates?
Alumnos: Es rico / muy rico / más rico.
Profesor: Bill Gates es riquísimo.

Esta presentación puede complementarse con fotos, dibujos u objetos reales (cosas exageradamente grandes, bellas, caras, etc.)

A. ¡Ya tengo trabajo!

LEE este *chat* en el que participan varios amigos.

En el diálogo hay expresiones que tal vez precisen de alguna explicación: "Una noticia bomba" significa aquí "impresionante", "extraordinaria"; una "lata" es algo aburrido, pesado, fastidioso; una persona "maja" no sólo es simpática, sino también buena amiga.

– Felipe: Tengo 1 noticia bomba. HE ENCONTRADO 1 TRABAJO nuevo. Estoy contentísimo.
– Bego: ¡Qué bien! Me alegro por ti. ¿Qué trabajo es?
– Natalia: ENHORABUENA. Cuéntanos.
– Felipe: Es un trabajo de ayudante en la cadena de televisión Hispavisión.
– Bego: ¿Y qué tienes que hacer?
– Felipe: Un poco de todo. Llevo la furgoneta, cargo equipo, hago recados. Todos los días igual, pero voy a hacer un curso para trabajar de ayudante de producción.
– Bego: Eso es dificilísimo, ¿no?
– Felipe: Bueno, es complejo, pero me están enseñando muy bien aquí. Se aprenden muchas cosas con la práctica.
– Natalia: ¿Llevabas mucho tiempo buscando?
– Felipe: Pues sí, ya llevaba cuatro meses buscando. Ya sabes, mandando currículos, yendo a entrevistas, recorriendo centros de trabajo, mirando los anuncios en los periódicos, etc.
– Bego: ¡Qué lata!, ¿verdad?
– Felipe: Sí, pero me pagan más que en mi anterior trabajo. Y tendré aumento de sueldo dentro de 1 año: este trabajo es mejor. Aquí se trata bien a los empleados
– Natalia: ¡Fenomenal! Y el horario también es mejor, ¿no?
– Felipe: No, es peor, porque a veces se trabaja en fines de semana.
– Bego: ¡Qué mal! Oye, y ¿cómo son los compañeros?
– Felipe: Hay buen ambiente. Se trabaja mucho en equipo. Yo trabajo más con Ramón y con Sandra que con los otros. Ramón y Sandra son majísimos. Claro, todos no son iguales. Hay algunos un poco raros, pero no me importa.

1 **Lee otra vez y SEÑALA si las frases son verdaderas (V), falsas (F) o no se sabe (NS).**

	V	F	NS
a. Todos están contentos.	x		
b. Felipe trabaja de cámara de televisión.		x	
c. Felipe miraba anuncios para buscar un trabajo.	x		
d. El sueldo de Felipe antes era menor que el actual.	x		
e. Todos los compañeros de Felipe son muy majos.		x	

Begoña (Bego) al escribir en los *chats* no pone casi nunca signos de puntuación. ESCRIBE otra vez las partes de Bego añadiendo la puntuación necesaria. En el texto del *chat* aparecen en rojo las frases de Bego corregidas.

• Expresar intensidad. El superlativo

A. *¿Un poco más de arroz, Carlos?*	B. *No, gracias, pero está buenísimo.* (bueno > buenísimo)
A. *¿Qué tal está la sopa?*	B. *No lo sé. Está calentísima.* (caliente > calentísima)
A. *¿Conoces ya al nuevo novio de Carmen?*	B. *Sí, es jovencísimo.* (joven > jovencísimo)
A. *¿Cómo ha quedado la camisa?*	B. *Ahora está blanquísima.* (blanco > blanquísima)

Para ayudarte

En el **Para ayudarte**
El verbo *quedar* ("¿Cómo ha quedado la camisa?") hace referencia al resultado de alguna acción. El ejemplo equivale a "¿Cómo está la camisa ahora, después de... (se supone que después de lavarla)?"

TRANSFORMA estas palabras a su forma superlativa. A continuación, utilízalas para completar los huecos de las frases.

rico/a	mucho/a	feo/a	lejos	despacio	bueno/a
riquísimo/a	muchísimo/a	feísimo/a	lejísimos	despacísimo	buenísimo/a

a. Yo trabajo más de diez horas al día. Eso es .....muchísmo..... .
b. Vivo .....lejísimos..... de mi trabajo. Tardo dos horas en llegar todos los días.
c. He encontrado un trabajo .....buenísimo..... . Me pagan más y trabajo menos que antes.
d. El logo de mi empresa es .....feísimo..... . A nadie le gusta.
e. A Natalia no le hace falta trabajar. Es .....riquísima..... , tiene todo el dinero que necesita.
f. Ya sé que estoy trabajando .....despacísimo..... . Es que tengo mucho sueño, no puedo concentrarme.

• Valorar actividades

A. *¿Te ha gustado la película?*
B. *¡Qué va! Me ha parecido aburridísima > muy aburrida > bastante aburrida.*
☹☹☹ ☹☹ ☹
C. *¡No me digas! Yo creo que es bastante divertida > muy divertida > divertidísima.*
☺ ☺☺ ☺☺☺

Para ayudarte

PRACTICA en grupos. Buscamos un ejemplo (en el que estemos todos de acuerdo) para cada grado de la escala del cuadro "Para ayudarte". Utiliza estos, si quieres, y piensa en otras cosas. Actividad semilibre.

Un domingo por la tarde en casa haciendo los deberes.
Un concierto de valses famosos.
Un baile de disfraces.
Un trabajo como contable en un banco.
Un trabajo en una biblioteca.

Lea el texto con sus alumnos aclarando las palabras y expresiones típicas de este tipo de anuncios: CV (currículum vitae), sueldo "a convenir", según valía. Explique la diferencia de uso entre *salario*, en la lengua escrita, y *sueldo*, más coloquial. Si los estudiantes son adultos, puede hablar con ellos del sueldo ofrecido al farmacéutico: ¿les parece poco / mucho / bastante?, ¿es más alto o más bajo que en su país?

B. Buscando trabajo

Lee los anuncios y BUSCA la información que se pide.

elmundo.es

Sección
Ofertas de trabajo

JEFE DE ANIMACIÓN

Costa Adeje Gran Hotel (Sur Tenerife)
Requisitos de los candidatos: Dominio de idiomas (castellano, inglés, alemán). Se valorarán otros.

Buscamos una persona joven, extrovertida, con iniciativa y dotes de mando, que sea capaz de formar su propio equipo de trabajo.

Sueldo a convenir, según valía.
Interesados, enviar CV. Ref.: Jefe de animación.
e-mail: rrhh@costaadejegranhotel.com

Cadena de restaurantes precisa con urgencia

COCINEROS/AS
AYUDANTES DE COCINA
CAMAREROS/AS

Se requiere: experiencia, buena presencia.
Se ofrece: Alta en la Seguridad Social. Contrato.
Interesados llamar lunes para concertar entrevista.
Tfnos.: 91 344 36 93 – 91 324 05 25.

Farmacia de Barcelona
busca
FARMACÉUTICO/A
Media 40 horas semanales. Mañanas + fines de semana alternos + 6 festivos anuales.
Salario neto aproximado: 1.050 euros / mes + 3 pagas extras.
Enviar CV y foto al Apartado de Correos 25.786, 08080 Barcelona.

Empresa líder en el sector de telemarketing precisa:

4 TELEFONISTAS
Se ofrece:
- Jornada laboral de lunes a viernes de 10 a 16:30.
- Seguridad social desde el primer día.
- Sueldo fijo.

Se requiere:
- Buena expresión oral.
- Nivel cultural medio / alto.

Interesados llamar para entrevista personal al teléfono: 91 372 80 38.

IMPORTANTE EMPRESA SITUADA EN GETAFE
Precisa
CONTABLE-ADMINISTRATIVO
Requisitos:
- Experiencia demostrada en contabilidad.
- Titulación media o superior.
- Informática.
- Conocimientos de inglés.

Se ofrece:
- Contrato indefinido.
- Posibilidades de promoción.

Interesados mandar CV con fotografía al Apartado de Correos nº 5. 28657 Getafe, Madrid.

1. De 10 a 16:30.
2. Conocimientos de inglés.
3. A los cocineros, ayudantes de cocina y camareros.
4. A los camareros.
5. 1.050 euros/mes + 3 pagas extra.
6. Medio/alto.
7. A convenir.
8. El / la farmacéutico/a
9. En Getafe.
10. Joven, extrovertido, con iniciativa y dotes de mando.

1. ¿Qué horario tendrán los telefonistas?
2. ¿Qué nivel de idiomas se pide al contable?
3. ¿A quiénes les piden buena presencia?
4. ¿A quiénes les piden buena expresión oral?
5. ¿Cuánto cobrará el farmacéutico/a?
6. ¿Qué nivel cultural piden a los telefonistas?
7. ¿Qué sueldo le ofrecen al jefe de animación?
8. ¿Quién tendrá que trabajar los fines de semana?
9. ¿Dónde trabajará el contable administrativo?
10. ¿Qué cualidades piden al jefe de animación?

- **Hablar de forma impersonal**

Se ofrece salario fijo + comisiones. > (Es la empresa quien ofrece el salario.)
Se aprenden muchas cosas. > (La gente en general las aprende.)
Buscan licenciados en derecho. > (Se refiere a la "empresa", los "jefes", etc.)

Para ayudarte

2 **¿Qué hacen estos trabajadores? COMPLETA utilizando palabras del recuadro.**

electricista	bombero	peluquero/a	albañil
carpintero/a	mecánico/a	fontanero/a	

a. El / La ....electricista.... monta y arregla instalaciones eléctricas, por ejemplo, lámparas y enchufes.
b. El / La ......albañil...... trabaja en la construcción o reforma de edificios y viviendas particulares.
c. El / La ...fontanero/a.... arregla grifos y roturas de cañerías.
d. El / La ...carpintero/a.... hace muebles, puertas y otros objetos de madera.
e. El / La ...peluquero/a.... corta el pelo y peina.
f. El / La ...mecánico/a.... arregla coches u otros vehículos de motor.
g. El / La ....bombero..... apaga incendios.

- **Pedir confirmación de una duda**

A. *Estuvo antes en el departamento de marketing, ¿no?* B. *Sí, un año.*
A. *Habla inglés correctamente, ¿verdad?* B. *Sí, sí, claro.*

Para ayudarte

3 **ESCUCHA la entrevista. ¿A qué anuncio de la actividad 1 se ha presentado Eduardo Acero?** Al de contable-administrativo.

4 **Escucha la entrevista otra vez y COMPLETA la ficha.**

FICHA

Nombre:	Eduardo Acero	**Tareas realizadas:**	Contabilidad y tema fiscal
Profesión:	Administrativo-Contable	**Horario de la empresa:**	De 8 a 14 y de 16 a 18
Experiencia:	Un año y tres meses	**Salario:**	900 euros y dos pagas extras

5 **PRACTICA en parejas. Piensa en uno de los anuncios anteriores. Prepara por escrito una entrevista similar a la anterior y la representas con tu compañero. El resto tiene que averiguar a qué puesto aspiras.** Actividad semilibre.

Contenidos gramaticales

Comparativos irregulares

• Unos pocos adjetivos (*bueno, malo, grande* y *pequeño*) y adverbios (*bien, mal*) tienen formas especiales en el caso de la comparación:

bueno-a-os-as > mejor-es — pequeño-a-os-as > menor
malo-a-os-as > peor-es — bien > mejor
grande-es > mayor-es — mal > peor

Este coche es peor que el que tenía antes.
Luis este año va mejor en matemáticas.

• *Mayor* y *menor* no se utilizan en el sentido de tamaño (es decir, más o menos grande), sino en el de la edad o la importancia.

Leticia tiene dos hermanas menores. (más jóvenes o de menos edad)
pero:
Mi casa es más grande que la tuya. (de mayor tamaño)

1 **COMPLETA con los adjetivos del recuadro.**

mayor	más grande	mejor	mejores	peores	peor	más pequeño	menor

a. El chalé de mis cuñados es *más pequeño* que el mío.
b. Este dibujo le ha salido ...mejor / peor... que el otro.
c. Hoy el enfermo está ...peor... que ayer, así que voy a llamar al médico de urgencias.
d. Las notas de Eduardo han sido ...mejores... que las de Clara; es que Eduardo estudia todos los días, y Clara, no.
e. • ¿Estos son tus hijos?
• Sí, mira, Nuria es la ...mayor..., tiene 12 años y Jaime es el ...menor..., tiene 4.
f. Vamos a cambiarnos al aula 5 porque es ...más grande... que esta.
g. A mí me parece que las playas del Levante son ...peores... que las del norte de España, porque están más contaminadas.

El superlativo

• *Muy* + Adjetivo:
Rosa es una mujer muy trabajadora.

• Adjetivo + *ísimo/a*:
Rosa es guapísima y ha encontrado un novio simpatiquísimo.

• Usamos *–ísimo/a* con unos pocos adverbios como *cerca, lejos, temprano, tarde,...*
No podemos ir andando a casa de Gonzalo, está lejísimos.

2 ESCRIBE el superlativo de los siguientes adjetivos y adverbios.

a. pequeño *pequeñísimo*
b. inteligentes inteligentísimos
c. amables amabilísimos
d. importante importantísimo
e. lista listísima
f. grande grandísimo/a
g. ricas riquísimas
h. tranquilos tranquilísimos
i. enamorados enamoradísimos
j. cerca cerquísima

3 Ahora ESCRIBE frases con algunos de ellos.

Actividad semilibre.

1. enamoradísimo. *El príncipe y su novia están enamoradísimos.*
2. ....
3. ....
4. ....
5. ....
6. ....

ñ La impersonalidad

- Verbo en tercera persona del plural.

En este trabajo me pagan más que antes.
He llamado a la compañía telefónica y me han dicho que vendrán mañana.

- *Se* + verbo en tercera persona del singular.

Aquí se trabaja mucho.

- *Se* + verbo en tercera persona (singular o plural) + sujeto pasivo.

En España se hablan varios idiomas.
Se vende piso.

4 COMPLETA las frases con una de las tres formas de impersonalidad. (A veces se pueden utilizar dos formas.)

a. Buenos días, ¿aquí *revelan* fotos? (revelar)
b. A Manuel lo han despedido de su trabajo por vago. (despedir)
c. En España ....se cena.... muy tarde. (cenar)
d. A Olalla le ....han subido.... el sueldo. (subir)
e. Cuando ....se come...., no ....se habla.... . (comer, hablar)
f. ¡Anda! ¡Me ....han robado.... la cartera! (robar)
g. Profesor, ¿cómo ....se pronuncia.... "carácter"? (pronunciar)
h. Perdone, ¿puede decirme cómo ....se va.... al Palacio Real? (ir)
i. Desde aquí no ....se oyen.... los ruidos de la calle. (oír)
j. Yo creo que con esto de Internet y la tele, cada día ....se leen.... menos libros. (leer)

Lengua en uso

Después de escribir los currículos (reales o inventados), los alumnos buscan anuncios de trabajo en español. Para ello pueden recurrir a Internet o a la prensa, entre otras posibilidades, y "presentar" su currículo para alguno de esos trabajos. Se forman grupos que examinan los currículos presentados y eligen el perfil más adecuado para el trabajo.

1 **Lee el texto y ESCRIBE tu propio currículo. Puedes inventarte la información.**

¿Qué debe contener un buen currículo?

La información imprescindible de un currículo correcto es:

1. **Datos personales.** Se expresan de forma clara y concisa, nombre, fecha y lugar de nacimiento, dirección y teléfono de contacto.
2. **Formación y estudios.** Se indican los estudios realizados y las titulaciones obtenidas, así como los centros donde se llevaron a cabo y las fechas correspondientes. Se incluyen también los idiomas que se conocen y el nivel de dominio de los mismos (aquí debes ser especialmente sincero porque si dices que hablas un idioma correctamente pueden hacerte la entrevista en ese idioma). También has de indicar otros cursos o estudios.
3. **Experiencia profesional.** Escribe los trabajos realizados siguiendo este orden: nombre de la empresa, cargo ocupado, progresos profesionales y períodos de tiempo en los que se ha llevado a cabo cada función. No deben explicarse las causas de abandono.
4. **Aspecto formal.** Evita las erratas y las impresiones defectuosas; no elijas un color de papel llamativo sino uno normal y que sea igual que el del sobre. Utiliza una letra discreta y de un tamaño que facilite la lectura.

Nombre

- Datos personales
- Formación y estudios
- Experiencia profesional
- Idiomas
- Información adicional

2 **PRACTICA en grupos. Anota alguna de las cosas que se pueden y que no se pueden hacer en una entrevista de trabajo. Después, discute con tus compañeros las diferencias en las respuestas.**

  **Ahora ESCUCHA a Carlos Álvarez Real, director de Recursos Humanos de una importante empresa textil. Anota las recomendaciones para hacer una buena entrevista de trabajo. A continuación, compara tus respuestas de la actividad anterior y las de Carlos Álvarez.**

a. ¿Qué dice con respecto a la hora? Debes ser puntual.
b. ¿Cómo has de vestir? Viste de forma adecuada y en concordancia con el puesto.
c. ¿Cómo debes comportarte? No muestres excesiva confianza o familiaridad con el entrevistador, incluso aunque él lo haga.
d. ¿Qué debes hacer si no estás de acuerdo con algo? No te enfades ni pierdas el control o la compostura. Si no estás de acuerdo con algo, dilo serenamente.

4 CLASIFICA las palabras siguientes en la categoría correspondiente.

diplomado/a	licenciado/a	director/-a	sueldo	
empleado/a	fijo/a	pagas extras	por obra	temporal

Cargos	Salario	Formación	Tipo de contrato
director/a, empleado/a	sueldo, pagas extras	diplomado/a, licenciado/a	fijo, por obra, temporal

5

Lee los resúmenes de estos tres currículos y ESCUCHA los extractos de estas tres entrevistas. Corresponden a los candidatos para un mismo puesto de trabajo en el Departamento Comercial. Contesta a las preguntas.

Alejandro Lippi García
Valencia, 41 años

1987: Licenciado en Psicología
Universidad de Valencia

Idiomas: francés, portugués e italiano

Experiencia: 7 años de profesor
5 años vendedor en editorial

Carné de conducir

Silvia del Valle Matesanz
Bogotá, 24 años

2002: Licenciada en Económicas
Universidad de Salamanca
2003: Máster en Administración de Empresas. Univ. Austin, Texas

Idiomas: inglés
Informática: experta

Experiencia: 1 año de ayudante en Dpto. de Contabilidad en un banco (en prácticas)

Rebeca Barreiro Menem
Buenos Aires, 29 años

1994: Diplomada en Comercio
Escuela de Comercio. Buenos Aires

Experiencia: 8 años ayudante de Recursos Humanos en una fábrica de componentes para informática

Idiomas: alemán

Informática: nivel usuario
Carné de conducir

a. ¿Cuál es la principal virtud de Alejandro?
1. ☐ La edad. 2. ☒ Su experiencia y formación de psicólogo. 3. ☐ Los idiomas.

b. Cuando le mencionan que quizá es un poco mayor, Alejandro ¿cómo reacciona?
1. ☒ Se enfada. 2. ☐ Con humor. 3. ☐ Se pone triste.

c. ¿Por qué no tiene mucha experiencia Silvia?
1. ☒ Terminó la carrera hace poco. 2. ☐ Ha viajado mucho. 3. ☐ No ha trabajado.

d. Silvia da una de estas razones para elegir esa empresa. ¿Qué razón?
1. ☐ El tamaño. 2. ☒ Puede trabajar en el extranjero. 3. ☐ No hay que trabajar mucho.

e. ¿Qué nivel de estudios tiene Rebeca?
1. ☐ Licenciada en Administración de Empresas.
2. ☒ Diplomada en Comercio.
3. ☐ Licenciada en Comercio.

6 PRACTICA en grupos de tres o cuatro. Discute con tus compañeros cuál de los candidatos es la persona ideal para el puesto.

Taller [La mujer en el trabajo]

Antes de leer

1. Vas a leer unos textos sobre el papel de la mujer en el mundo laboral. En grupos, anticipa cuatro posibles temas de los extractos.

2. Compara los temas de tu grupo con los de otros grupos. ¿Se repiten? ¿Hay "tópicos" a la hora de hablar de mujeres y trabajo?

La lectura

1. Ahora lee los textos. ¿Responde alguno a los temas anticipados en la actividad anterior? ¿Cuál consideras el texto más interesante? ¿Por qué?

Mujeres al borde del éxito

El hecho de que las mujeres empiecen a copar los cargos directivos de las empresas no es una casualidad.
Tampoco lo es que estén al frente de buena parte de las nuevas empresas de Internet. Ahora la batalla de la igualdad está en el lado de los hombres, que tienen que arrimar el hombro en las tareas domésticas y procurar no perder terreno profesional frente a las mujeres.
Durante el siglo XX las mujeres han luchado por lograr la igualdad con los hombres en todas las actividades, desde el derecho al voto hasta la entrada en el mercado laboral. Hoy, a comienzos del siglo XXI, esa batalla parece estar ganándose al menos en el terreno profesional. Un ejemplo: una de cada tres empresas promovidas este año en Madrid por los miembros de la Asociación de Jóvenes Empresarios es iniciativa de una mujer, algo impensable diez años atrás. (...)

http://www.expansionyempleo.com/edicion/noticia/

B.

Habla una empresaria

Estamos viviendo en la actualidad el "descubrimiento" de la mujer en el mundo empresarial; de la mujer en la universidad; de la mujer en... Vais a permitirme que al menos me sonría.
La mujer ha sido responsable de la economía doméstica desde que la raza humana pobló la tierra. Estaréis de acuerdo conmigo que nos sobra experiencia. Hemos manejado los recursos económicos familiares, hemos tomado decisiones importantes en nuestra vida familiar, nuestro criterio ha servido para encauzar la educación de nuestros hijos y la política de actuación en la relación familiar. [...]
Tanto en economía como en administración, en la toma de decisiones como en recursos de "negociación" (Recursos Humanos) estamos muy bien preparadas. Me pregunto: ¿Por qué la sociedad se sorprende ahora de que hayamos ocupado ya la mayoría en la universidad, que estemos creando y dirigiendo empresas de prestigio?
Nuestro espíritu emprendedor, junto a la capacidad que la naturaleza nos ha dado, nos empuja a desarrollar y poner en actuación nuestras ideas empresariales. En nuestras actividades ponemos toda nuestra fuerza y capacidad. No es de extrañar que la mujer empresaria tenga éxito, no es de extrañar que hagamos crecer a nuestras empresas (despacio pero seguras), no es de extrañar que creemos puestos de trabajo, no es de extrañar que busquemos a otras mujeres para que ocupen esos puestos de trabajo.

Marisa Pinilla
(En Colombia)

2. Lee otra vez y contesta las preguntas que aparecen a continuación.

- Sobre el texto A, relaciona las palabras de la izquierda con los significados de la derecha.

a. copar	1. dirigir
b. estar al frente de	2. mantener el dominio o ventaja
c. arrimar el hombro	3. increíble, muy raro
d. no perder terreno	4. ocupar de forma exclusiva
e. impensable	5. ayudar, compartir una tarea

- Sobre el texto B, señala la opción correcta:

a. La palabra "descubrimiento" aparece en el texto con comillas. ¿Qué indica esto?
   1. Que el descubrimiento es importante.
   2. Que no es un descubrimiento de verdad.
   3. Que la palabra no está bien escrita.

b. Según la autora, las mujeres tienen...
   1. poca experiencia.
   2. mucha experiencia, pero no suficiente.
   3. más experiencia de la estrictamente necesaria.

Después de leer

- En grupos, prepara una encuesta sobre la situación de la mujer en el trabajo o la empresa. Pregunta a tus compañeros y resume las conclusiones de la encuesta. Presenta tus resultados.

Fiesta tradicional con tambores
Buenos Aires. Argentina

Unidad 9
Vida social

Competencias pragmáticas:

- **Identificar a alguien.**
- **Expresar extrañeza.**
- **Expresar pena.**
- **Hablar de algo que se conoce o no.**

Competencias lingüísticas:

Competencia gramatical
- **Oraciones de relativo.**
- **¡*Qué raro que* + ... Subjuntivo! / ¡*Qué pena que* + ... Subjuntivo!**
- **Pretérito Perfecto de Subjuntivo.**

Competencia léxica
- **Prendas de vestir.**
- **Descripción física.**

Conocimiento sociocultural:

- **Fiestas populares en Hispanoamérica.**

Antes de comenzar la sección:
Muestre fotos de un grupo o varias fotos a la vez. En alguna de ellas aparece un personaje famoso. Pregunte si conocen a alguien y pida a los alumnos que lo señalen. Finalmente, indicando con el dedo, describirá al personaje: "¿El de la barba?" "¿El que tiene un pañuelo grande en el bolsillo?" "¿El que está sonriendo?". También se puede presentar sin fotos, hablando de alumnos de la clase y preguntando a sus compañeros por ellos: "¿Quién es el chico que está sentado al lado de la ventana, el de la camisa amarilla?". Recuerde a sus alumnos que los premios Príncipe de Asturias son anuales y tienen varias categorías (de la Concordia, de las Letras, de los Deportes, etc.). Tienen carácter internacional. Los galardonados son personas de cualquier país del mundo destacadas en sus respectivos ámbitos artísticos, científicos, profesionales o humanos. En el caso de la edición 2003, correspondiente a la foto que aparece en la unidad, los premios se otorgaron de la siguiente manera:
Ciencias Sociales: Jürgen Habermas (filósofo alemán, representante más sobresaliente de la segunda generación de la Escuela de Frankfurt).
Artes: Miquel Barceló (pintor español, uno de los más internacionales, que ha destacado siempre por el componente mediterráneo de su obra).
Comunicación y Humanidades: Ryszard Kapuscinski (periodista y escritor bielorruso, autor de cerca de una veintena de títulos que han influido en personajes tan diversos como Paul Auster o Gabriel García Márquez); Gustavo Gutiérrez Merino (teólogo peruano, fue la primera persona que recogió y sintetizó las ideas de la Teología de la Liberación).
Letras: Susan Sontag (escritora y crítica estadounidense, figura destacada en la vida intelectual de su país por su pensamiento lúcido y crítico); Fatema Mernissi (escritora marroquí, autoridad mundial en estudios coránicos y firme defensora de los derechos de la mujer).
Concordia: Joanne K. Rowling (autora de un fenómeno sociológico y humano sin precedentes en la cultura de nuestro tiempo, el ciclo de novelas de Harry Potter).
Investigación Científica y Técnica: Jane Goodall (científica y divulgadora inglesa, celebridad mundial en el estudio y la investigación de los chimpancés).
Deportes: Tour de Francia (es la carrera ciclista más importante del mundo. Recogió el galardón el director de la carrera francesa, Jean Marie Leblanc).
Cooperación internacional: Luiz Inacio da Silva (Presidente de la República del Brasil. Vinculado desde sus orígenes al movimiento obrero, fundó el Partido de los Trabajadores y desde allí ascendió a la más alta jefatura del Estado).

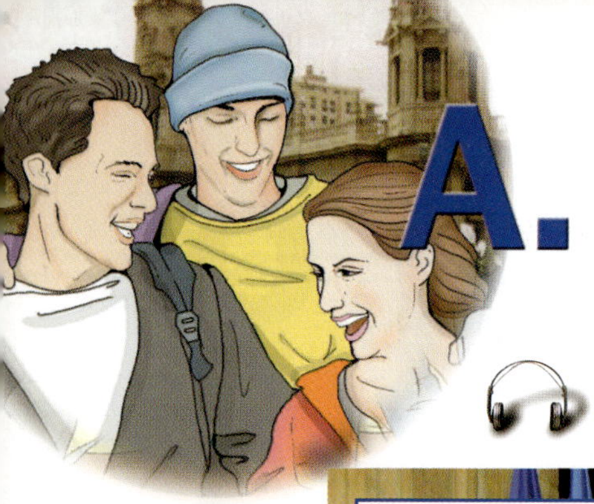

A. Famosos

Lee y ESCUCHA.
En la entrega de los premios Príncipe de Asturias.

Sandra: *Bueno, en cuanto termine la entrega de premios debemos empezar a entrevistar a los ganadores.*
Felipe: *¡Cuánta gente importante! Pero no conozco a algunos. ¿Quién es el que está de pie al lado de una señora con chaleco que habla con él, el del traje de chaqueta y pelo blanco?*
Sandra: *¡Ah, sí! Es un filósofo muy conocido, pero ahora no me acuerdo de su nombre. Es alemán.*
Felipe: *¿Y la señora morena que lleva un pañuelo o un* foulard*?*
Sandra: *¿Cuál dices?*
Felipe: *La que lleva la chaqueta larga y esos pantalones un poco raros. La que está junto al Príncipe.*
Sandra: *Es una de las ganadoras del premio de las Letras. Es Susan Sontag.*
Ramón: *Ah, yo pensé que era Joanne Rowling, la de* Harry Potter.
Sandra: *No, no, Ramón. Joanne Rowling es esa mujer rubia con un traje que está al final de la fila. Al lado de Jane Goodall, la mujer de negro. ¡Oye, Ramón! Atento. Tenemos que entrevistar al primero que salga del salón.*
Azafata: *Atención, por favor, los periodistas que quieran entrevistar al galardonado con el premio de las Artes, el señor Barceló, pasen a la sala uno.*
Sandra: *¡Vamos, Ramón!*
...
Sandra: *¡Enhorabuena, señor Barceló!*
Barceló: *Muchas gracias.*
Sandra: *¿Está usted contento por haber recibido este galardón?*
Barceló: *¡Cómo no! Me siento muy orgulloso.*
Sandra: *¿Piensa usted seguir pintando cuadros sobre la cultura africana?*
Barceló: *Por supuesto que sí.*

1  **Escucha otra vez y ESCRIBE en el lugar correspondiente de la fotografía el nombre de cada persona.**

- **Identificar a alguien en un grupo**

A. *¿Quién es el filósofo?*
B. *El que tiene pelo blanco.*
El del traje de chaqueta.

A. *¿Cómo sé quién es Joanne Rowling?*
B. *Es la que lleva el vestido largo (la del vestido largo);*
la que está al final de la fila.

Para ayudarte

Como práctica adicional, pida a los alumnos que describan al resto de los premiados, cuyos nombres aparecen en la foto. Se puede establecer una competición entre los alumnos, de manera que tengan que adivinar con la mayor rapidez posible a quién se está describiendo.

¿Cómo describes a los personajes que has identificado en la actividad 1? ESCRIBE frases como en el ejemplo.

Susan Sontag es la mujer que lleva la chaqueta larga y unos pantalones un poco raros.

COMPLETA las frases con las palabras del recuadro.

bisutería	perilla	calvo	tatuajes	cola de caballo	canoso

a. Hoy en día está de moda hacerse ....tatuajes.... porque quedan muy modernos.
b. Gonzalo, mi novio, sólo tiene treinta años y ya tiene el pelo ....canoso.... .
c. Una ....perilla.... tiene algo de bigote y barba.
d. En verano, el pelo largo me da mucho calor y me lo recojo en una ....cola de caballo.... .
e. Mi padre no tiene ni un pelo en la cabeza. Está completamente ....calvo.... .
f. A Estela le gusta mucho la ....bisutería.... . Va siempre cargada de pulseras, collares y anillos.

PRACTICA en parejas. Sandra nos enseña una foto de una celebración familiar. Mira la ilustración y pregunta a tu compañero quiénes son las personas que no conoces. Actividad semilibre.

Carolina (prima)
Rafa (cuñado)
Carlos (hermano)

Ana (hermana)

Paula (sobrina)

Luis (tío)

- *¿Quién es el señor mayor?*
- *El de la chaqueta marrón, el que tiene el pelo canoso.*

- *¿Cuál?*
- *¡Ah!, ese es Luis, el tío de Sandra. Oye, ¿y quién es...?*

• **Hablar de algo que se conoce**	• **Hablar de algo que no se conoce**
A. *¿Qué te pasa, Carmen? Estás muy nerviosa.* B. *He visto a un actor que trabaja en televisión.* (Un actor concreto, sé que trabaja en la TV.)	A. *Andrés, di un deseo relacionado con la televisión.* B. *Quiero conocer a una actriz que trabaje en la tele.* (Ninguna en concreto, una cualquiera.)

Para ayudarte

5 PRACTICA en parejas. Piensa en personajes conocidos que tengan las características de la tabla. Escribe el mayor número de personajes. Sin decir su nombre, tu compañero tiene que adivinar quién es. Actividad semilibre.

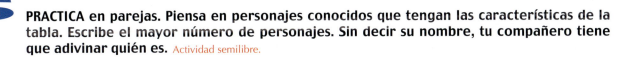

que salga mucho en la tele. | que se vista con ropa rara. | que sea cantante, actor o actriz. | que no esté casado/a. | que cambie de imagen con frecuencia.

COMPLETA las frases siguientes como quieras.

a. Nunca he conocido a nadie que...
b. No quiero ver películas que...
c. Estoy buscando un trabajo que...
d. Quiero irme de vacaciones a un lugar que...

B. En las Fallas de Valencia

Antes de comenzar la sección: Recuerde a sus alumnos que el 19 de marzo se celebran en la Comunidad Valenciana las fiestas llamadas Fallas. Durante una semana hay diversos actos festivos y ese día se queman las "fallas", esculturas de personajes famosos de ese año. La fiesta se caracteriza por el ruido de los fuegos artificiales.

Lee y ESCUCHA.
Un grupo de amigos se reúne en la Plaza del Ayuntamiento de Valencia a las dos menos cinco, unos minutos antes de que empiece la *mascletá**.

Alberto:	*Hola a todos.*
Todos:	*¡Hola!*
Marta:	*¿Estamos todos?*
Alberto:	*No, falta Carlos. Dijo que vendría con nosotros.*
Marta:	*¡Qué raro que no haya llegado todavía! Él es siempre muy puntual... ¿Qué hora tenés, Mario?*
Mario:	*Son las dos menos cinco. A lo mejor está aparcando el coche, como hay tanta gente...*
Alberto:	*Mira, ahí viene. Ya estamos todos.*
Carlos:	*¡Hola! Perdonad el retraso pero es que el tráfico está imposible hoy... Bueno, ¿cuál es el plan?*
Marta:	*Primero, tenemos que ver la* mascletá, *que está a punto de empezar. Tenemos sólo cinco minutos.*
Alberto:	*Sí, claro, pero ¿y luego?*
Mario:	*Luego podríamos ir a Barrachina a comer un blanco y negro*.*
Alberto:	*Allí no, hay demasiada gente y no encontraremos mesa, ¿por qué no vamos a la Playa del Saler? Ponen unas paellas riquísimas.*
Marta:	*Bueno, vale, y por la tarde nos vamos a la Plaza del Ayuntamiento a ver las fallas.*

* ***mascletá:*** palabra valenciana que significa conjunto de disparos de cohetes y fuegos artificiales con fines festivos.
* **blanco y negro:** bocadillo de salchicha y morcilla.

1 Escucha otra vez y CONTESTA a las preguntas.

a. ¿En qué ciudad española está el grupo de amigos? ......En Valencia......
b. ¿A quién están esperando? ......A Carlos......
c. ¿Qué le ha pasado? ......Hay mucho tráfico......
d. ¿Qué quieren ver en primer lugar? ......La *mascletá*......
e. ¿A qué hora empieza la *mascletá*? ......A las dos en punto......
f. ¿Qué quieren hacer por la tarde? ......Ver las fallas......

Con verbos y expresiones que signific sentimientos, se utiliza el verbo Subjuntivo. En este caso se trata de expr sar extrañeza. Se utiliza el Presente Subjuntivo cuando hablamos de accion presentes o futuras. Y se utiliza el Pretéri Perfecto cuando se trata de una acción ac bada en un momento reciente del pasad Después de presentar la forma del Pretéri Perfecto, haga algunas afirmaciones en e tiempo para que sus estudiantes le conte ten con la estructura: *¡Qué raro que* Pretérito Perfecto de Subjuntivo!

Profesor/-a: Bárbara no ha hecho hoy los deberes.
Estudiante: ¡Qué raro que Bárbara no haya hecho los deberes!

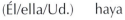

- **Expresar extrañeza**

¡Qué raro que Luis no conteste al móvil!
¡Me extraña que Luis no *me haya llamado*!

- **Pretérito Perfecto de Subjuntivo**

(Yo)	haya		
(Tú)	hayas	+	llamado
(Él/ella/Ud.)	haya		

Para ayudarte

2 **¿Qué dirías en estas situaciones? Expresa extrañeza ante estas situaciones y ESCRIBE las respuestas.**

1. He llamado a mi madre por teléfono y no ha contestado. A estas horas siempre está en casa.
   ¡Qué raro que mi madre no me haya contestado al teléfono!
2. Mi amigo Manuel ha aprobado todo el curso y normalmente no estudia nada.
   ¡Qué raro que Manuel haya aprobado todo el curso!
3. Beatriz siempre viene a clase y hoy no ha venido.
   ¡Qué raro que Beatriz no haya venido a clase!
4. Carlos es normalmente puntual y hoy todavía no ha llegado.
   ¡Qué raro que Carlos no haya llegado todavía!
5. Inma me llama todos los días y hoy no me ha llamado.
   ¡Qué raro que Inma no me haya llamado!

3 **ESCUCHA a esta mujer venezolana que nos cuenta cómo se celebra la Navidad en su país. Elige la respuesta adecuada.**

1. Las hayacas son...
a. instrumentos musicales.
b. un plato típico navideño.
c. canciones navideñas.

2. A los niños que van de casa en casa cantando villancicos les dan:
a. leche.
b. refrescos.
c. chocolate caliente.

3. Es costumbre que los jóvenes salgan a la calle por la noche...
a. a patinar.
b. a pasear.
c. a bailar.

4. ¿Los venezolanos ponen en casa un árbol de Navidad o un Nacimiento?
a. un árbol de Navidad.
b. ninguna de las dos cosas.
c. la mayoría pone un Nacimiento.

5. Los niños venezolanos reciben sus regalos:
a. el día 24 de diciembre a las doce de la noche.
b. el día 25 de diciembre por la mañana.
c. el 1 de enero.

6. Los días 24, 25 y 31 de diciembre y el 1 de enero se suele...
a. estrenar ropa o zapatos.
b. hacer regalos a los amigos.
c. plantar árboles.

4 **PRACTICA en parejas. Piensa en la fiesta de Año Nuevo en tu país y elabora un informe de 150 palabras para un periódico extranjero.** Actividad semilibre.

Tienes que incluir:

• Qué se celebra ese día • Qué platos especiales se comen • Dónde se reúne la gente, las familias • Si hay canciones especiales • Si hay bailes • Si la gente estrena ropa o si hay regalos para los adultos, para los niños • Ritos.

Contenidos gramaticales

Oraciones de relativo

Las oraciones de relativo nos permiten identificar a alguien:

- Determinante + adjetivo

¿Quién	es	el	alto?
interrogativo	verbo	determinante	adjetivo

- Determinante + *de* + artículo + nombre

¿Quién	es	ese	de	la	camisa?
interrogativo	verbo	determinante	preposición	determinante	nombre

- Determinante + *que* + frase

¿Quién	es	aquella	que lleva una falda negra?
interrogativo	verbo	determinante	frase

1 CONSTRUYE frases siguiendo el modelo.

a. La chica / vestido negro
¿Quién es la chica que lleva un vestido negro?

b. Esos / están bailando
¿Quiénes son esos que están bailando?

c. Aquel / pantalones vaqueros
¿Quién es aquel de los pantalones vaqueros? / ¿Quién es aquel que lleva unos pantalones vaqueros?

d. Aquella / gafas
¿Quién es aquella de las gafas? / ¿Quién es aquella que lleva gafas?

e. Ese / tiene un vaso en la mano
¿Quién es ese que tiene un vaso en la mano?

f. Aquella / pelo largo
¿Quién es aquella del pelo largo?

g. Aquellos / están al lado de la mesa
¿Quiénes son aquellos que están al lado de la mesa?

h. Esa / lleva minifalda
¿Quién es esa que lleva minifalda?

Uso de Indicativo / Subjuntivo en las oraciones de relativo

• Se utiliza el Indicativo cuando el antecedente (la persona, cosa o lugar al que se refiere el pronombre) es algo experimentado, conocido o concreto:

Por fin hemos encontrado un hotel que queda cerca de la playa. (Se sabe ya cuál es.)

• Se utiliza el Subjuntivo cuando el antecedente es algo no experimentado:

Estamos buscando un hotel que esté cerca de la playa. (No se conoce.)

• Cuando preguntamos, negamos la existencia del antecedente o decimos que es escaso:

¿Por aquí hay algún hotel que quede cerca de la playa?
¿No hay ningún hotel que esté cerca de la playa?
En esta zona conozco pocos hoteles que estén cerca de la playa.

2 SUBRAYA el verbo más adecuado en las frases siguientes.

a. ¿Hay alguien aquí que *entiende* / *entienda* chino?
b. Están buscando una secretaria que *hable* / *habla* ruso y español.
c. Los Martínez se han comprado un piso que *tiene* / *tenga* piscina climatizada.
d. En esa empresa trabaja un intérprete que *sabe* / *sepa* cinco idiomas.
e. No conozco a nadie que *hace* / *haga* la paella como Luisa.
f. En mi clase hay mucha gente que *sabe* / *sepa* bailar flamenco.
g. Buenos días, quiero un libro que *tenga* / *tiene* recetas de cocina exóticas.
h. Estas Navidades vamos a ir a un apartamento que *está* / *esté* al lado de las pistas de esquí.

Pretérito Perfecto de Subjuntivo

Forma: Presente de Subjuntivo del verbo *haber* + Participio.

	HABLAR	
(Yo)	haya	
(Tú)	hayas	
(Él/ella/Ud.)	haya	hablado
(Nosotros/as)	hayamos	
(Vosotros/as)	hayáis	
(Ellos/ellas/Uds.)	hayan	

Uso: el Pretérito Perfecto de Subjuntivo expresa acciones pasadas y acabadas. Se utiliza sólo en oraciones subordinadas.

Es una pena que Ernesto y Puri se hayan separado.
¡Qué raro que hoy no haya venido Peter a clase!

3 Completa las frases siguientes con el verbo en Presente o Pretérito Perfecto de Subjuntivo.

a. Es raro que mi hermano no *esté* a estas horas en casa. (estar)
b. Es una pena que tu hija no ....quiera.... ir a la Universidad el año próximo. (querer)
c. Es raro que mi jefe no ....haya llamado.... por teléfono todavía. (llamar)
d. ¡Qué pena que no ....hayáis podido.... venir con nosotros al fútbol! El partido ha estado muy bien. (poder)
e. ¡Me extraña que no ....haya salido.... en la tele la noticia de nuestro accidente! (salir)
f. ¡Qué pena que no ....tengamos.... dinero para comprarnos ese chalé tan bonito! (tener, nosotros)

Lengua en uso

1 LEE la entrevista con Tamara y completa los huecos con las frases del recuadro.

espero comprarme una casa allí 4
Es una pena que no pueda dar conciertos más a menudo en Latinoamérica 5
me resulta raro que me hagas esa pregunta 1
A lo mejor la música me ha hecho demasiado romántica 2
Me extraña un poco que hayas pensado eso 3

Tamara, la jovencísima cantante de boleros y baladas que posee una de las mejores voces del panorama musical español, responde a las preguntas de nuestro reportero.

Pregunta: Dinos, ¿cuál es el precio que hay que pagar por ser una estrella?
Respuesta: Bueno, ser famosa tiene algunos inconvenientes. Pero, ...1......... porque, en mi caso, yo he cumplido mi sueño que era ser cantante. Y además siendo tan joven creo que no me debo quejar.
P.: ¿Cómo es Tamara cuando no está encima de un escenario?
R.: Soy una persona tímida, sobre todo al principio, pero a la vez soy bastante sociable. También soy muy alegre, pero tengo un carácter muy fuerte, muy perfeccionista. ....2.........
P.: ¿Te consideras muy sevillana?
R.: Sí, sí, por supuesto.
P.: Pues yo pensaba que Miami te había cautivado más que España.
R.: Yo vivo en Sevilla y ejerzo de sevillana. ....3......... Miami me gusta mucho y algún día ....4......... . Pero España es mi país y mis raíces están aquí.
P.: Cuéntame algo de tu nuevo disco, ¿sigues con los boleros?
R.: Hay un poquito de todo pero en la misma línea de siempre, que creo que es lo que el público espera de mí.
P.: ¿Hay muchas diferencias entre el público español y el público latinoamericano?
R.: En México son maravillosos y se entregan como nadie, argentinos, colombianos... todos son extraordinarios, de verdad. ....5......... .

(Extraído de la revista *Mujer 21*)

2 Mira el dibujo y adivina lo que pasa. ESCRIBE tus respuestas.

La mujer de la fila de atrás está quejándose de algo. Está discutiendo con el chico de la fila de delante.

  **Silvia acude a la presentación del último disco de Tamara. ESCUCHA lo que le pasó allí y escoge la respuesta correcta para cada pregunta.**

a. ¿Por qué se sentó en la última fila?
   1. Porque tenía un asiento reservado en esa fila.
   2. Porque llegó tarde.
   3. Porque prefería estar ahí.

b. ¿Cómo iban vestidos los jóvenes que llegaron tarde?
   1. Iban vestidos de fiesta, muy arreglados.
   2. Llevaban chaquetas de lana echadas sobre la espalda.
   3. Vestían de manera informal.

c. ¿De qué manera le molestaban los jóvenes?
   1. Hablando entre ellos y por el móvil, y haciendo ruido con los tacones.
   2. Haciendo ruidos de desagrado y quejándose.
   3. No dejándole ver, con su mochila y su sombrero.

d. ¿Cuál era la intención de Silvia al hablar con los jóvenes?
   1. Pedirles el móvil para hacer una llamada.
   2. Quejarse porque la molestaban.
   3. Hacerles una pregunta.

e. ¿Cuál es la reacción del acomodador?
   1. Comprende a Silvia y la ayuda.
   2. No comprende a Silvia.
   3. No ayuda a Silvia.

4 PRACTICA en grupos. Cada cual cuenta una historia, real o inventada, parecida a la que acabas de escuchar. Al final se escoge una y el grupo la escribe y la lee en voz alta.

El otro día me pasó una cosa muy desagradable. Iba en el metro / autobús / ascensor, etc. y llegó...

Trae fotos de tu familia en grupo y tus compañeros te hacen preguntas. Tienen que ESCRIBIR el nombre de todas las personas que aparezcan.

- *¿Quién es el señor de las gafas?*
- *¿El que está de pie?*
- *Sí.*
- *Es mi tío Juan. El hermano de mi padre.*

Taller [Fiestas populares en Hispanoamérica]

Antes de leer

1. Vas a leer unos textos sobre fiestas populares en Perú: ¿cuántas fiestas crees que se celebran al año en este país?, ¿con qué piensas que pueden estar relacionadas?

2. ¿Qué crees que ocurre durante estas fiestas?, ¿sabes el nombre de alguna de ellas?

3. Ahora lee este texto y comprueba tus respuestas.

En el Perú se celebran cerca de 3.000 fiestas populares al año. La mayoría de ellas se organiza en torno a un santo patrón y se celebra dentro de un calendario cristiano de la época colonial, pero fusionado con las creencias mágico-religiosas de una región particular.

La lectura

1. Lee atentamente los textos sobre dos ejemplos de fiestas en el Perú y contesta a las preguntas.

A

Virgen de la Candelaria

Lugar: Puno
Fecha: 2 de febrero (día central)

Durante 18 días la ciudad altiplánica de Puno, a orillas del Lago Titicaca (3.870 m), se convierte en la capital folclórica de América: en ella se concentran más de 200 bandas de músicos y danzantes para celebrar a la Mamacha Candelaria. Durante los nueve primeros días los mayordomos (encargados de dirigir los festejos) arreglan el templo y pagan misas, banquetes y fuegos artificiales. El día central, 2 de febrero, la Virgen es conducida por la ciudad en una procesión; detrás de ella desfilan curas, fieles, cristianos y paganos: es el momento de la presentación de conjuntos de músicos y danzantes que bailan por toda la ciudad.

La fiesta está relacionada con los ritos agrarios prehispánicos de la siembra y la cosecha, así como con la actividad minera de la región. La danza de los diablos o "diablada" es la principal de las comparsas folclóricas. Los danzantes hacen sus ofrendas a la tierra (Pacha Mama) tocando zampoñas, vestidos con disfraces muy vistosos y casi siempre enmascarados. Las máscaras más impresionantes, por su efecto terrorífico, son las de animales con largos cuernos retorcidos asociados al demonio y, también, al Jacancho o dios de los minerales. En el *cacharpari* o despedida, las comparsas que van llenando las calles se dirigen finalmente al cementerio para rendirle culto a los muertos.

a. ¿Dónde y cuándo se celebra la fiesta de la Candelaria? En Puno, durante 18 días, antes y después del 2 de febrero.
b. ¿Cuál es la tarea de los mayordomos? Arreglan el templo y pagan misas, banquetes y fuegos artificiales.
c. ¿Qué orden siguen los ciudadanos detrás de la Virgen en la procesión? Los curas, los fieles y los paganos.
d. ¿Cuál es la principal comparsa folclórica? La danza de los diablos o "diablada".

Qoyllur Rit´i

B

Quispicanchis (Cusco) - Fecha: del 12 al 18 de junio (fecha no fija)

Los habitantes de Ocongate, en el departamento de Cusco, realizan un rito cuyo símbolo externo es la imagen de Cristo, pero su significado es la integración del hombre con la naturaleza.

El ritual forma parte de la fiesta de naciones indígenas más grande de América: el Qoyllur Rit'i. La ceremonia principal se realiza al pie del nevado Ausangate, a 4.700 m y a temperaturas por debajo de los 0º. La fiesta empieza el día de la Santísima Trinidad, cuando más de 10.000 peregrinos ascienden hasta el límite de las nieves perpetuas. Los acompañan distintos bailarines (chauchos, qollas, pabluchas o ukukus) que simbolizan a diversos personajes míticos. Hay una peregrinación de pastores, comerciantes y curiosos que se reúnen en el santuario de Sinakara. Según la creencia, el Niño Jesús, disfrazado de pastorcito, se le apareció a un niño indígena, Marianito Mayta, y ambos se convirtieron en amigos. Cuando los padres los encontraron vestidos con ropas caras avisaron al sacerdote del lugar, Pedro de Landa, quien intentó capturarlo sin éxito; en lugar del Niño apareció una piedra. Marianito murió de inmediato y la imagen del Señor de Qoyllur Rit'i se grabó sobre la roca.

a. ¿Cuándo y dónde se celebra la fiesta de Qoyllur Rit´i? En Quispicanchis (Cusco), del 12 al 18 de junio (la fecha no es fija, cambia de un año a otro).
b. ¿Dónde tiene lugar la ceremonia principal? ¿A qué temperatura se celebra la fiesta? Al pie del nevado Ausangate. A menos de 0º.
c. ¿Qué hacen los peregrinos? Suben hasta el límite de las nieves perpetuas.
d. ¿A quién trata de capturar Pedro de Landa? Al Niño Jesús.

2. Lee otra vez los textos y completa las fichas con la información necesaria.

TEXTO A

Nombre:	Mamacha Candelaria
Lugar:	Puno
Fecha:	2 de febrero
Divinidad:	Virgen de Candelaria
Símbolos:	máscaras que simbolizan al demonio y al Jacancho
Ritual:	procesión, misas, comparsas

TEXTO B

Nombre:	Qoyllur Rit'i
Lugar:	Cusco
Fecha:	del 12 al 18 de junio
Divinidad:	los bailarines simbolizan personajes míticos
Símbolos:	Niño Jesús (Señor de Qoyllur Rit'i)
Ritual:	peregrinación

3. Encuentra en los textos nombres de los siguientes objetos:

Instrumento musical: zampoñas
Montaña: Ausangate
Tribu indígena: chauchos, qollas, pabluchas, ukukus
Divinidad: Virgen de la Candelaria, Niño Jesús, Jacancho, Pacha Mama
Lugar sagrado: Santuario de Sinakara

4. Practica en grupos. Habláis sobre la fiesta que preferís y decís el por qué.

- ¿Cómo son las fiestas típicas en tu ciudad o país?
- Comenta en qué se parecen o difieren de éstas.

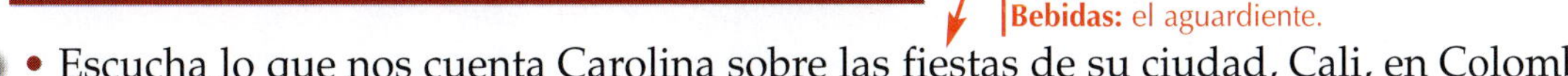

Después de leer

- Escucha lo que nos cuenta Carolina sobre las fiestas de su ciudad, Cali, en Colombia. ¿Qué datos proporciona?

Lugar: Cali (capital del departamento del Valle).
Fecha: del 25 al 30 de diciembre.
Eventos: cabalgata con caballos. Conciertos, exposiciones, desfiles.
Baile: la salsa.
Comidas típicas navideñas: natillas, buñuelos, el manjarblanco, el desamargado.
Bebidas: el aguardiente.

- Practica en grupos. Prepara con tu grupo un dossier sobre alguna fiesta típica o tradicional de tu región / país, etc. No olvides indicar: el lugar, la fecha, qué se celebra, qué orígenes tiene la fiesta (si los sabéis), qué se come, si hay algún baile o danza típica, etc.

Vista de la Casa Batlló, obra del arquitecto Antonio Gaudí
Barcelona. España

Unidad 10
Cosas de casa

Competencias pragmáticas:

- Transmitir órdenes.
- Expresar preferencias y preguntar por ellas.
- Preguntar por una valoración y reaccionar.
- Expresar indiferencia.

Competencias lingüísticas:

Competencia gramatical
- Contraste *qué / cuál.*
- Estilo indirecto para transmitir órdenes.
- Pretérito Imperfecto de Subjuntivo. Verbos regulares e irregulares.

Competencia léxica
- Reformas en la casa: accesorios.
- Profesiones relacionadas con las reformas.

Conocimiento sociocultural:

- Las casas inteligentes.

A. De obras

Lee y ESCUCHA.
Están de obras en los estudios de la cadena Hispavisión. El responsable está comentando a Silvia cómo progresa el trabajo.

Javier: *Los electricistas ya han terminado de instalar los enchufes y los albañiles también han terminado con las paredes. Sólo falta pintar.*
Silvia: *Bueno, ya era hora. Llevan ustedes bastante retraso.*
Javier: *¡Hombre!, es que usted nos pidió que hiciéramos cosas que no estaban en el plan inicial.*
Silvia: *Yo les dije que instalaran enchufes en todas las salas, pero ustedes sólo los instalaron en los despachos. No es culpa mía y espero que no suba el presupuesto por los enchufes adicionales.*
Javier: *Bueno, los enchufes tengo que cobrárselos...*
Silvia: *Ya hablaremos. ¿Cuándo empiezan a pintar?*
Javier: *Mañana mismo. Eso lo hacemos en una mañana.*
Silvia: *Pues dígales que no pierdan tiempo. Los albañiles también dijeron que terminarían pronto y necesitaron tres semanas.*
Javier: *Usted les dijo que lo hicieran todo con mucho cuidado. También les dijo que repitieran dos paredes. Por eso han tardado tanto.*
Silvia: *Es que yo quiero que todo quede bien. ¿Usted no?*
Javier: *Bueno, yo también, claro, es que...*
Silvia: *El caso es que usted dijo que estaría todo terminado en un mes y ya llevamos mes y medio. Si no pintan todo en tres días, rompemos el contrato.*
Javier: *No se ponga así. Ya verá como todo queda bien.*
Silvia: *Eso espero.*

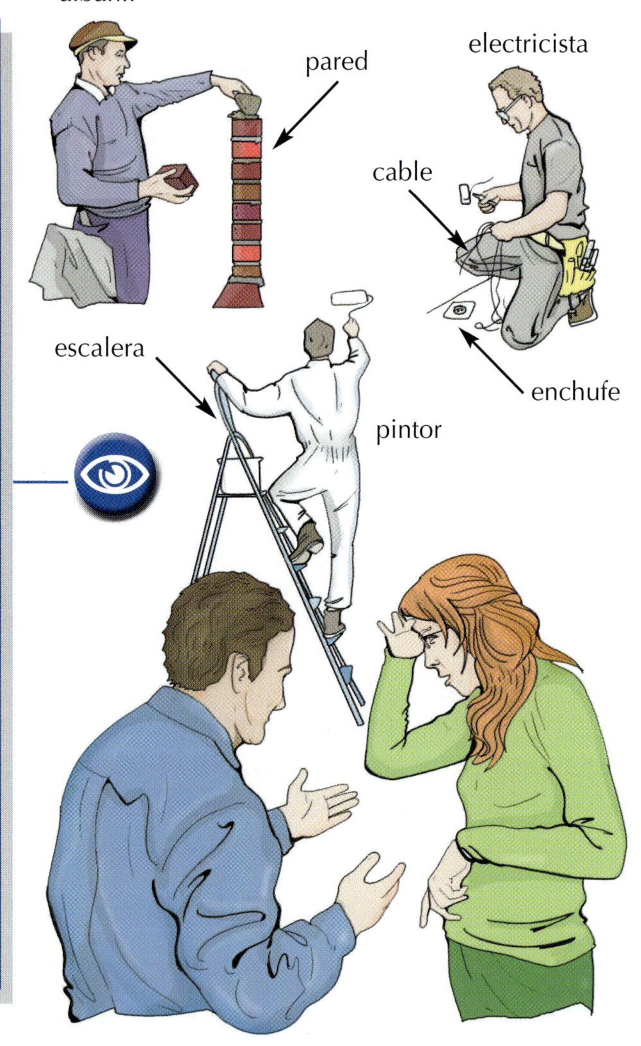

1 **Escucha otra vez y SEÑALA quién dijo cada cosa. Marca la casilla correspondiente en el cuadro.**

	Silvia	Javier	Albañiles
a. ¡Instalen ustedes enchufes en todas las salas!	x		
b. Terminaremos pronto.			x
c. ¡Háganlo todo con cuidado!	x		
d. Todo estará terminado en un mes.		x	
e. ¡Repitan estas paredes!	x		

• **Dar órdenes**	• **Transmitir órdenes**	
¡Pinten ustedes!	*Ha dicho que pintemos.* *Diles que pinten.*	[Ayer] *Nos dijo que pintáramos.* [Ayer] *Les dije que pintaran.*

Para ayudarte

Ampliación de la interacción oral:
Los alumnos en parejas miran el aula y piensan en posibles mejoras:
A: El color de las paredes no me gusta.
B: Sí, hay que pintar.
Con objeto de ampliar la práctica del estilo indirecto, el profesor pregunta a cada alumno qué han propuesto sus compañeros de grupo o de pareja para mejorar la clase. Cada alumno debe responder en estilo indirecto.

2 Reacciona usando las palabras del recuadro. ESCRIBE tus respuestas.

electricista	pintor	fontanero	carpintero	albañil

Hay que instalar más enchufes en nuestro dormitorio. > *Dile al electricista que los instale.*

a. Es necesario pintar los techos. Dile al pintor que los pinte.
b. Hay que desatascar el fregadero. Dile al fontanero que lo desatasque.
c. La puerta de la entrada no cierra bien. Convendría ajustarla. Dile al carpintero que la ajuste.
d. Hay un agujero en la pared. Hay que taparlo. Dile al albañil que lo tape.

Para ayudarte

• **Pretérito Imperfecto de Subjuntivo**

A. *¡Les dije que pintaran las paredes pero no el techo!*
B. *Es que usted nos pidió cosas que no estaban en el plan inicial.*

PINTAR	COMER	PULIR
pintara	comiera	puliera
pintaras	comieras	pulieras
pintara	comiera	puliera
pintáramos	comiéramos	puliéramos
pintarais	comierais	pulierais
pintaran	comieran	pulieran

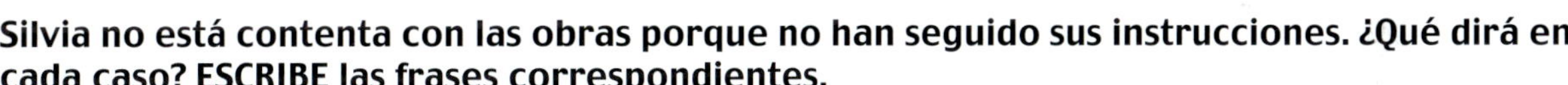

3 Silvia no está contenta con las obras porque no han seguido sus instrucciones. ¿Qué dirá en cada caso? ESCRIBE las frases correspondientes.

Albañil: *Ya hemos instalado los espejos en los lavabos.* (grifos)
Silvia: *Yo no les dije que instalaran espejos. Les dije que instalaran grifos.*

a. Pintor: *Ya he pintado de verde el estudio de grabación.* (azul) Yo no le dije que lo pintara de verde. Le dije que lo pintara de azul.
b. Electricistas: *Ya hemos cambiado los enchufes.* (cables) Yo no les dije que cambiaran los enchufes. Les dije que cambiaran los cables.
c. Limpiador: *Ya hemos pulido los suelos de la entrada.* (los pasillos) Yo no les dije que pulieran los suelos de la entrada. Les dije que pulieran los pasillos.
d. Transportista: *Ya he traído las lámparas.* (plantas) Yo no les dije que trajeran las lámparas. Les dije que trajeran las plantas.

4 PRACTICA en grupos de tres. A escoge una de las expresiones del recuadro y dice algo a B. Inmediatamente, B debe transmitir a C lo que le ha dicho A. Actividad semilibre.

¡Sigue hablando! ¡Siéntate! ¡Abre el libro! ¡Tráeme un lápiz!
¡Dime tu nombre! ¡Habla más despacio! ¡Repite!

A • *¡Dame un papel, por favor!*

B • *Me ha dicho que le dé un papel.*

C • *A dijo a B que le diera un papel.*

Luego B dice otras dos cosas a sus compañeros, que responden, y luego C hace lo mismo. En total los tres miembros del grupo han dicho 6 cosas. Ahora por turnos van recordando lo que dijeron los otros.

B. Plaza de garaje y piscina

Antes de comenzar la sección:
Repase con sus estudiantes el vocabulario referente a la vivienda. Traiga varias fotos con diferentes tipos de vivienda y pida a algunos estudiantes que los describan brevemente.

Lee y ESCUCHA.
Una mujer llama por teléfono a su amiga y le cuenta una noticia importante.

Rosa: *Mónica, no te lo vas a creer, ¡nos hemos comprado un piso!*
Mónica: *¡Enhorabuena! ¿Cuál habéis escogido por fin, el de la urbanización del Parque del Sol?*
Rosa: *Sí, ese. Luis dice que no es nada céntrico, pero a mí no me importa porque todo es muy nuevo.*
Mónica: *¿Y cómo es?, cuenta...*
Rosa: *Pues mira, nosotros hemos escogido el de tres dormitorios, ya sabes cómo están los precios. Es precioso, tiene calefacción individual, armarios empotrados, parqué en el suelo...*
Mónica: *¿Y cuántos cuartos de baño tiene?*
Rosa: *Tiene un cuarto de baño grande y un aseo. La cocina es bastante grande, y hay una terraza para tender la ropa. Además tenemos plaza de garaje y hay una piscina.*
Mónica: *Parece estupendo, ¿y es muy caro?, ¿cuánto os cuesta?*
Rosa: *Eso es lo peor: casi 300.000 euros. De momento hemos dado ya 60.000 euros y tenemos que pedir un préstamo para pagarlo en 30 años.*
Mónica: *¿30 años?¡Qué barbaridad! Eso es mucho tiempo, ¿no?*
Rosa: *Bueno, no tanto. Las mensualidades son como un alquiler.*

1 **Escucha otra vez y SEÑALA verdadero (V) o falso (F). Corrige la información falsa.**

	V	F	
a. El piso que se ha comprado Mónica es céntrico.	☐	☒	Está en una urbanización.
b. A Mónica no le importa que el piso esté lejos del centro.	☒	☐	
c. Todos los pisos que vendían eran de tres dormitorios.	☐	☒	Se podían elegir. Había diferentes opciones.
d. El piso tiene dos cuartos de baño.	☐	☒	Tiene cuarto de baño y aseo.
e. A Mónica no le parece caro el piso.	☒	☐	
f. Lo pagarán en 30 años.	☒	☐	

Para ayudarte

- **Responder a una pregunta sobre una valoración**
A. *¿Son muy caros estos pisos?*
B. *No mucho.*

- **Reaccionar a una valoración**
A. *¡Qué caros son estos pisos!*
B. *No tanto.* (como tú piensas)

- **Expresar cierta indiferencia**
No me importa que el piso esté lejos del centro.

RESPONDE a las siguientes situaciones con *no mucho / no tanto*.

1. • A mí me parece que cocinar bien es muy difícil. • *No tanto.*
2. • Arthur, ¿es difícil el neerlandés? • No mucho.
3. • Tu piso te habrá costado carísimo, ¿no? • No tanto.
4. • ¿Te gustan estos chalets? • No mucho.
5. • ¿Cuánto te ha costado la plaza de garaje? • No mucho.

Uso de *no mucho / no tanto*
Cuando un hablante pregunta por la cantidad, sin tener una idea preconcebida ("¿Cuánto te ha costado?"), se responde *no mucho*. Si el primer hablante hace una valoración ("Este piso te ha costado mucho"), se responde *no tanto* (como tú crees).
Haga algunas afirmaciones y preguntas para que sus estudiantes perciban claramente la diferencia:
- Yo creo que Michel estudia mucho.
- A mí me parece que Verónica gasta mucho dinero en ropa…
- Verónica, ¿cuánto dinero gastas en ropa al mes?

P ara ayudarte

• Preguntar por preferencias

A. *¿Qué piso prefieres?*
B. *El más luminoso sin duda.*

A. *¿Cuál [de los elegidos] te gusta más?*
B. *El que tiene más luz.*

En las preguntas siguientes, SUBRAYA el pronombre adecuado.

a. ¿Qué / Cuál valoras más en la decoración, la comodidad o la estética?
b. ¿Qué / Cuál es tu rincón favorito?
c. ¿Qué / Cuál habitación te parece más bonita?
d. ¿Qué / Cuál estilo decorativo prefieres: clásico, funcional, vanguardista?

4 A continuación vas a escuchar una entrevista al actor Carlos Rojas sobre sus gustos decorativos. La periodista le ha hecho las preguntas de la actividad anterior. ESCUCHA la entrevista y señala la respuesta correcta.

1. a. ☐ El actor cree que es más importante la estética.
   b. ☒ Para el actor, lo más importante es la comodidad.
2. a. ☐ Su rincón favorito es la cocina.
   b. ☒ Sus rincones favoritos son la cocina y el sofá.
3. a. ☐ Al actor no le gustan las chimeneas.
   b. ☒ Dedicó bastante tiempo a decorar el salón.
4. a. ☐ Los premios y las esculturas le costaron muy caras.
   b. ☒ Está muy contento con la decoración de sus esculturas.
5. a. ☐ Le gusta mucho el estilo moderno.
   b. ☒ Le gusta la mezcla de moderno y antiguo.

PRACTICA en grupos de cuatro. Cada uno debe hablar dos minutos sobre cada pregunta.
Actividad semilibre.

a. ¿Es importante para ti la decoración de tu casa? ¿Por qué?
b. ¿Cuáles son tus habitaciones preferidas? Descríbelas.
c. ¿Qué es lo que te gusta menos de tu casa?
d. ¿Qué problemas tienen las viviendas de tu barrio / pueblo / ciudad?
e. Explica cómo te gustaría que fuera tu casa ideal.

Contenidos gramaticales

Pretérito Imperfecto de Subjuntivo. Verbos regulares

Forma:
TRABAJAR + *-a, -as, -a, -amos, -ais, -an* (1ª conjugación)*
com / viv + *-iera, -ieras, -iera, -iéramos, -ierais, -ieran* (2ª y 3ª conjugación)*

	TRABAJAR	COMER	VIVIR
(Yo)	trabajara	comiera	viviera
(Tú)	trabajaras	comieras	vivieras
(Él/ella/Ud.)	trabajara	comiera	viviera
(Nosotros/as)	trabajáramos	comiéramos	viviéramos
(Vosotros/as)	trabajarais	comierais	vivierais
(Ellos/as/Uds.)	trabajaran	comieran	vivieran

* El Pretérito Imperfecto de Subjuntivo tiene también otra terminación: *-ase, -ases, -ase, -ásemos, -aseis, -asen.*

Pretérito Imperfecto de Subjuntivo. Verbos irregulares

La irregularidad del Pretérito Imperfecto de Subjuntivo es la misma que la de la tercera persona del plural del Pretérito Indefinido.

	Pret. Indefinido	Pret. Imperf. Subjuntivo
Decir	dijeron	dijera
Ir / Ser	fueron	fuera
Traer	trajeron	trajera
Venir	vinieron	viniera

1 ESCRIBE la forma adecuada.

a. Beber, yo: *bebiera*
b. Escribir, él: escribiera / escribiese
c. Decir, nosotros: dijéramos / dijeseis
d. Venir, ellos: vinieran / viniesen
e. Hablar, tú: hablaras / hablases
f. Ir, Ud.: fuera / fuese
g. Esperar, yo: esperara / esperase
h. Vender, nosotras: vendiéramos / vendiésemos
i. Comprar, ellas: compraran / comprasen
j. Traer, vosotras: trajerais / trajesen
k. Probar, Uds.: probaran / probasen
l. Ir, tú: fueras / fueses

2 CLASIFICA las formas verbales anteriores en la categoría correspondiente.

Verbos regulares	Verbos irregulares
escribiera, hablaras, esperara, vendiéramos, compraran, probaran	dijéramos, vinieran, fuera, trajerais, fueras

Estilo indirecto para transmitir órdenes

Estilo directo	Estilo indirecto	
	Verbo introductor en presente	
¡No comas más pasteles!	*Mi madre me dice que...*	*no coma más pasteles.*
Estilo directo	Estilo indirecto	
	Verbo introductor en pasado	
¡Habla con ella!	*Pedro dijo que...*	*hablara con ella.*

3 Transforma las frases en estilo indirecto como en el ejemplo.

1. "Come más verduras".
   El médico me recomendó que comiera más verduras.
2. "Vuelve a casa pronto".
   Mi novia me dijo que volviera a casa pronto .
3. "Dame el diccionario".
   Me pidió que le diera el diccionario .
4. "Espérame a la salida".
   Me dijo que le esperara a la salida .
5. "Mañana trae el coche".
   Ayer me dijo que hoy trajera el coche .
6. "No salgas después de las diez".
   Rosa me dijo no saliera después de las diez .
7. "Dime la verdad, por favor".
   Me pidió que le dijera la verdad .

Contraste *qué / cuál*

- ¿*Qué* + verbo?: cuando no se tiene información previa sobre lo que se pregunta.
  ¿Qué le compro a Luis, una camisa o un jersey?
- ¿*Qué* + nombre + verbo?: cuando preguntamos por algo de la misma categoría y se menciona expresamente.
  ¿Qué camisa te compro?
- ¿*Cuál* + verbo?: cuando preguntamos por algo de la misma categoría, sin mencionarlo.
  ¿Cuál le compro, esta o aquella? (se refiere a la camisa)

4 SUBRAYA la opción adecuada en cada frase.

a. ¿*Qué* / *Cuál* coche se ha comprado tu marido?
b. ¿*Qué* / *Cuál* te gusta más, el azul o el verde?
c. ¿*Qué* / *Cuál* es el número de teléfono de tu oficina?
d. ¿*Qué* / *Cuál* es el país más pequeño de América?
e. ¿*Qué* / *Cuál* película de Almodóvar te gusta más?
f. ¿*Qué* / *Cuál* le has regalado a Joaquín para su cumpleaños?
g. ¿*Qué* / *Cuál* piso te parece mejor?
h. ¿*Qué* / *Cuál* tratamiento es mejor para adelgazar?

Lengua en uso

1 **Amalio y Margarita son dos jóvenes que están buscando piso para casarse. Pero las cosas no son fáciles. ESCUCHA y contesta a las preguntas.**

a. ¿Qué pasa con el primer piso por el que preguntan?
☐ No les gusta. ☒ Ya está vendido. ☐ Es demasiado caro.

b. Subraya las características del segundo piso por el que preguntan:
exterior / interior amplio / pequeño bajo / 1º, 2º, 3º...

c. ¿Les interesa el segundo piso? ¿Por qué? / ¿Por qué no? No, porque es un bajo.

2 **Varios meses, muchos disgustos y algunos albañiles más tarde, el piso de Amalio y Margarita todavía tiene algunos problemas. IMAGINA lo que dicen a los albañiles.**

Se espera que los alumnos produzcan estructuras como las siguientes:
- Les dijimos que pintaran las paredes y todavía no las han pintado.
- Les dijimos que arreglaran la puerta y no lo han hecho.
- Les dijimos que cambiaran las ventanas y todavía no las han cambiado.

3 **LEE el texto sobre la casa de Amalio y Margarita. Contesta a las preguntas.**

"Fíjate tú la tontería": "Fíjate" se usa para llamar la atención sobre algo de lo que se está hablando, o bien comentando lo extraño o interesante que resulta. Aquí "la tontería" quiere decir que en realidad una bombilla no es una cosa extraordinaria, no es motivo de tanta admiración como sienten los novios.

—Amor mío, ya tenemos luz.
Un clic-clic y la primera bombilla se ilumina. ¡Qué emoción! Fíjate tú la tontería. Un alambre metido en una pera de cristal y lo que alumbra, oye.
Están encantados. Tan contentos que ni siquiera imaginan que, tres meses más tarde, cuando empiecen a amueblar el piso, ni siquiera uno de los enchufes les pillará cerca de una lámpara, la televisión la pondrán en el cuartito que no tiene antena y los interruptores del dormitorio quedarán tapados por el cabecero de la cama. Pero eso ellos no lo saben todavía. Así que le dan las buenas tardes al electricista y se marchan sin darse cuenta de la gotera que se ha formado en la pared del baño.

(Adaptado de *¿Quién me mandaría meterme en obras?*, Gomaespuma. Madrid. Temas de Hoy, 2003)

a. Los novios se quedan mirando la bombilla como si fuera algo extraordinario. ¿Puedes imaginar por qué?
☐ No han visto nunca una bombilla.
☒ Les parece increíble que hayan terminado las obras y algo funcione.
☐ Se trata de una bombilla excepcionalmente brillante.

b. Se describen muchos defectos, pero los novios no se dan cuenta de ellos. ¿Qué pretenden mostrarnos con esto los autores?

☐ Que siempre es difícil ver los defectos de las obras en una casa.
☒ Que esta pareja de novios era especialmente distraída.
☐ Que los defectos no se veían porque estaban tapados.

4 En el texto hay nombres de objetos cotidianos. RELACIONA cada palabra con su ilustración.

1 2 3 4 5

Bombilla Gotera Interruptor Antena Enchufe

5 ¿Cómo crees que terminará la historia de Amalio y Margarita? ESCRIBE un pequeño texto describiendo la situación final.

6 Lee el final de la historia y SEÑALA si las afirmaciones son verdaderas (V) o falsas (F).

Piedra es el apellido del contratista o encargado de la obra. Este apellido no es frecuente, es una broma de los autores.

El caso es que pasan los días y mientras llenan las distintas habitaciones de la casa con los muebles y los adornos, se van dando cuenta de los fallos que Piedra y sus albañiles fueron dejando, ocultos en un lugar y otro.
—Amalio, cariño, ¿te has dado cuenta de que se está abombando la pintura por aquí abajo?
—¡Pero bueno, otra chapuza! Es por la tubería del agua caliente. Han debido poner cualquier cosa y se va a terminar cayendo.
—Llámale por teléfono y que venga a arreglarlo.
Y Amalio le llama y se lo dice, y el otro argumenta que es imposible, pero que bueno, que vale, que se pasará a echar un vistazo. Si esto ha sido a primeros de semana, cinco días después nadie ha aparecido por el piso y, lo que es peor, nadie aparecerá jamás. Es la ley de la chapuza: si has pagado el trabajo, las reclamaciones posteriores caerán en la más triste de las indiferencias.

(Adaptado de *¿Quién me mandaría meterme en obras?*, Gomaespuma. Madrid. Temas de Hoy, 2003)

	V	F
a. El problema de la pintura no es la única chapuza que ha hecho el señor Piedra.	☒	☐
b. El señor Piedra dice que irá enseguida a arreglar el fallo.	☐	☒
c. Es normal que el albañil no venga a arreglar el fallo porque ya le han pagado.	☒	☐

d. ¿Cuál es la definición correcta para...? Elige la opción adecuada para cada palabra.

• "Chapuza" es una obra...	☒ que se hace mal y deprisa.	☐ por poco dinero.
• "Echar un vistazo" es...	☐ decir que algo es muy bonito.	☒ ver algo muy deprisa.
• "Abombarse" es...	☐ sonar fuerte, como un bombo.	☒ hincharse como un globo.

7 PRACTICA en grupos. Cuenta una experiencia reciente de obras en casa.

- ¿Qué clase de trabajadores vinieron?
- ¿Qué hicieron? ¿Hubo alguna chapuza?
- ¿Cómo fue la experiencia: positiva o negativa? ¿Por qué?

Taller [La casa inteligente, ¿la casa del futuro?]

Antes de leer

1. ¿Cómo crees que podría ser la casa del futuro? ¿Qué características tendría?

2. ¿Y la casa inteligente? ¿Qué elementos podría tener?

La lectura

1. Lee este artículo sobre sistemas "domóticos" (hogares inteligentes) en Argentina y contesta a las preguntas.

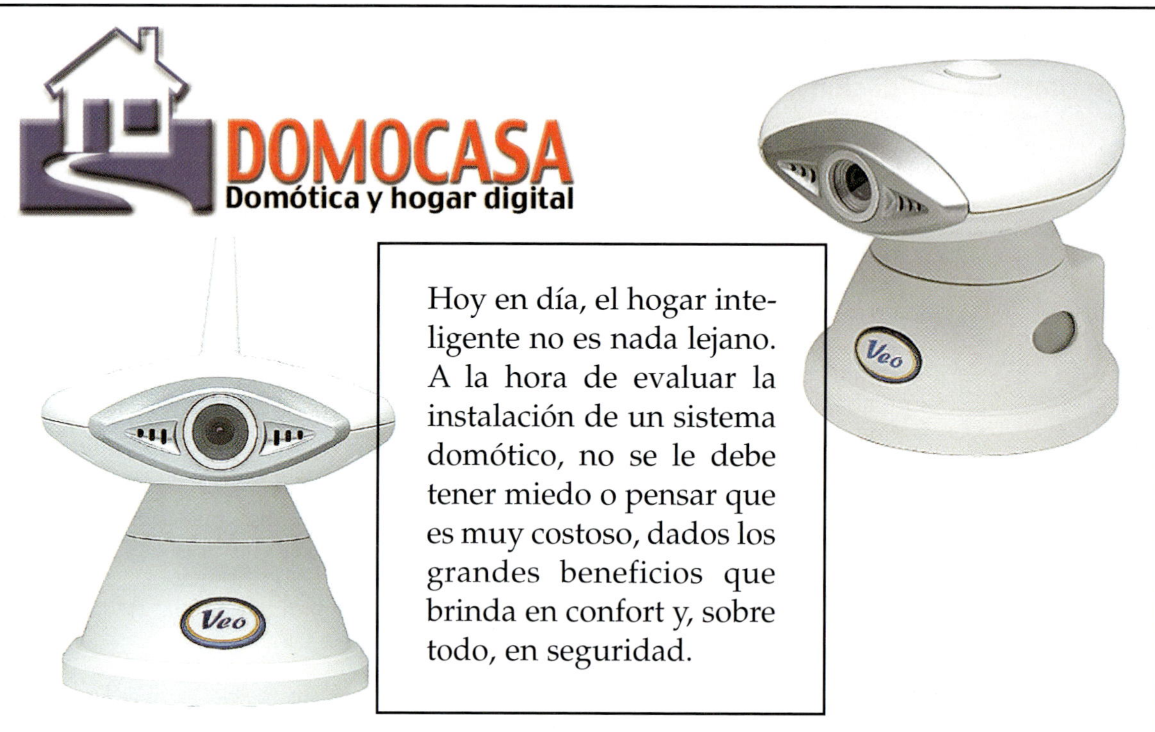

Hoy en día, el hogar inteligente no es nada lejano. A la hora de evaluar la instalación de un sistema domótico, no se le debe tener miedo o pensar que es muy costoso, dados los grandes beneficios que brinda en confort y, sobre todo, en seguridad.

Confort:

- Mando a distancia de cualquier dispositivo.
- Encendido y apagado de cualquier electrodoméstico, integrándolo al sistema inteligente del hogar. Apertura y cierre de puertas mediante cualquier mando del sistema.
- Calefacción y aire acondicionado regulados por sensores de temperatura o controles remotos.
- Control de la iluminación del hogar; iluminación mediante sensores de presencia o puntos de luz que compensan la iluminación natural.
- Todos los controles remotos de su casa podrán programarse en un solo mando.
- Acceso remoto a su hogar mediante Internet o un teléfono.

Seguridad:

- Desde cualquier parte del mundo Ud. sabrá lo que sucede en su hogar, mediante Internet o un teléfono. También podrá recibir correos electrónicos con imágenes de su casa.
- Cámaras que pueden ser vistas en cualquier TV de la casa. También como un portero visor, pudiendo abrir la puerta a distancia si lo visita un amigo.
- Simulación de presencia. Cuando Ud. no esté en su casa, el sistema se encargará de simular acciones diarias y en el exterior no se notará su ausencia.
- Detectores de humo o temperatura activarán la sirena, lo llamarán a Ud. y a los bomberos.

a. ¿Cuánto sabe la gente en general sobre los hogares inteligentes?
1. Mucho, porque no es un tema lejano.
2. Poco, porque tienen ideas erróneas.
3. Nada, ni han oído hablar de esos hogares.

b. ¿Qué aspecto de la comodidad, o "confort", NO se menciona en este artículo?
1. El calor o el frío.
2. La luz y todos los aparatos eléctricos.
3. El transporte hasta su hogar.

c. ¿Qué aspecto de la seguridad NO se menciona en este artículo?
1. Los ladrones no saben cuándo está la casa vacía.
2. Las amistades también son protegidas por las cámaras.
3. Protección contra incendios.

d. ¿Cuál de las siguientes afirmaciones NO es cierta?
1. Hacen falta varios controladores a distancia.
2. Puede controlarse toda la casa por Internet.
3. Aunque no esté Ud. en casa, puede ver lo que está pasando ahí.

2. Una especialista contesta a las preguntas de unos clientes interesados en un sistema domótico. Escucha y numera los objetos en el orden en el que aparecen en la conversación. La especialista es argentina, lo que explica el vocabulario utilizado.

1 calefacción

2 ventana

3 puerta

4 ordenador
5 móvil

6 televisión

3. Escucha otra vez y corrige la información equivocada de las siguientes afirmaciones.

a. La casa está iluminada cuando no hay nadie. Con los sensores de presencia, la iluminación no queda encendida donde no hay nadie.
b. Hace falta conectarse a Internet para saber cómo está la casa. Hay otros medios para saber cómo está la casa: por teléfono y el PC.
c. Los mandos no permiten controlar toda la casa de un simple vistazo. Sí lo permiten: permiten el control de todas las funciones de un vistazo. Queda encendida donde no hay nadie.
d. Si pierde el mando, tiene que usar botones. No, puede usar también el teléfono, el PC y otros sistemas.

Después de leer

• Practica en grupos. Vuelve a leer todas las características de confort y seguridad del "hogar inteligente" descrito. Se discute cuáles son las dos características más interesantes y cuáles las dos menos interesantes.

• Practica en grupos. Piensa en algún otro sistema, instalación o máquina que puede hacer más cómoda nuestra vida en casa. Redacta, junto con el grupo, una breve nota explicando qué es, para qué sirve y algunos detalles (cómo se maneja, cuánto cuesta, las ventajas que tiene, etc.). La clase escucha todos los proyectos y vota:
- el proyecto mejor presentado;
- el proyecto más original (¡aunque sea un poco loco!).

Tienda de artesanía en Ibiza
Islas Baleares. España

Unidad 11
En oferta

Competencias pragmáticas:

- Comprar en una tienda.
- Pedir permiso, pedir un favor.
- Conceder o denegar permiso con amabilidad.
- Valorar precios, prendas de vestir, objetos.
- Expresar la finalidad.

Competencias lingüísticas:

Competencia gramatical
- *Le / te / les / os importa* + *que* + Subjuntivo.
- *Le / te / les / os importa* + Infinitivo.
- Revisión de los pronombres personales átonos.
- *Para que* + Subjuntivo / *Para* + Infinitivo.

Competencia léxica
- Formas de pago.

Conocimiento sociocultural:

- Hábitos de consumo de los españoles.

A. En unos grandes almacenes

Lee y ESCUCHA.
Felipe va de compras a unos grandes almacenes.

1

Felipe:	*Por favor, ¿la sección de libros?*
Dependienta 1:	*En la planta baja, cerca de los ascensores.*
[...]	
Felipe:	*Perdone, estoy buscando la última...*
Dependiente:	*Lo siento, es que no soy de esta sección.*
Dependiente 2:	*¿Puedo ayudarle?*
Felipe:	*Sí, por favor. Estoy buscando la última novela de Vargas Llosa.*
Dependiente 2:	*Está en la sección de novedades.*
[...]	
Dependiente 2:	*Aquí tiene. Son 20 euros.*
Felipe:	*¿Le importa envolverlo? Es para regalo.*
Dependiente 2:	*Claro que no. Ahora mismo se lo envuelvo.*

2

Felipe:	*¡Oiga! ¿Podría ver ese reloj despertador?*
Dependienta 3:	*¿El que está al fondo?*
Felipe:	*Sí, ese grande con la esfera negra. ¿Le importa que pruebe la alarma? Es que quiero oír cómo suena.*
Dependienta 3:	*No faltaba más. Pruébela. No hay ningún problema.*
[...]	
Dependienta 3:	*¿Se lo lleva?*
Felipe:	*No, me lo voy a pensar. Gracias.*

3

Felipe:	*Quería cambiar esta chaqueta. Me está grande y no me gusta cómo me queda.*
Dependiente 4:	*¿Quiere cambiarla por otra de su talla?*
Felipe:	*No, prefiero que me devuelva el dinero.*
Dependiente 4:	*¿Cómo la pagó, en efectivo o con tarjeta?*
Felipe:	*Con tarjeta. Aquí tiene el ticket de compra.*
Dependiente 4:	*Gracias. Espere un momento.*

a. En la planta baja.
b. La última novela de Vargas Llosa.
c. 20 €.
d. Un reloj despertador.
e. Con tarjeta.
f. El reloj despertador.

Escucha otra vez y CONTESTA a las preguntas.

a. ¿Dónde está la sección de libros?
b. ¿Qué libro está buscando Felipe?
c. ¿Cuánto cuesta?
d. ¿Qué quiere probar Felipe?
e. ¿Cómo pagó la chaqueta?
f. ¿Qué artículo no compra?

- **Pedir un favor**
  A. *¿Podría envolverlo?*
  A. *¿Le importa abrirme la puerta?*
- **Pedir permiso**
  A. *¿Le importa que (yo) la pruebe?*
  A. *¿Podría ver ese móvil?*
- **Conceder**
  B. *Sí, por supuesto.*
  B. *¡No faltaba más!*
- **Denegar**
  B. *Lo siento, es que...*
  B. *Me temo que no es posible.*

Pronombres personales OI

me	nos
te	os
le	les

Para ayudarte

COMPLETA las frases con la respuesta.

¿Le importa hacernos una foto? > *¡Claro que no! Ahora mismo se la hago.*
¿Le importa que le haga una foto a su casa? Es que es muy típica. > *¡Claro que no! Hágala.*

a. • ¿Os importa que traiga una amiga a la fiesta?
   • Claro que no. ......Tráela....... .

b. • ¿Le importa pasarme la sal?
   • ¡No faltaba más! Ahora ...mismo se la paso... .

c. • ¿Te importa guardarme estos libros?
   • No hay problema. ...Ahora mismo te los guardo... .

d. • ¿Te importa que me lleve tu coche? Es que el mío está estropeado.
   • Pues no, ...llévatelo..... , pero ¡ten cuidado!

e. • ¿Les importa explicarme qué está pasando?
   • No, claro. Ahora ...mismo se lo explicamos... . Verá, es que...

f. • ¿Os importa que cuelgue aquí mi abrigo?
   • ¡Qué va! ......Cuélgalo..... . Hay mucho sitio.

Ampliación de la interacción oral:
Cada alumno escribe en un papel una lista de cinco cosas que se ha olvidado en casa (*el libro, un bolígrafo, el diccionario,* etc.) y cinco cosas que sí ha traído (objetos del mismo tipo, cosas útiles para la clase de español) y que, por lo tanto, puede prestar a otros compañeros. Cada alumno empieza a pedir al resto las cosas que le faltan:
A: Oye, ¿te importa prestarme un bolígrafo?
B: Lo siento. No tengo ninguno (no lo tiene en su lista).
El alumno A sigue pidiendo un bolígrafo hasta que encuentra a alguien que sí lo tiene:
C: Sí, por supuesto. Aquí tienes.
Opcionalmente, se puede convertir en un juego. El jugador que consigue todos los objetos que busca más rápidamente, gana.

Vuelve a leer el diálogo y SEÑALA en qué frases se pide un favor y en cuáles se pide permiso para hacer algo.

Se pide un favor: b, c, e
Se pide permiso: a, d, f

¿Qué dirías en estas situaciones? ESCRIBE tus respuestas.

a. Estás charlando en casa con unos amigos y quieres poner la tele porque ponen un programa que te interesa mucho. ¿Os importa que ponga la tele? Es que ponen un programa que me interesa mucho.

b. Estás en el restaurante y la persona que está a tu lado está fumando y a ti te molesta el humo. Quieres que apague el cigarrillo. ¿Le importa apagar el cigarrillo? Es que me molesta el humo.

c. Estás en una reunión y quieres una carpeta que está en la mesa, lejos de ti. Pídele a una señora que no conoces que te pase la carpeta. ¿Le importa pasarme esa carpeta, por favor?

d. Estás en una reunión con un cliente y te suena el móvil. A lo mejor es una llamada importante.
¿Le importa que conteste a la llamada? Es que creo que es importante.

PRACTICA en parejas. Pide permiso o un favor. Tu compañero contesta, concediendo o denegando.

B. Las rebajas

Lee y ESCUCHA.
David y Maribel van a unos grandes almacenes para comprar un DVD.

David :	*Oye, Maribel, ayer empezaron las rebajas en electrónica, ¿por qué no vamos a echar un vistazo?*
Maribel:	*Vale, a ver si encontramos alguna ganga.*
....	
Dependiente:	*Buenas tardes, señores, ¿qué desean?*
Maribel:	*Hola, buenas tardes, queríamos ver los DVD. ¿Están rebajados?*
Dependiente:	*Sí, hay algunos en oferta. ¿Cómo lo quieren?*
David:	*Bueno, queremos un aparato que esté bien. Me ha comentado un compañero que es mejor que lea vídeo-vcd.*
Dependiente:	*Sí, ahora la mayoría de las marcas lo leen.*
Maribel:	*¿Y se pueden ver las películas en su idioma original?*
Dependiente:	*Sí, claro, pero eso depende del disco, no del aparato. Miren, este sale muy bien de precio: lee vídeo, cds...*
Maribel:	*¿Y... para qué sirve este botón?*
Dependiente:	*Para que usted seleccione el idioma que desee.*
Maribel:	*¿Y cuánto cuesta?*
Dependiente:	*390 euros. Pueden pagarlo a plazos y además, tiene una garantía de un año.*
David:	*Maribel, ¿a ti qué te parece?*
Maribel:	*No sé, es un poco caro, pero parece que es bueno.*
David:	*De acuerdo, nos lo llevamos. Necesitamos que nos lo instalen, ¿es posible?*
Dependiente:	*Por supuesto, vengan por aquí...*

Antes de comenzar la sección:
Repase los exponentes funcionales habituales para las compras. Puede plantearles a los estudiantes preguntas que les fuercen a revisar los contenidos:
- ¿Qué se dice para preguntar el precio?
- ¿Qué se dice en español para pedir un artículo en una tienda?
- ¿Qué dice el dependiente cuando vas a pagar?
- ¿Qué dice el cliente cuando acepta la compra?

1 Escucha otra vez y CORRIGE las afirmaciones erróneas.

a. Maribel y David van a ver la sección de informática. Maribel y David van a la sección de electrónica.
b. Las rebajas comenzaron la semana pasada. Las rebajas comenzaron ayer.
c. El aparato está en oferta y tienen que pagarlo al contado. Hay algunos en oferta y pueden pagarlos a plazos.
d. El precio es de 730 euros. Cuesta 390 euros.
e. El DVD tiene una garantía de tres años. El DVD tiene una garantía de un año.

- **Hacer valoraciones. Verbo *ser***

A. *¿Qué te parece esta televisión?*
B. *Es barata / cara...*

A. *¿Qué opinas del lavavajillas?*
B. *Me gusta. Es ecológico / grande...*

- **Hablar del precio. Expresiones con *estar***

A. *¿Y cuánto cuesta?*
B. *Está muy bien de precio / Está rebajado.*

A. *¿A cuánto están los tomates?*
B. *Están de oferta. A 1,25 euros el kilo.*

Para ayudarte

2 RELACIONA los términos con sus explicaciones.

1. Pagar a plazos
2. Tener garantía
3. Ganga
4. Descuento
5. En efectivo
6. Al contado

a. Reducción en el precio de una compra.
b. Pagar una compra de manera fraccionada.
c. Pagar el producto en el momento de la compra.
d. Reparación gratuita de la compra en caso de desperfecto.
e. Un producto de precio muy rebajado.
f. Pagar el producto con dinero, en metálico.

3 ESCUCHA las conversaciones y completa la información.

	1	2	3
a. ¿Dónde están?	En una tienda de decoración	En el departamento de regalos	En el departamento de regalos
b. ¿Qué quiere comprar?	Un jarrón para regalar	Un regalo para unos amigos	Un regalo para el día de la madre
c. ¿Cuánto cuesta?	20 euros	182 euros	El bolso cuesta 50 euros.
d. ¿Lo compra o no?	Sí	No	Sí

1 

2 

3 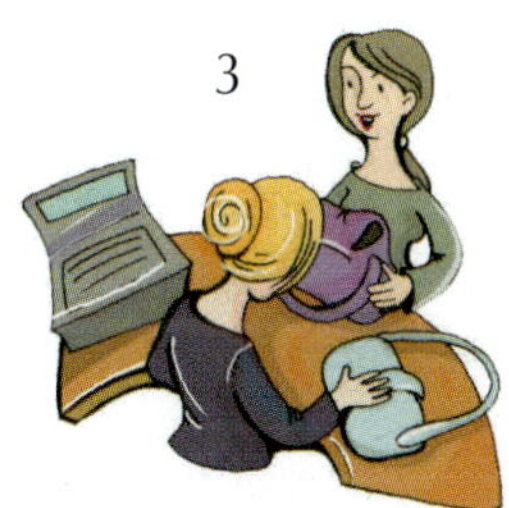

4 PRACTICA en parejas. Tienes que comprar más cosas para tu casa. Tu compañero es el dependiente. Representa el diálogo en unos grandes almacenes.

Actividad libre.

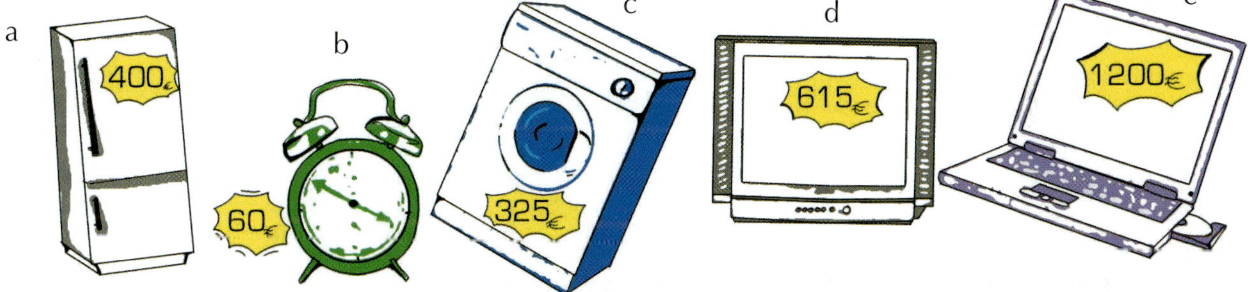

• Expresar la finalidad

A. *¿Para qué sirve este botón?*
B. *Para seleccionar el idioma de la película.*

A. *¿Para qué quiero yo este ordenador, Nuria?*
B. *Lo he comprado para que trabajes mejor.*

Para ayudarte

Para fijar la estructura *para* + Infinitivo, primero escriba en la pizarra "¿Para qué estudias español?". Los estudiantes irán respondiendo según sus opciones. Luego, para la estructura *para que* + Subjuntivo, escriba "Ernesto le ha dado a su hijo 50 € para que..." y pida que completen la frase: *se compre un libro, vaya a la discoteca, lo ingrese en el banco, compre un CD*, etc.

5 Ahora, RELACIONA las descripciones con algunos de los objetos de la actividad anterior.

1. Te he comprado un despertador...
2. Para que no te molesten los ruidos,...
3. Te he regalado una televisión...
4. Les han dado dinero...
5. Para mantener frescos los alimentos...
6. Nos vamos a la playa...

a. para que puedas ver tus películas preferidas.
b. lo mejor es que compres una nevera nueva.
c. para que se callen y no protesten más.
d. para que no llegues tarde a clase.
e. para descansar.
f. cierra todas las puertas y ventanas.

Contenidos gramaticales

Pedir favores, pedir permiso

• *¿Te / le / os / les + importa* + Infinitivo? (mismo sujeto)
Se utiliza para pedir favores, especialmente en situaciones formales o semi-formales.
¿Te importa coger el teléfono? Es que yo no puedo.

• *¿Te / le / os / les + importa + que* + Subjuntivo? (distinto sujeto)
Se utiliza para pedir permiso, especialmente en situaciones formales o semi-formales.
¿Te importa que me lleve tu paraguas? Es que está lloviendo y no he traído el mío.

1 COMPLETA las frases con el verbo en Infinitivo o en Subjuntivo. No olvides la conjunción *que* cuando sea necesaria.

a. • Fernando, ¿te importa *hacer* la comida hoy? Yo volveré tarde.
• Vale.
b. • Niños, os importa ....bajar......... la tele, me duele la cabeza. (bajar)
• Vale.
c. • Sr. Serrano, ¿le importa ....que salga... hoy antes? Es que tengo que hacer un recado. (salir)
• No se preocupe. No hay ningún problema.
d. • Natalia, ¿te importa .....llamar..... por teléfono al distribuidor del material de oficina? Yo estoy muy ocupada. (llamar)
• Sí, ahora mismo.
e. • Señores, ¿les importa ....que abra.... la ventana para que entre un poco de aire? (abrir, yo)
• Por mí no hay problema.
• Por mí tampoco.
f. • Camarero, por favor.
• Sí, dígame.
• ¿Le importa .....bajar..... el aire acondicionado? Está demasiado fuerte. (bajar)
• Ahora mismo. No hay problema.

Expresión de la finalidad

• *Para* + Infinitivo (mismo sujeto)
Aquí estamos para trabajar, no para charlar.

• *Para que* + Subjuntivo (distinto sujeto)
Le he comprado un despertador para que no llegue tarde al trabajo.
(yo) (él)

• En las preguntas introducidas con *Para qué...* el verbo siempre va en Indicativo.
A. *¿Para qué has llamado a tu jefe?*
B. *Para decirle que mañana no voy a ir a trabajar.*

2 SUBRAYA la opción correcta.

a. Llamaron para que *digas* / *decir* que nos había tocado un viaje a Mallorca.
b. No debes tomarte estas pastillas para *que adelgaces* / *adelgazar*.
c. En esta empresa trabajamos para *mejorar* / *que mejore* su vida.
d. Te presto mi libro de verbos para *que estudies* / *estudiar* este fin de semana.
e. ¿Para qué *quieras* / *quieres* un diccionario de japonés?
f. Voy a casa de Luis para que le *pida* / *pedirle* un CD de Ricky Martin.

Pronombres personales de Objeto Directo e Indirecto

	Pronombres personales de Objeto	
	Objeto Directo	Objeto Indirecto
(Yo)	me	me
(Tú)	te	te
(Él/ella/Ud.)	lo – la – (le)	le (se)
(Nosotros/as)	nos	nos
(Vosotros/as)	os	os
(Ellos/as/Uds.)	los – las – (les)	les (se)

Los Pronombres personales van habitualmente antes del verbo, excepto cuando el verbo está en Imperativo, Infinitivo o Gerundio, que van detrás:

Díselo.
Estoy haciéndolo o *lo estoy haciendo.*
¿Puedo sentarme? o *¿Me puedo sentar?*

Cuando los Pronombres Objeto Indirecto *le* o *les* van seguidos de *lo, la, los, las,* se convierten en *se*:

A. *¿Le has dado el libro a la profesora?*
B. *Sí, ya ~~le~~ lo he dado.*
se

COMPLETA con los pronombres adecuados.

a. Papá ¿puedes *darme* 30 euros? No tengo nada para salir.
b. • ¿Has visto a Joaquín y Elena?
 • No, no ...los... he visto desde hace tiempo.
c. • ¿...Le... has pagado el recibo al portero?
 • No, ...se... ...lo... pagaré mañana.
d. • ¿Qué ...le... vas a regalar a tu novia para su cumpleaños?
 • Ya ...le... he comprado un reloj muy bueno, pero no ...se... ...lo... digas, es una sorpresa.
e. • No ...le... digas a nadie que ...me... has visto aquí, ¿vale?
 • No ...te... preocupes, seré una tumba.
f. Cuando llame Rocío, di...le... que mañana iré a verla.
g. El niño está enfermo, tienes que llevar...lo... al médico.
h. ¿A vosotros ...os... ha invitado Pablo a su casa? A nosotros, no.
i. Para comprarnos el piso ...nos... han prestado dinero los padres de Lucía.

Lengua en uso

1 LEE este artículo y elige la opción correcta.

Compras por Internet

Parecía que el uso de las tarjetas de crédito había alcanzado ya su máximo, pero el aumento de las ventas por Internet ha producido un incremento espectacular en el uso del dinero electrónico, como también se llama a las tarjetas de débito, y también de las tarjetas de crédito de uso más común. La diferencia del dinero electrónico es que los cargos en cuenta corriente se realizan inmediatamente. Con las tarjetas de crédito todo el dinero que se va gastando se acumula y se carga en la cuenta al final del mes. Mucha gente encuentra este sistema más cómodo, porque en el extracto del final del mes aparecen todos los cargos juntos. Sin embargo, otros opinan que la tarjeta de débito es mejor porque, dado que se carga al instante, el comprador sabe siempre cuánto dinero le queda disponible y, por lo tanto, es más fácil controlar los gastos. De cualquier manera, las ventas por Internet han producido cambios considerables:

- Más del 85% de las compras que se realizan a través de Internet en España se pagan con tarjeta de crédito o débito, según datos de la Comisión del Mercado de las Telecomunicaciones (CMT). Este porcentaje es muy elevado si se tiene en cuenta que el año pasado los pagos con tarjeta apenas se utilizaban en la mitad de las transacciones, concretamente en el 53% de los casos al final de 2002.
- Respecto a la seguridad en las transacciones, el 45% de ellas se realizan mediante una comunicación segura.
- Del conjunto de las operaciones efectuadas, casi la mitad corresponde a compras realizadas en el extranjero (unas 698.000 en el segundo trimestre de 2003), lo que supone un importe de 58,5 millones de euros, de los cuales el 23,6% corresponde a Estados Unidos, el 67,7% a la Unión Europea y el 2,2% a América Latina.

(Extraído de www.portalgsm.com)

Según el nivel de comprensión de la clase, decida si conviene hacer una presentación previa de las palabras más difíciles del texto de lectura. En la mayoría de los casos, la dificultad viene dada por tratarse de palabras formales, y resulta fácil encontrar sinónimos más accesibles. Así, por ejemplo, para palabras como "transacciones" se podría emplear *compras o ventas*; "incremento" equivaldría a *subida, alza*, etc.

1. Reducir el dinero en una cuenta bancaria para pagar una factura se llama ......cargar...... en cuenta.

2. Si quieres saber en cada momento cuánto dinero te queda, es mejor que uses...
☐ dinero. ☒ una tarjeta de débito. ☐ una tarjeta de crédito.

3. "Apenas la mitad" de 100 equivale a:
☐ Cualquier cifra inferior a 50. ☐ Siempre más de 50. ☒ Aproximadamente 50.

4. ¿Qué ha subido mucho en España?
☐ Las ventas por Internet. ☒ El uso de tarjetas. ☐ Las ventas con tarjeta.

5. Las compras desde América Latina fueron:
☒ Escasas. ☐ Enormes. ☐ Mayores que en otros lugares.

2 Escucha a estas personas que están en tiendas diferentes y CONTESTA a las preguntas.

1. ¿Por qué cree el cliente que su tarjeta está bien?
☐ Es nueva. ☒ La ha usado hace poco tiempo. ☐ Nunca ha tenido problemas.

2. ¿Qué solución propone el dependiente?
☐ Ir a otra tienda. ☐ Volver otro día. ☒ Comprar unas zapatillas parecidas.

3. ¿Cómo se informa a los clientes sobre las devoluciones?
☒ Hay un cartel. ☐ Los dependientes informan. ☐ En los paquetes de los programas.

4. ¿Para quién es el producto que quiere comprar el cliente?
☐ Para ella misma. ☐ Para su marido. ☒ Para su hija.

ESCUCHA otra vez e identifica cuál es el problema en cada uno de los cuatro diálogos. ¿Con qué dibujo relacionarías cada diálogo?

1. Rechazan la tarjeta. - b
2. En esta tienda ya no les quedan zapatillas como las que quiere el cliente. - d
3. El cliente no entiende cómo funciona el juego. - a
4. La cliente quiere probar un juguete. - c

a

b

c

d

4 **PRACTICA en parejas. Quieres comprarte un móvil. Estás en una tienda de telefonía móvil y tu compañero es el dependiente. Tienes que preguntar por los precios, las funciones de cada uno y las formas de pago.** Actividad libre. Se trata de que los alumnos revisen todos los contenidos funcionales de la unidad a partir de un juego de rol que transcurre en una tienda de telefonía móvil.

5 **Has tenido un problema con el cliente. ESCRIBE un informe resumiendo lo que ocurrió como si fueras el / la dependiente.**

Centro Comercial Las Matas

Parte de Incidencias

Vendedor/-a: ....

Fecha: ....

Descripción de la incidencia:

Ayer entró un cliente y me pidió...

Solución o decisión tomada:

....

....

Taller [¿Cómo son los consumidores españoles?]

Antes de leer

1. ¿Qué clase de consumidor eres tú? Marca en las casillas del recuadro, según tus gustos. Hay que cubrir todas las calificaciones, desde "lo más importante" hasta "lo menos importante". Sólo pueden tener la misma calificación dos columnas.

	Precio bajo	Buena calidad	Diseño de moda	Marca conocida	Tienda cercana y cómoda
Lo más importante					
Bastante importante					
Poco importante					
Lo menos importante					

2. Discute en parejas: ¿Eres o has sido alguna vez un consumidor impulsivo?, ¿qué tipo de cosas compras cuando estás deprimido?, ¿son cosas útiles?, ¿te arrepientes luego de lo que has comprado?

La lectura

El dicho "Tanto gastas, tanto eres" significa que cuanto más gasta una persona, más importante es. Los españoles no se han distinguido tradicionalmente por su propensión al ahorro, precisamente. Al contrario, tienen fama de gastar más de lo que tienen. Como todos los tópicos, este también será falso en gran medida, pero en el subconsciente colectivo español es peor pecado ser tacaño que ser despilfarrador.

1. Lee el texto sobre los consumidores españoles y contesta verdadero (V) o falso (F). Corrige la información errónea.

¿Cómo son los consumidores españoles?

No somos muy caprichosos, pero ir de tiendas... nos hace felices.

Prudentes, pragmáticos, poco dados a los caprichos, infieles, forofos de la calidad y especialmente sensibles al trato que reciben en los establecimientos donde hacen las compras. Son consumidores básicamente felices y contentos. Así se desprende del último "Observador de la Distribución", una macroencuesta europea realizada por el Banco Cetelem*.

Según el estudio de Cetelem, los ciudadanos españoles piensan que consumir es una forma de mostrar el estatus social y dan razón al dicho "tanto gastas, tanto eres".

Más de la mitad de los españoles comparte la idea de que consumir es una forma de realización personal. Veamos un ejemplo de lo que una familia media española hace un sábado por la mañana en su centro comercial predilecto. Entre sus planes está comprar un DVD, un chándal para el niño, unos zapatos para ella... ¿Cómo afrontarán sus compras? Para empezar, según el estudio, y tras reflexionar un poco, no harán demasiado caso a la publicidad (sólo se siente influido el 35%). A continuación, esta familia tipo buscará el mejor sitio para obtener el precio justo. Eso sí: estará dispuesta a pagar más caro para obtener calidad.

Dentro de los criterios de elección de una tienda, valorará mucho el entorno agradable del comercio y la presentación de los productos. Porque, como explica Salvador Maldonado, "en España, la puesta del producto en la tienda es un factor determinante de la compra".

[...]

Lo que a los españoles más les preocupa de un producto es la seguridad. Es decir, que los productos sean de calidad (93%), que tengan garantías de seguridad e higiene (91%), e incluso, en un alarde de conciencia ecológica, que garanticen la preservación y el medio ambiente (87%).

¿Prefieren los españoles comprar marcas conocidas? Un 72% es sensible a la garantía de la marca. ¡Ah! Y el vino, que sea de Rioja, el lomo de Guijuelo y los polvorones de Estepa. Porque si hay que elegir, que sea de aquí (71%), que está más bueno.

(Texto extraído del *Magazine*, de *El Mundo*, nº. 224, 2003)

* Banco Cetelem: es el líder europeo del crédito al consumo. Lleva trabajando desde hace 15 años en España.

	V	F
a. A los españoles les preocupa más la seguridad que la calidad de los productos.	☐	☒
b. Los consumidores españoles son caprichosos, idealistas y arriesgados.	☐	☒
c. La mitad de los españoles se siente influido por la publicidad.	☐	☒
d. La forma de consumir revela la forma de ser.	☒	☐
e. Los consumidores valoran el trato y la forma de presentación del producto.	☒	☐

2. ¿Estás de acuerdo con el dicho "tanto gastas, tanto eres"? ¿Por qué? ¿Te dejas influenciar mucho por la publicidad a la hora de ir de compras? ¿Te influye mucho el aspecto de la tienda y cómo está expuesto el artículo?

Después de leer

- Consulta la tabla sobre los hábitos de consumo de los españoles. Pregunta a tus compañeros por sus hábitos de consumo y prepara una estadística similar. ¿Qué diferencias encuentras?

Hábitos de consumo de los españoles

¿Qué piensa comprar en los próximos 12 meses?

(Según prioridades)

1. Ropa	87,0 %
2. Complementos del hogar	57,0 %
3. Viajes	51,3 %
4. Equipamiento para el deporte	33,8 %
5. Muebles	26,4 %
6. Informática	23,9 %
7. Electrodomésticos	16,5 %
8. Telefonía móvil	15,5 %

Fuente: El Observatorio de la Distribución (Cetelem, 2003)

- Practica en grupos. Prepara una encuesta sobre los hábitos de consumo en vuestro país. Tenéis que descubrir qué tipo de consumidores sois. Hay que preguntar al mayor número posible de gente y después redactar un breve artículo resumiendo los resultados de la encuesta.

Fachada principal de la Universidad
Salamanca. España

Unidad 12
Consejos

Competencias pragmáticas:

- **Formular condiciones poco probables.**
- **Expresar deseos.**
- **Expresar la opinión.**
- **Aconsejar.**

Competencias lingüísticas:

Competencia gramatical
- **Oraciones condicionales (II): *Si* + Pretérito Imperfecto de Subjuntivo + Condicional.**
- ***Me gustaría* + Infinitivo; *Me gustaría* + *que* + Pret. Imperfecto de Subjuntivo.**
- ***Creo que* + Indicativo / *No creo que* + Subjuntivo.**
- **Pretérito Imperfecto de Subjuntivo. Verbos irregulares.**

Competencia léxica
- **Relaciones personales.**
- **Etapas educativas.**

Conocimiento sociocultural:

- **El sistema educativo español.**

Antes de comenzar la sección:
El profesor piensa en una serie de circunstancias verdaderas ("Hoy es martes, hace buen tiempo, estamos en clase", etc.) y comenta lo que pasaría si las circunstancias fueran distintas ("Si estuviéramos en la playa, me bañaría en el mar", etc.) A continuación, formula preguntas del mismo tipo a fin de que los alumnos empleen el Pretérito Imperfecto de Subjuntivo en oraciones condicionales:

Profesor: ¿Y tú, qué harías si fuera domingo?
Alumno: Si fuera domingo, yo me iría a jugar al tenis.

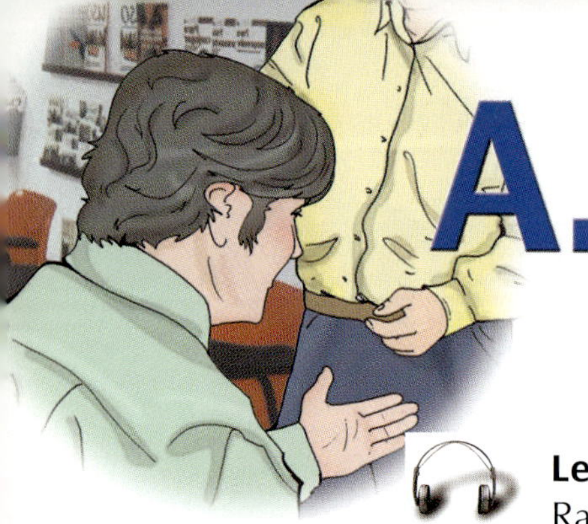

A. Opciones

Lee y ESCUCHA.
Ramón está preocupado porque tiene que tomar una decisión importante.

En el diálogo aparecen expresiones que pueden requerir de una explicación: un problema "gordo" es un problema complicado, grave. La exclamación "¡Hombre!" suele emplearse con varios significados. Aquí aparece dos veces. En ambos casos indica que lo que se va a decir es evidente o está muy claro. "Hacer caso" a alguien es prestarle atención o seguir su consejo.

Felipe: *¿Qué te pasa, Ramón? Te noto raro estos días.*
Ramón: *Es que tengo un problema bastante gordo y no sé qué hacer.*
Felipe: *Si quieres, podemos hablar de ello.*
Ramón: *Pues el caso es que mi novia tiene una oferta de trabajo en Suecia. Dice que es una gran oportunidad y no quiere dejarla pasar. La cuestión es: ¿qué hago yo? Podría ir a Suecia con ella, pero si me fuera, sería muy difícil para mí encontrar trabajo allí.*
Felipe: *Hombre, yo creo que puedes intentarlo. Si no encontraras trabajo, siempre podrías volver.*
Ramón: *Ya, pero si dejara el trabajo que tengo ahora lo perdería. Tendría que volver a empezar en otra empresa.*
Felipe: *Pero ¿a ti qué te gustaría?*
Ramón: *Hombre, a mí me gustaría que Esther se quedara aquí. No me gustaría perderla. Y si nos separáramos, la perdería seguro.*
Felipe: *Yo en tu lugar, hablaría con la jefa. A lo mejor puede darte un permiso especial para que vayas unos meses a Suecia y pruebes suerte.*
Ramón: *No creo que me dé permiso.*
Felipe: *Hazme caso. Por intentarlo no pierdes nada.*

  **Escucha otra vez y CONTESTA.**

a. ¿Cuál es el problema de Ramón?
1. Su novia ha encontrado trabajo.
2. Él ha encontrado otro trabajo.
3. Va a perder su trabajo.

b. ¿Qué pasaría si Ramón fuera a Suecia?
1. Trabajaría demasiado.
2. Tendría un trabajo muy interesante.
3. Quizá no encontraría trabajo.

c. ¿Qué propone Felipe?
1. Que Ramón busque otro trabajo.
2. Que se quede y espere.
3. Que vaya a Suecia para probar.

d. ¿Qué problema encuentra Ramón en la solución de Felipe?
1. Que no podría volver.
2. Que perdería su trabajo actual.
3. Que necesitaría el permiso de su novia.

e. ¿Es optimista Ramón respecto al permiso?
1. Cree que no se lo dará.
2. Cree que se lo dará.
3. Está seguro de que se lo dará.

- **Formular hipótesis poco probables**

A. *¿Cuál es el problema si te vas?*
A. *Bueno, si no encontraras trabajo, siempre podrías volver.*
B. *Si yo me fuera, sería difícil encontrar trabajo.*
B. *Ya, pero no es tan fácil. Volvería sin trabajo.*

ara ayudarte

(Pr. Imp. Subj.) IRREGULARES
SER / IR (fui) > fuera, ...
TENER (tuve) > tuviera, ...
PONER (puse) > pusiera, ...
HACER (hice) > hiciera, ...

2 Estas personas tienen problemas. SEÑALA la opción correcta para cada hipótesis.

Si ganara / ganaría más dinero, Felipe podría / pudiera comprar un piso.

a. Si Silvia trabajara / *trabajaría* menos podría / *pudiera* tener más amigos.
b. Si Sandra comiera / *comería* mejor no estaría / *estuviera* tan delgada.
c. Ramón no estaría / *estuviera* triste si su novia no se fuera / *iría* a Suecia.
d. Iker sacaría / *sacara* mejores notas si hiciera / *haría* los deberes.
e. Si pusiera / *pondría* más atención, Leticia entendería / *entendiera* a su profesor.

3 IMAGINA que estos titulares fueran ciertos. ¿Qué cosas cambiarían?

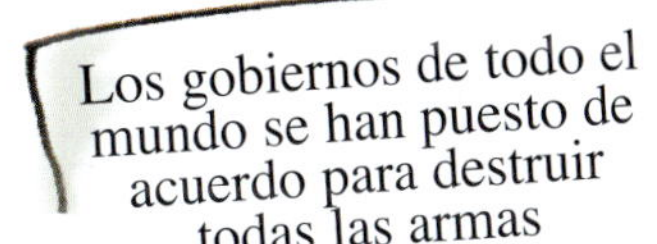

Se ha inventado un automóvil que funciona con agua
Los gobiernos de todo el mundo se han puesto de acuerdo para destruir todas las armas

Posibles respuestas:
Si los automóviles funcionaran con agua, habría menos contaminación / conducir sería más barato.
Si los gobiernos de todo el mundo se pusieran de acuerdo para destruir todas las armas, no podría haber guerras / se ahorraría mucho dinero.

4 PRACTICA en parejas. Pregunta a tu compañero qué pasaría en ciertos casos. Piensa en cinco casos más y coméntalo. Actividad libre.

A • *¿Qué pasaría si se descubriera una vacuna contra el SIDA?*

B • *Si se descubriera la vacuna, se salvaría la vida de muchas personas.*

- **Expresar deseos poco probables**

A. *No sé qué hacer con mis padres. Son muy mayores.*
B. *(A mí) Me gustaría ayudarte pero no sé cómo. (mismo sujeto)*

A. *Tenéis que ayudar a Juan; está muy preocupado por lo de su hijo.*
B. *(A nosotros) Nos gustaría que Juan hablara con nosotros pero no va a querer. (distinto sujeto)*

ara ayudarte

5 PRACTICA en grupos. Expresa deseos contestando a las preguntas. Actividad semilibre.

- ¿Dónde te gustaría estar ahora?
- ¿Qué personaje histórico / de película te gustaría ser?
- ¿En qué época de la historia te gustaría vivir?
- ¿Con quién te gustaría cenar?
- ¿Qué objeto te gustaría poseer?
- ¿Dónde te gustaría trabajar?

6 Expresa deseos para las situaciones siguientes. ESCRIBE tus respuestas.

No llueve desde hace mucho tiempo. > *Me gustaría que lloviera.*

a. Tus amigos nunca te han hecho una fiesta sorpresa.
b. Nadie te regala joyas / un reloj de oro.
c. Nunca has vivido una aventura.
d. No conoces a la familia de tu novio/a.

B. El psicólogo aconseja

1 **Lee las consultas que plantean diferentes personas y RELACIONA las respuestas del psicólogo con cada problema.** A - 2 B - 1

A

Italiano a distancia

Hace un año y medio que salgo con un italiano con el que me lo paso muy bien. Es atento, educado y muy divertido. Ahora bien, cada vez que le planteo la posibilidad de vivir juntos, me dice que la mejor manera de seguir una buena relación es dejarla así. Le he preguntado si existe otra mujer y me ha dicho que no. ¿Qué hago? Me cuesta mucho tomar decisiones. ¿Le obligo a decidirse o me olvido de todo y seguimos como si nada, él en Florencia y yo en España?

B

Mala estudiante

Tenemos una hija de 18 años y serios problemas con ella y sus estudios. Le va mal en el instituto: está haciendo el bachillerato y no estudia nada. Además se lleva muy mal con sus profesores, especialmente con una profesora. El otro día le faltó al respeto y la profesora la mandó al despacho de la directora. La verdad es que no sé qué hacer con ella, cómo explicarle que debe respetar a los demás, especialmente a sus profesores. Ayúdeme.

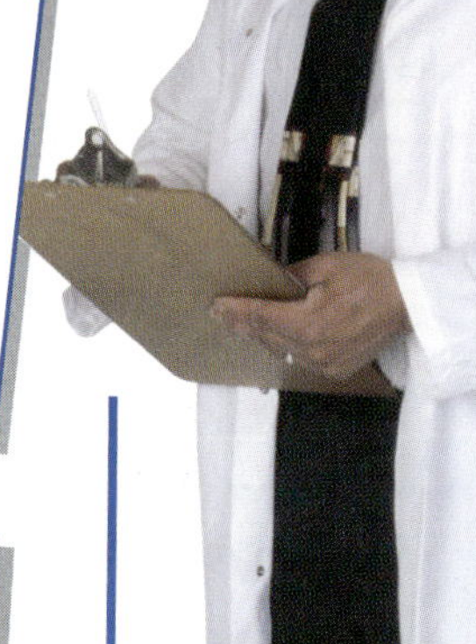

1

RESPUESTA

Tu hija es una persona adulta y te agradecerá que empieces a tratarla como tal. Ya no es una niña pequeña, es ella quien controla su vida, y si quiere conseguir algo, tendrá que poner esfuerzo de su parte. Yo, en tu lugar, le diría que estás ahí para ayudarla, pero si quiere algo, debe empezar por respetar y seguir las normas sociales para conseguirlo.

2

RESPUESTA

En general, a todos los hombres les cuesta trabajo dar el paso de irse a vivir con otra mujer, y parece que tu novio italiano es de esos. Así que la decisión es totalmente tuya, no puedes obligarle a vivir contigo si no quiere. Si tu deseo es compartir la vida con alguien, debes dejarlo y buscar otra persona más interesada en la convivencia. Si no es tan fuerte tu deseo, resígnate a dejarte el sueldo en aviones.

Pregunte a sus estudiantes si han escrito alguna vez cartas de este tipo. También puede pedirles que hagan un perfil de las personas que suelen escribir estas cartas. Después de darles tiempo para leerlas, prepare algunas preguntas para comprobar la comprensión: "¿Qué desea la chica de la carta A?" "¿Qué dice sobre su carácter?" "¿Qué les ocurre generalmente a todos los hombres?" "¿Cuál es el problema fundamental de la chica de 18 años?".

• **Expresar la opinión**

A. *¿Y qué te parece Jaime?*
B. *Pues yo creo que es un chico muy inteligente.*

A. *Voy a dejar el trabajo. No puedo más.*
B. *¿Estás segura? No creo que sea la mejor solución.*

Para ayudarte

2 Lee el texto otra vez y RELACIONA cada expresión con su significado.

1. Pasárselo bien.
2. Llevarse bien / mal.
3. Costar mucho / poco.
4. Irle bien / mal.
5. Dar el paso.
6. Faltar al respeto.

a. Decidirse a hacer algo.
b. Hacer algo con esfuerzo o dificultad.
c. Divertirse.
d. Ser maleducado con alguien.
e. Tener éxito o fracasar en algún trabajo o actividad.
f. Tener buena o mala relación con alguien.

3 COMPLETA las frases con una de las expresiones de la actividad anterior.

a. • María, ¿sabes algo de Julián?
 • Sí, estuve la semana pasada cenando con él. .....Le va..... muy ....mal.......; su novia le ha dejado, le han echado del trabajo y tiene que cambiar de piso.

b. • ¿Sabes que Luisa y Jorge se han separado?
 • No me extraña, ...se llevaban......... muy mal.

c. El fin de semana hemos estado con nuestros amigos en la sierra y .nos lo hemos pasado. muy ...bien... .

d. Antes, por ...faltar al respeto... a un profesor, te castigaban muy duramente.

e. Ayer estuve en una cena de compromiso y me llevaron a un restaurante vegetariano. Ya sabes que no me gustan nada. .....Me costó mucho..... pero me lo comí todo.

f. • Bueno, Fernando, al final ¿cuándo te casas?
 • ¡Uf! No sé, llevamos ocho años saliendo y mi novia todavía no se atreve a ....dar el paso......... .

4 PRACTICA en grupo. Escribe en tres o cuatro líneas un problema en un papel y pásaselo a tu compañero. Él escribe una breve respuesta en otro papel. Luego entrega los papeles al profesor. Él los va leyendo y entre toda la clase se adivina qué respuesta pertenece a cada problema.

Actividad libre.

• Pedir y dar consejos

A. *No sé qué puedo hacer con mi madre. Está muy enferma, no puedo ocuparme de ella y no encuentro a nadie que me ayude. ¿Tú que harías?*
B. *Yo en tu lugar, preguntaría en la Seguridad Social si hay algún servicio que te ayude.*

Para ayudarte

5 Un amigo te consulta porque tiene problemas. RESPONDE usando la pista, como en el ejemplo.

Nunca tengo dinero para las vacaciones. (ahorrar) > Yo en tu lugar ahorraría dinero.

a. No sé si mi novio me quiere. (preguntar) Yo en tu lugar, le preguntaría.
b. Duermo mal por las noches. (baño caliente) Yo en tu lugar, tomaría un baño caliente.
c. No tengo amigos. (salir más) Yo en tu lugar, saldría más.
d. Me llevo mal con mi jefe. (hablar) Yo en tu lugar, hablaría con él.
e. No me gusta la casa donde vivo. (trasladarse) Yo en tu lugar, me trasladaría.

6 PRACTICA en parejas. Cuenta un problema parecido a los del ejercicio anterior y tu compañero responde. Actividad libre.

A • *No sé qué billete de avión comprar.*

B • *Yo en tu lugar, miraría en Internet.*

Contenidos gramaticales

Condicionales irreales o poco probables

> • *Si* + Pret. Imperfecto de Subjuntivo + Condicional.
> Se usa cuando el cumplimiento de la condición es poco probable o imposible.
>
> *Si tuviera dinero, me compraría un coche nuevo.*

1 COMPLETA las frases con el verbo en la forma adecuada.

a. *Tendríamos* un hijo si yo tuviera un trabajo menos estresante. (tener)

b. Si ...encontrara... un mueble bonito para el salón, lo compraría. (encontrar)

c. Si no trabajaras tanto, ...podrías... ocuparte más de tu familia. (poder)

d. Si ...fuera... más joven, me iría a vivir a otro país. (ser)

e. Si tú quisieras, ...podrías... tener mucho dinero. (poder)

f. Iría a verte más a menudo si ...vivieras... más cerca de mi casa. (vivir)

2 FORMA frases condicionales como en el modelo.

a. *Poder / hacer un viaje (yo)* — *Si yo pudiera, haría un viaje.*

b. Ser actor / no vivir en Hollywood. (yo) — Si yo fuera actor, no viviría en Hollywood.

c. No hacer frío / ir a la playa. (nosotros) — Si no hiciera frío, iríamos a la playa.

d. Tener tiempo / aprender chino. (yo) — Si tuviera tiempo, aprendería chino.

e. Mis padres vivir aquí / ir a verlos a menudo. (yo) — Si mis padres vivieran aquí, iría a verlos a menudo.

f. Tú querer / comprar una casa. (nosotros) — Si tú quisieras, nos compraríamos una casa.

g. Poder / dejar este trabajo. (yo) — Si yo pudiera, dejaría este trabajo.

Expresar deseos

> • *Me gustaría* + Infinitivo (mismo sujeto)
>
> *Me gustaría ir al partido del domingo entre el Real Madrid y el Barcelona.*
>
> • *Me gustaría* + *que* + Pretérito Imperfecto de Subjuntivo (distinto sujeto)
>
> *Me gustaría que mis hijos se casaran pronto.*
> (A mí) (ellos)

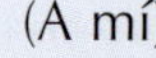

SUBRAYA el verbo adecuado.

a. A Julián le gustaría _cambiar_ / *que cambiara* de empresa.

b. A nosotros nos gustaría _comprarnos_ / *que compráramos* un piso nuevo.
c. A Ernesto le gustaría _aprender_ / *que le aprendieran* a jugar al golf.
d. A mí me gustaría que mis alumnos *llegar* / _llegaran_ siempre puntuales.
e. A ellos les gustaría que su hijo *ser* / _fuera_ piloto.
f. A Ángel y Susi les gustaría _cambiar_ / *que cambiaran* de piso.

COMPLETA las frases con un verbo del recuadro en la forma adecuada.

ser	ganar	venir	haber	ayudar	quedarse	acabar

a. A los vecinos les gustaría que su hijo Roberto *acabara* pronto la carrera de Ingeniería Industrial.

b. A nosotros nos gustaría que tú ......vinieras...... a vernos más a menudo.
c. A mí no me gustaría ....quedarme.... sin vacaciones en agosto por culpa de los retrasos.
d. ¿A vosotros os gustaría que ......ganara...... las elecciones otra vez el mismo partido?
e. A ella le gustaría que su marido la ......ayudara..... en las tareas de la casa.
f. A todos nos gustaría que no ......hubiera...... tantas guerras en el mundo.
g. A él le gustaría que su jefe no ....fuera....... tan exigente.

Expresar la opinión

• *Yo creo que* + Indicativo
Yo creo que Rafael es muy inteligente.

• *Yo no creo que* + Subjuntivo
Yo no creo que sea tan inteligente.

Con verbos de opinión como *creer, parecer, pensar,* etc. la frase subordinada lleva el verbo en Subjuntivo cuando la frase principal es negativa.

COMPLETA las frases con la forma adecuada del verbo.

a. Ellos creen que su equipo *será* campeón de Liga otra vez. (ser)

b. Luisa cree que su marido ......tiene...... algún problema con su jefa. (tener)
c. Yo no creo que Rosa ......esté...... deprimida, sólo está un poco triste. (estar)
d. ¿Tú crees que el marido de Silvia ....gana.... tanto dinero como dice ella? (ganar)
e. Yo no creo que Jorge y Carmen ......tengan...... dinero para comprarse un piso nuevo. (tener)
f. Ella no cree que Fernando ......pueda...... acabar el Bachillerato este año; no estudia nada. (poder)
g. Nosotros creemos que el próximo año nos ......darán...... la subvención que hemos pedido. (dar)
h. Yo no creo que Felipe ......venga...... hoy a la fiesta. Ya es muy tarde. (venir)

Lengua en uso

1 **El buzón de voz de Sandra se llenó ayer de problemas. ESCUCHA y ayuda a Sandra a contestar. Relaciona cada mensaje de voz con las personas que lo enviaron.**

Mensaje 2

a

Mensaje 4

b

Mensaje 1

c

Mensaje 3

d

2 **Ahora escucha otra vez y ESCRIBE una breve frase debajo de cada dibujo explicando lo que pasa.**

a. Juan está muy raro. Está tristísimo, puede ser una depresión.

b. Hace falta alguien para trabajar en Estocolmo durante tres meses.

c. Tania es joven, no tiene trabajo y no estudia. Quiere vivir sola.

d. El tío Ernesto no sabe qué regalar a la tía Pilar.

3 **¿Cuál de las siguientes frases emplearías para aconsejar a las personas que han dejado mensajes en el buzón de Sandra? SEÑALA tu respuesta. ¿Qué otras cosas les dirías a cada uno? Completa con tus consejos.**

a. ¿Por qué no le preguntas lo que quiere?
b. Debes contárselo todo a tus padres inmediatamente.
c. Yo en tu lugar, la buscaría y hablaría tranquilamente con ella.
d. ¡Ya tengo una solución para tu problema!

a. mensaje 3 – dibujo d
b. mensaje 2 – dibujo a
c. mensaje 1 – dibujo c
d. mensaje 4 – dibujo b

4 **Esta es la primera línea de esta carta aparecida en la sección "Consultas" de una importante revista. ¿Cómo crees que es la persona?**

Consultas

Tengo 26 años y nunca he tenido amigas.

5 **Esta es la carta dirigida a una experta en cuestiones sentimentales. ¿Qué consejos le darías tú? ESCRIBE tus respuestas.**

Los alumnos deben plantear soluciones al problema. Se pretende que practiquen las estructuras propias de los consejos, de manera que deberían producir estructuras similares a las siguientes: - Deberías salir y buscar amigas y amigos; ¿Por qué no te haces socia de un club o una asociación? Así conocerías a gente; Deberías hablar con tu padre más, para que os conozcáis mejor.

Consultas

Tengo 26 años y nunca he tenido amigas. Desde niña me he sentido sola y he tenido miedo a la gente. Mi madre murió hace un año y he llorado muchísimo por ella. No me entiendo con mi padre y la última relación que tuve con un chico acabó mal. Creo que soy negativa y que no sé bien qué puedo hacer. Y temo volverme loca.

Una lectora desesperada
(Córdoba)

Finalmente, esta es la respuesta de la experta en asuntos sentimentales. Léela y CONTESTA a las preguntas.

Querida y encantadora Desesperada:
A ti lo que te pasa es que estás enferma. De soledad. Tu mal no necesita pastillas ni tratamientos médicos. Lo que te vendría maravillosamente es supervitaminarte con amistad, amor o simple compañía. Un clásico decía que hay que amar la soledad. Yo también lo creo. Pero tú odias la tuya tanto que estás empezando a odiarte a ti misma. No puedes consentir que eso ocurra. Pon un poco de frivolidad en tu vida: sal de casa o busca un ligue por Internet (aunque ten mucho cuidado, la Red está llena de gente rara). No te encierres en ti misma o serás tu principal prisionera, y eso sí debería darte miedo. No volverás a vivir el tiempo que ahora vives. Jamás. Tirarlo a la basura no significa que seas rica en vida, sino que no eres consciente de tu capital. Por favor, no te encierres y sal al mundo.

(En "Ángela Vallvey responde", *Elle*, nº 206.)

"A ti lo que te pasa es que..." es una expresión muy frecuente. Se emplea sobre todo para realzar la importancia de lo que se va a decir. Literalmente, indica que uno sabe exactamente el motivo de algún problema o defecto.
Un "ligue" es una persona con la que se sale, con la que se tiene una relación menos formal o duradera que con un novio o novia.

a. Señala tres palabras que usa la remitente para describir su propio carácter. Sola, negativa, desesperada
b. Ángela Vallvey responde con una metáfora. ¿Cuál? Está enferma de soledad (como si la soledad fuera una enfermedad).
c. ¿Qué es lo que odia Desesperada? Su soledad.
d. ¿Cuál es el consejo de Ángela? Que sea un poco frívola, que no se encierre en sí misma y salga al mundo.
e. Hablando del tiempo que vive ahora la remitente, Ángela utiliza otra metáfora. ¿Con qué compara el tiempo? Con el dinero. Tener mucho tiempo ahora no significa que pueda malgastarlo.

7 PRACTICA en parejas. Inventa con tu compañero un personaje con un problema y ESCRIBE una carta a un psicólogo en la que explicas ese problema.

Estimada Doctora....................:

Le escribo porque me siento mal. Mi problema es el siguiente: ....

¿Qué puedo hacer? Le agradecería que me ayudara.
Atentamente,

....

PRACTICA en parejas. Intercambia esta carta con la de otra pareja. Lee la carta y prepara una contestación. Las dos parejas se reúnen y hablan sobre las dos cartas.

Taller [El sistema educativo español]

Antes de leer

1. ¿Conoces el sistema educativo de tu país? ¿Ha habido reformas desde que empezaste a estudiar?

2. ¿A qué edad empezaste a ir al colegio? ¿Qué asignaturas tenías?

3. ¿A qué edad empezaste a estudiar un idioma extranjero? ¿Cuál era?

El sistema educativo puede experimentar modificaciones con cierta frecuencia, pues está sujeto a reformas impulsadas por los sucesivos gobiernos. Sea como fuere, los textos de esta sección presentan un vocabulario muy útil para la descripción de un sistema educativo cualquiera.

La lectura

1. Lee el texto sobre el sistema educativo español y contesta a las preguntas.

• La Educación Preescolar (0-3) es voluntaria para las familias.

• La etapa de Educación Infantil (3-6 años) sigue siendo voluntaria. Los niños se inician aquí en el aprendizaje de la lectura y la escritura, y a partir de los cinco años comienzan a estudiar una lengua extranjera. También se pretende que las nuevas tecnologías comiencen a utilizarse como herramienta formativa.

• En la Educación Primaria (6-12 años) empieza el estudio obligatorio de un idioma y se incluyen los ordenadores como apoyo en todas las áreas. Las asignaturas que estudian los alumnos son: Ciencias; Geografía e Historia; Educación Artística; Educación Física; Lengua Castellana; Lengua Oficial propia de la Comunidad Autónoma (si la hay); Idioma extranjero; Matemáticas; Sociedad, Cultura y Religión.

• La Educación Secundaria Obligatoria (12-16 años) se divide en cuatro cursos; los dos primeros son comunes para todos, mientras que los dos últimos tienen materias comunes y específicas que conforman los denominados itinerarios. Sea cual sea el itinerario, todos llevan a la obtención del mismo título: Graduado en Educación Secundaria Obligatoria.

• Los alumnos que estudien Bachillerato (16-18 años) podrán escoger cuando la reforma de la Ley de Calidad entre en escena entre tres modalidades: Artes, Ciencia y Tecnología, y Humanidades y Ciencias Sociales. Las tres ramas contarán con materias comunes, específicas de cada modalidad y optativas. Para lograr el título de Bachiller, los estudiantes tendrán que haber superado todas las asignaturas de los dos cursos y la Prueba General de Bachillerato (PGB), la nueva reválida. La calificación de esta etapa será la media entre la nota obtenida en la PGB, que contará en un 40%, y la media del expediente académico, que supondrá un 60%.

(Texto extraído de la revista *MUFACE*, nº 192)

a. ¿A qué edad empieza la educación obligatoria?, ¿y la no obligatoria? La educación obligatoria empieza a los 6 años. La secundaria obligatoria a los 12.
b. ¿Qué edades comprende la Educación Primaria? De los 6 a los 12 años.
c. ¿Y la Educación Secundaria? De los 12 a los 16.
d. ¿Cuántos años son el Bachillerato? Dos.

2. Aquí tienes una lista de palabras relacionadas con el mundo académico. Léelas y relaciona por parejas de sinónimos.

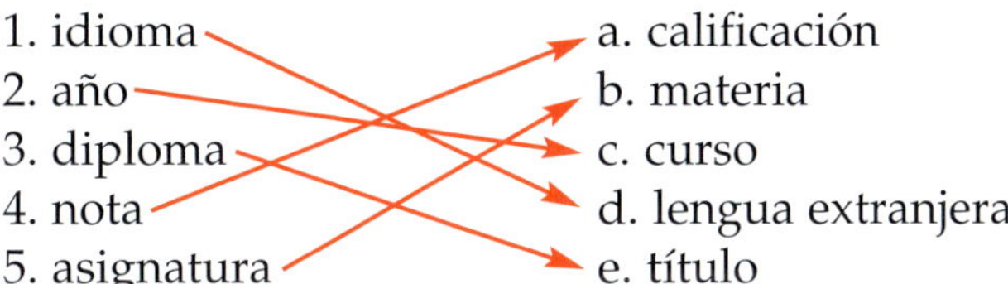

1. idioma — a. calificación
2. año — b. materia
3. diploma — c. curso
4. nota — d. lengua extranjera
5. asignatura — e. título

3. Practica en parejas. Describe el sistema educativo de tu país y comenta con tu compañero las cosas que son iguales o que son diferentes con respecto al sistema español.

Después de leer

• Practica en grupos. Haz un esquema parecido al del sistema español. No olvides incluir la edad, el nombre de la etapa, los nombres de las asignaturas o materias que se estudian, si se puede repetir curso, etc. Una persona del equipo lo presenta al resto de la clase.

• Recientemente, se han introducido algunas novedades en el sistema. Lee algunas de las más importantes. ¿Cuáles son las calificaciones en el sistema educativo español?

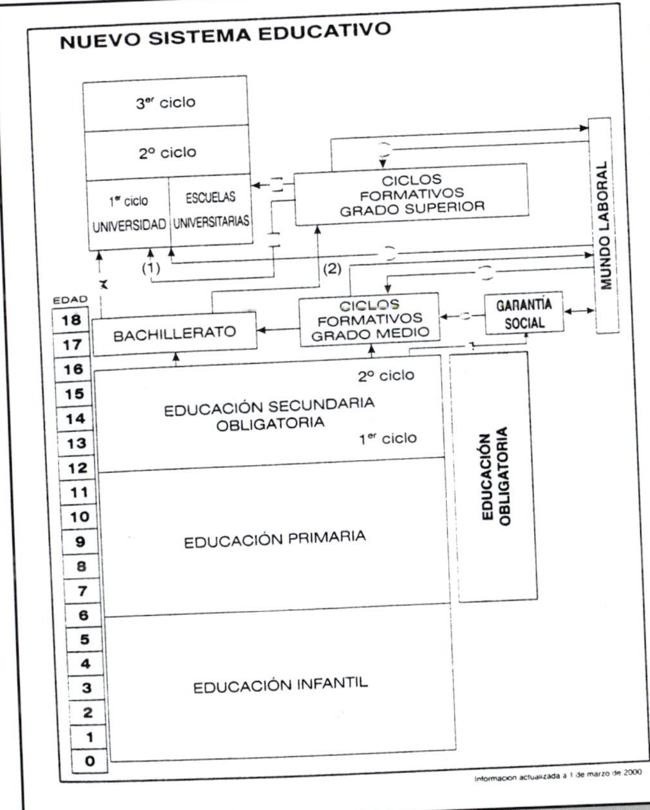

A partir del curso 2003-4 se han puesto en marcha algunas novedades. Una de las principales es la supresión de la "promoción automática" por la que se podía pasar al curso siguiente con todas las asignaturas suspendidas. A partir de ahora, en la Educación Secundaria Obligatoria (ESO), aquellos que suspendan más de dos materias tendrán que repetir curso. Las calificaciones que obtengan los alumnos volverán a ser "Sobresaliente", "Notable", "Bien", "Suficiente" e "Insuficiente". A partir de la ESO estas calificaciones irán acompañadas de nota numérica de cero a diez.

• ¿Cómo funciona en tu país? ¿Hay "promoción automática"? ¿Cómo son las calificaciones?

Centro comercial La Vaguada
Madrid. España

Unidad 13
Ocio

Competencias pragmáticas:

- **Ofrecer ayuda.**
- **Hacer planes para el fin de semana.**
- **Plantear oposición u obstáculos para hacer algo.**

Competencias lingüísticas:

Competencia gramatical
- ***Querer* + Infinitivo / *Querer que* + Subjuntivo.**
- ***Pensar* + Infinitivo / *Acabar de* + Infinitivo.**
- **Oraciones concesivas: *Aunque* + Indicativo / Subjuntivo.**

Competencia léxica
- **Ocio y espectáculos.**

Conocimiento sociocultural:

- **Nuevas formas de ocio: los grandes centros comerciales.**

Antes de comenzar la sección:
Para explicar gráficamente las oraciones adversativas con *aunque*, escriba en la pizarra en una columna las cosas buenas que encontramos en el texto de lectura:
- Hay entradas para Fedora.
- Es una ocasión de ver a Ainhoa Arteta.

A continuación, en otra columna, escriba las dificultades o cosas negativas:
- Las entradas son caras.
- La cola será muy larga.

Haga ver a los alumnos que, comparadas, las cosas positivas tienen más peso que las negativas, y, por lo tanto, irán a sacar las entradas:
- Aunque sean caras, tenemos que ir.
- Aunque haya cola, yo pienso ir.

En el diálogo inicial se menciona a Ainhoa Arteta, una conocida soprano española.

A. Aficionados a la ópera

Lee y ESCUCHA.
Sandra y un amigo quieren ir a ver una ópera al Teatro Real.

Sandra: *¿Diga?*
Tomás: *Sandra, hola soy Tomás. ¿Qué piensas hacer este fin de semana?*
Sandra: *Pues no sé. En principio no tengo ningún plan. ¿Por qué me lo preguntas?*
Tomás: *Es que acaban de poner a la venta las entradas para la ópera* Fedora*, en el Real.*
Sandra: *¿De verdad? ¡No me digas!*
Tomás: *Sí, por fin, y he pensado que podemos ir con los demás compañeros de trabajo.*
Sandra: *Me parece genial, pero ¿crees que conseguiremos entradas para todos? Somos bastantes y mucha gente tiene abono para todo el año. Además habrá una cola larguísima.*
Tomás: *No importa, aunque haya cola yo pienso ir. Es una oportunidad única de oír en directo a Ainhoa Arteta.*
Sandra: *Sí, es verdad, tienes razón. ¿Llamo a los demás compañeros?*
Tomás: *No, no hace falta. Voy a llamar yo a unos cuantos y en cuanto me den la contestación, te llamo.*
Sandra: *Vale, ¿vamos juntos a sacar las entradas?*
Tomás: *Sí, estupendo. En cuanto sepa los que somos, tenemos que ir inmediatamente a las taquillas.*
Sandra: *¿Y cuánto costará la entrada?*
Tomás: *Da igual, aunque sea cara tenemos que ir.*

Escucha otra vez y CONTESTA verdadero (V) o falso (F). Corrige la información que no sea correcta.

	V	F	
a. Sandra llama a Tomás para invitarlo a la ópera.	☐	☒	Es Tomás el que llama a Sandra.
b. Quieren ver la ópera *Fedora*.	☒	☐	
c. Todos tienen abonos para ir al Teatro.	☐	☒	Mucha gente tiene abono, no los compañeros.
d. Carlos Arteta canta en el Teatro del Liceo.	☐	☒	La cantante se llama Ainhoa Arteta.
e. Tomás va a comprar las entradas.	☐	☒	Van a ir Sandra y Tomás.

- **Hacer planes**

A. *¿Qué piensas hacer este fin de semana?*
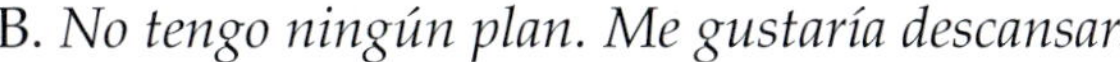
B. *No tengo ningún plan. Me gustaría descansar.*

P ara ayudarte

2 **PRACTICA en parejas. Pregunta a tus compañeros por sus planes para el próximo fin de semana, las próximas vacaciones, el próximo año, curso escolar, etc. Encuentra a dos personas que hagan lo mismo.** Actividad libre.

A • *¿Qué piensas hacer el próximo curso?*

B • *Pienso estudiar... / pedir una beca para estudiar en...*

COMPLETA las frases con las palabras del recuadro.

telón, entrada, escenario, acomodador, taquilla, orquesta

a. La sala del cine estaba tan oscura que sólo pudimos sentarnos con la ayuda del acomodador .
b. Mi primo Fermín toca el violín en la orquesta sinfónica de Venezuela.
c. La obra de teatro la seguimos muy bien porque estábamos muy cerca del escenario .
d. La entrada al Palacio de la Música era muy cara pero mi madre me invitó.
e. Cuando cayó el telón, el público aplaudió durante diez minutos.
f. Aunque la taquilla del auditorio no abre hasta las cinco de la tarde, nosotros nos fuimos media hora antes para no tener que hacer mucha cola.

- **Expresar impedimentos para realizar una acción**

A. *¿Y no habrá mucha cola?*
B. *Puede ser, pero yo, aunque haya cola, pienso ir.*

A. *¿Y si las entradas son muy caras?*
B. *Aunque sean caras (las entradas), tenemos que ir.*

P ara ayudarte

RELACIONA las dos columnas para formar frases.

1. Aunque el piso sea caro... → b
2. Aunque el niño esté malo... → d
3. Aunque me paguen poco... → e
4. Aunque haga frío el sábado... → f
5. Aunque mi novio no venga... → c
6. Aunque no lo conozco mucho... → a

a. me parece muy simpático.
b. lo compraré.
c. iré de todas formas.
d. lo voy a llevar al colegio.
e. pienso aceptar el trabajo.
f. no nos quedaremos en casa.

PRACTICA en parejas. Propones varias actividades y tu compañero pone objeciones. Tienes que rechazar los obstáculos. Actividad libre.

A • *Voy a ir a Londres el fin de semana.*

B • *Creo que va a hacer muy mal tiempo.*

A • *Aunque haga mal tiempo, iré. Me encanta esa ciudad.*

B. ¿Salimos esta noche?

Lee y ESCUCHA.
Varias personas hacen planes para salir.

Antes de comenzar la sección:
Pregunte a los estudiantes acerca de sus gustos durante el tiempo de ocio, y aproveche para repasar el vocabulario referido a tipos de música (flamenco, pop, *jazz*), tipos de películas (drama, comedia, terror, policíaca), exposiciones (pintura, escultura, fotografía), literatura, teatro, deportes, etc.

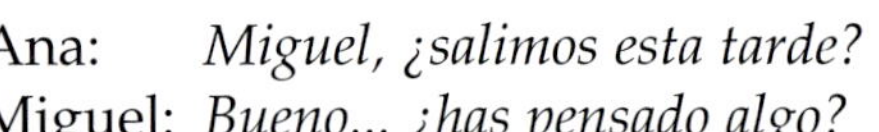

A

Ana:	*Miguel, ¿salimos esta tarde?*
Miguel:	*Bueno... ¿has pensado algo?*
Ana:	*Sí, en el periódico he leído que hay un concierto de flamenco en la sala Clamores.*
Miguel:	*¿Flamenco otra vez? Ya hemos ido tres veces al flamenco después del verano, Ana. ¿No hay otra cosa?*
Ana:	*A ver... Sí, hay un concierto de Kilombo...*
Miguel:	*Eso me gusta más, ¿dónde es?*
Ana:	*En un restaurante que se llama Hacienda Zapata, que está en Avenida de América.*
Miguel:	*Queda un poco lejos... pero, vale, así de paso cenamos.*
Ana:	*Entonces, voy a arreglarme.*

Rosa:	*Susana, ¿qué haces?, ¿quieres que vayamos al teatro?*
Susana:	*Pues..., no sé... ¿hay algo interesante?*
Rosa:	*A mí me gustaría ver esa que se llama* Como en las mejores familias, *me han dicho que es muy buena.*
Susana:	*La verdad es que no me apetece mucho meterme en un teatro así entre semana. ¿Por qué no hacemos otra cosa?*
Rosa:	*¿Otra cosa? ¿Prefieres escuchar algo de música?*
Susana:	*No, tampoco. ¿Qué te parece si vamos a ver alguna exposición y luego vamos a cenar?*
Rosa:	*Bueno, vale, a mí me da igual, lo que quiero es salir.*
Susana:	*Me parece que hay algo interesante de Miquel Barceló en AyN.*
Rosa:	*Vale, quedamos allí dentro de una hora.*

B

1

Escucha otra vez y CONTESTA a las preguntas.

a. ¿Dónde hay un concierto de flamenco? En la sala Clamores.
b. ¿Quién va a cenar en Hacienda Zapata? Ana y Miguel.
c. ¿Cuántas veces han ido al flamenco tras el verano? Tres.
d. ¿Quién no quiere ir al teatro? Susana.
e. ¿Qué exposición van a ver? Una de Miquel Barceló.
f. ¿Cuándo quedan? Dentro de una hora.

- **Ofrecer ayuda**

A. *¿Quieres que vaya yo y tú te quedas en casa?*
B. *Si no te importa... A mí me viene mal.*

- **Plantear ofrecimientos**

A. *¿Te apetece ir al recital de Bebo Valdés?*
B. *¿Y no podemos ir al cine?*

Para ayudarte

Mira la agenda de hoy y BUSCA la información.

AGENDA CULTURAL

CONCIERTOS

Lágrimas negras. Bebo Valdés y Diego *el Cigala* actúan hoy y mañana en el Palacio de Congresos (Pº de la Castellana, 99). El flamenco más puro fusionado con un inimitable *jazz* cubano. A las 21.00 horas. Entradas: 35 y 40 euros.

Jazz. Concierto en directo de *Kilombo*, cuarteto de *jazz* con influencias brasileñas y latinas. A las 22.30. Gratis. En el restaurante Hacienda Zapata. Avenida de América, 7.

Flamenco. La sala Clamores (c/ Alburquerque, 14) acoge la actuación de *Agujetas de Jerez* y Antonio Soto. Flamenco puro. 22.00 horas. Precio de la entrada: 15 euros, 8 para estudiantes.

Reggae. Hoy a las 21.30 horas, concierto de Ke Chupito y The Josealfredos, en la sala Gruta 77. C/ de Nicolás Morales. Precio: 5 euros.

EXPOSICIONES

Espejismos y realidad. A las 20.00 horas se inaugura la exposición monográfica del artista Miquel Barceló en el Centro de Arte AyN, ubicado en la c/ Velázquez, 15, bajo derecha. Estará abierta hasta el 23 de diciembre.

CONFERENCIAS

Paz. En el Círculo de Bellas Artes (c/ Marqués de Casa Riera, 2) hoy a las 19.00 horas, conferencia sobre *La Paz. Problemática actual* (1988-2003) por don Isidro Sepúlveda, de la UNED.

POESÍA

Recital. A las 19.30 horas de hoy recital poético de los poetas del Grupo Cero en el Ateneo de Madrid, c/ del Prado, 21.

TEATRO

CENTRO DRAMÁTICO NACIONAL. TEATRO MARÍA GUERRERO, c/ Tamayo y Baus, 4. Venta de entradas en la taquilla y por teléfono: 902/33.22.11. ***Don Juan Tenorio***, de José Zorrilla. Dirección: Ángel Fernández Montesinos. Reparto: Pep Munné y Yolanda Ulloa.

Carta de amor (Como un suplicio chino), de Fernando Arrabal. Dirección Juan Carlos Pérez de la Fuente. Actriz: María Jesús Valdés.

TEATRO MUÑOZ SECA. Plaza del Carmen, 1. Teléfono: 91/523.21.28 ***No seré feliz, pero tengo marido.*** Dirección: Enrique y Alain Cornejo. Actriz: Linda Peretz.

a. ¿De qué estilo es la música de Valdés y *el Cigala*?
b. ¿A qué hora se inaugura la exposición de Barceló?
c. ¿Cómo se compran las entradas de *Don Juan*?
d. ¿Dónde hay un recital de poesía?
e. ¿En qué teatro actúa Linda Peretz?
f. ¿De quién es la obra *Carta de amor*?

a. Flamenco fusionado con *jazz* cubano.
b. A las 20 h.
c. En la taquilla y por teléfono.
d. En el Ateneo de Madrid.
e. En el teatro Muñoz Seca.
f. De Fernando Arrabal.

3 Ofrece ayuda en estas situaciones. ESCRIBE tus respuestas.

Tu compañero de piso está enfermo y no tenéis medicinas en casa.
¿Quieres que vaya a la farmacia?

a. Tu madre tiene que ir al aeropuerto. Su vuelo sale dentro de una hora. Su coche no arranca. (¿llamar a un taxi?, ¿llevarla en tu coche?...) ¿Quieres que llame a un taxi? / ¿Quieres que te lleve yo?
b. Tu compañero no sabe el significado de una palabra en español y tú, sí. (¿decir el significado de la palabra?, ¿ayudarte?...) ¿Quieres que te diga lo que significa? / ¿Quieres que te ayude?
c. Vas por la calle y un señor se marea. ¿Quiere que llame a una ambulancia? / ¿Quiere que me quede aquí? (¿llamar una ambulancia?, ¿quedarse con él un rato?, ¿llamar por teléfono a su familia?...)
d. Tu hermana tiene que ir al dentista. Tiene mucho miedo. (¿acompañarla?, ¿ir con ella?) ¿Quieres que te acompañe? / ¿Quieres que vaya contigo?

PRACTICA en parejas. Consulta la agenda y queda con tu compañero para salir. Tienes que concertar dos actividades. Actividad libre.

A	
	• *Llama a B y pregunta por sus planes.* • *Propones un plan.* • *Te despides.*

B	
	• *No estás ocupado/a.* • *Aceptas y quedas.* • *Te despides.*

Contenidos *gramaticales*

Aunque

- Acciones presentes: *Aunque* + Indicativo / Subjuntivo
  Aunque tiene / tenga ochenta años está estupendamente.
- Acciones pasadas: *Aunque* + Indicativo (preferiblemente)
  Aunque estaba cansada, ayer me fui al cine.
- Acciones futuras: *Aunque* + Subjuntivo (preferiblemente).
  El año que viene iré a México aunque no tenga dinero.

Nota: El Subjuntivo se usa, preferentemente, en situaciones como la siguiente:
- *No salgas. Hace mucho frío.*
- *No importa. Aunque haga frío, voy a salir.*

1 COMPLETA con el verbo más adecuado. Recuerda que algunas veces hay más de una posibilidad.

a. Aunque nunca *tiene* un duro a fin de mes, José María vive fenomenal. (tener)
b. Aunque no ....tengo / tenga.... un duro, este verano pienso irme a un crucero. (tener)
c. Mi abuela, aunque hoy ....ha cumplido.... 94 años, está muy bien de salud. (cumplir)
d. Aunque la niña te ....pida.... un helado, no se lo compres. (pedir)
e. Nosotros siempre vamos a la sierra en invierno, aunque ....haga.... frío. (hacer)
f. Ayer, aunque ....tenía.... mucho trabajo, salí a dar una vuelta con Andrés. (tener)
g. Aunque antes ya ....había estado.... en Londres, este año ha ido otra vez. (estar)
h. Aunque ....viva.... toda la vida en Francia no seré capaz de hablar francés perfectamente. (vivir)
i. Es demasiado difícil, yo creo que no aprobaré la química aunque ....estudie.... sin parar. (estudiar)

Perífrasis verbales

- *Acabar* + *de* + Infinitivo: se utiliza para expresar una acción inmediatamente anterior al momento del habla.
  - *Hola, ¿está Pedro?*
  - *No, no está, acaba de salir ahora mismo.* (Hace unos minutos que ha salido.)
- *Pensar* + Infinitivo: se utiliza para hablar de planes o intenciones.
  - *¿Qué piensas hacer este verano?*
  - *No sé, quizás vaya a Marbella con mis amigos andaluces.*

2 TRANSFORMA las frases utilizando las perífrasis anteriores como en el ejemplo.

a. Ayer no iba a salir, pero me llamó mi hermano y fuimos al cine.
Ayer yo no pensaba salir, pero me llamó mi hermano y fuimos al cine.

b. Hace unos minutos he visto al nuevo vecino en el ascensor con un perro enorme.
Acabo de ver al nuevo vecino en el ascensor con un perro enorme.

c. • ¿Quieres tomar un café?
• No, gracias, he tomado uno hace poco.
No, gracias, acabo de tomar uno.

d. • ¿Está Juan en casa?
• Sí, ha llegado hace unos minutos.
Acaba de llegar hace unos minutos.

e. Este fin de semana voy a quedarme en casa para descansar.
Este fin de semana pienso quedarme en casa para descansar.

f. Este año no voy a trabajar tanto como el año pasado, acabé agotado.
Este año no pienso trabajar tanto como el año pasado.

g. En las noticias de la tele han dicho hace un momento que mañana va a nevar.
Acaban de decir en las noticias de la tele que mañana va a nevar.

Plantear ofrecimientos

• *Quiero* + Infinitivo: expresa deseos o aspiraciones de la persona que habla.
Quiero terminar la tesis este año. (mismo sujeto)

• ¿*Quieres* + *que* + Subjuntivo?: ofrecemos ayuda a alguien para realizar una acción.
¿Quieres que vaya contigo al médico? (distinto sujeto)
(tú) (yo)

3 SUBRAYA la forma adecuada.

a. ¿Queréis *tomar* / *que toméis* algo?
b. ¿Queréis *cuidar* / *que cuide* a vuestro hijo esta noche mientras os vais a la cena?
c. ¿Vosotros queréis *venir* / *que venga* vuestro hijo al cine con nosotros?
d. ¡Santiago!, ¿quieres *terminar* / *que termine* de comer ya?
e. ¿Quieres *terminar* / *que termine* yo tu trabajo?
f. ¿Quieres *decir* / *que yo le diga* la verdad al paciente?
g. Niños, ¿queréis *ir* / *que vayan* al circo?
h. ¿Quieres *ayudar* / *que te ayude* yo?

4 Ofrece ayuda en las siguientes situaciones. ESCRIBE tus respuestas.

a. Un compañero no entiende el uso del Subjuntivo.
¿Quieres que te explique cómo se usa el Subjuntivo?

b. Una amiga tiene un hijo pequeño y ella tiene que ir al dentista.
¿Quieres que me quede con tu hijo?

c. Un amigo no tiene tiempo de hacer la comida y tiene un compromiso.
¿Quieres que haga yo la comida?

d. Tu novio/a no tiene tiempo de comprar un regalo para sus padres.
¿Quieres que compre yo el regalo?

Lengua en uso

1 **LEE la crónica sobre la obra de teatro *Made in Argentina* y completa con la palabra correcta del recuadro.**

autora	obra	teatro	historia	espectáculo
público	argentinos	televisión	interpretación	infancia

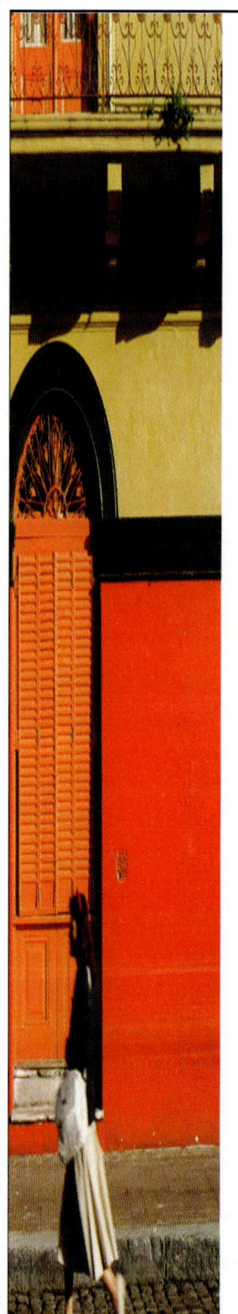

guiadelocio.com

Made in Argentina, autorretrato del país

Gran éxito en Latinoamérica

Rosana Torres. Madrid

En Argentina, donde ha cosechado un gran éxito y conseguido varios premios a la dirección, autoría e interpretación, este ....(1)......... se conoce por *Made in Lanus* (Lanus es un barrio tradicional de clase media de Buenos Aires).

A España, llega al ....(2)......... Muñoz Seca con el nombre de *Made in Argentina*. Por lo demás es igual. El texto de Nelly Fernández Tiscornia, la dirección y adaptación de Manuel González Gil y la ....(3)......... por cuatro reconocidos actores argentinos.

La ....(4)......... se centra en el reencuentro de dos hermanos que años atrás se vieron obligados a separarse por el exilio político que uno de ellos sufrió. El ....(5)......... recibe cuatro visiones muy diferentes, reales y estremecedoras de la realidad argentina.

Nelly Fernández Tiscornia es una ....(6)......... reconocida en Argentina por sus numerosos textos representados por el Teatro Popular de Ciudadela, sus más de cien guiones para ....(7)......... y cine, sus novelas y sus relatos para niños y jóvenes, que empezó a escribir en su ....(8)......... y para niños impedidos, como ella. Pero la popularidad le llegó con *Made in Lanus*.

Para González Gil, estamos ante una ....(9)......... estremecedora: "Es un clásico del teatro nacional, la autora ha estructurado un fiel espejo que sin distorsión alguna nos devuelve una imagen lúcida e inteligente de cómo somos los ....(10)......... a la hora de resolver y de actuar".

(Texto extraído de la *Guía del Ocio*, nº 1460)

1. espectáculo
2. teatro
3. interpretación
4. obra
5. público
6. autora
7. televisión
8. infancia
9. historia
10. argentinos

Este es el índice de la revista de ocio *Salir Salir*. ESCUCHA los mensajes del buzón de voz del teléfono de la editorial y relaciona cada mensaje con la sección a la que preferentemente se refiere.

Salir Salir

Mensaje 1: cine
Mensaje 2: concursos
Mensaje 3: restaurantes
Mensaje 4: noche

ÍNDICE

Escucha otra vez y CONTESTA a las preguntas.

a. ¿Qué tienen de malo las críticas de cine a veces?
1. Son muy largas.
2. Son confusas.
3. Están equivocadas.
4. Son muy cortas.

b. ¿Qué cambio ha tenido lugar en la revista hace poco?
1. Han empezado a hacer regalos.
2. Han incluido una sección sobre móviles.
3. Tratan a los lectores con menos cariño.
4. Han dejado de regalar cosas.

c. ¿Qué aspecto de los restaurantes NO se menciona?
1. Lo que te cuesta.
2. La decoración.
3. Lo buena que está la comida.
4. Cuánto te ponen de comer.

d. ¿Qué dice el último lector?
1. Nunca ha vivido en Madrid.
2. Quiere conocer más sitios.
3. Antes conocía bien Madrid.
4. Da las gracias irónicamente.

PRACTICA en grupos. Crea tu propia cartelera de cine, teatro, libros, etc. Califica las películas, obras de teatro o novelas por orden de mejor a peor usando el código de estrellas.

PELÍCULAS	*Fotogramas*	*El País*	*Abc*	*Guía del ocio*
Te doy mis ojos	****	****	***	****
Y tu mamá también	***	****	**	***
La mala educación	**	**	**	***

* Mala ** Regular ***Buena ****Muy Buena *****Excepcional

Luego, en parejas, COMENTA la cartelera y queda con tu compañero para salir.

Taller [El ocio que viene]

Antes de leer

1. ¿Dónde te gusta pasar tu tiempo libre? Haz una lista de tus lugares de ocio preferidos. ¿En cuáles se gasta dinero y en cuáles no? ¿Cuáles son más numerosos?

2. Vas a leer dos textos sobre centros comerciales. ¿Cuáles crees que son sus ventajas? ¿Y sus desventajas?

La lectura

1. Lee estos textos sobre centros comerciales y contesta a las preguntas.

El Mundo, 16 de mayo de 2003

Xanadú abre sus puertas entre protestas de ecologistas y comerciantes

AGENCIAS

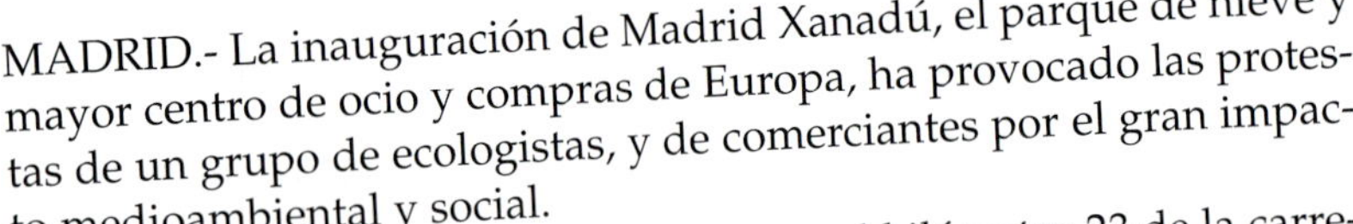

MADRID.- La inauguración de Madrid Xanadú, el parque de nieve y mayor centro de ocio y compras de Europa, ha provocado las protestas de un grupo de ecologistas, y de comerciantes por el gran impacto medioambiental y social.

Madrid Xanadú ha abierto sus puertas en el kilómetro 23 de la carretera N-V, con regalos y diversas atracciones para los presentes en las primeras horas de funcionamiento del centro comercial. A lo largo de todo el día se han realizado exhibiciones acrobáticas de esquí y actuaciones de música y danza. Iván Helguera del Real Madrid y Fernando Torres del Atlético de Madrid, jugarán un partido de fútbol con los finalistas del campeonato que tendrá lugar a lo largo del día. El domingo 18 de mayo, Hugo y Nika de *Operación Triunfo* acudirán al centro para firmar autógrafos.

La pista de esquí, de 18.000 metros cuadrados, estará ubicada en el centro del parque comercial. La nieve se fabrica por un sistema muy complejo, utilizando sólo agua y aire de manera natural, por lo que parece idéntica a la de las montañas, con la ventaja además de que siempre está lista para esquiar. La pista se abrirá los 365 días del año.

En cuanto al centro comercial, tiene unos grandes almacenes, 220 tiendas de firmas nacionales e internacionales, 14 salas de cine, 30 restaurantes, pista de "cars" y bolera, entre otras fórmulas de ocio. Cuenta con 8.000 plazas de aparcamiento gratuitas para el medio millón de esquiadores que se esperan al año y los veinte millones que visitarán el centro comercial.

Para acceder al centro en transporte público, hay diferentes líneas de autobuses que paran a las puertas del Parque.

"Operación Triunfo" es un popular programa de la televisión española en el que los jóvenes concursantes compiten como cantantes. Se supone que así se descubren nuevos talentos de la música, como los que se nombran en el texto. Estos jóvenes acaban siendo muy conocidos por los telespectadores.

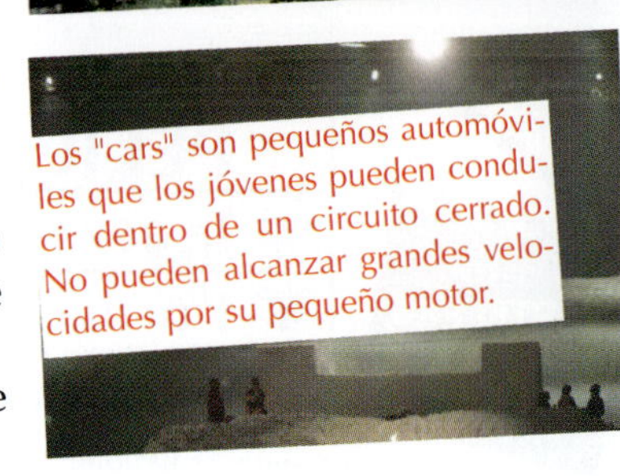

Los "cars" son pequeños automóviles que los jóvenes pueden conducir dentro de un circuito cerrado. No pueden alcanzar grandes velocidades por su pequeño motor.

Los "niños y las niñas bien" son jóvenes de familias acomodadas, de "buena" familia. A veces se usa este término en tono peyorativo, pero no en este texto. Los "chavos" son los chicos. Las "escaleras eléctricas" se llaman en España "escaleras mecánicas".

Miércoles 17 de septiembre de 2003

Parque Duraznos, el corazón de Bosques

El Universal. Carmen Nayeli Rueda

Este soleado centro comercial es el punto de reunión para jóvenes y algunos artistas donde dicen encontrar diversión, tranquilidad y una enorme variedad de productos de moda. Es una zona comercial segura, agradable y con mucho sol. Los fines de semana los niños y las niñas "bien" de Bosques de las Lomas se dan cita aquí, hay quienes incluso lo hacen cualquier día de la semana.

Gente del mundo del espectáculo también visita el lugar, aunque no se trata de la Plaza de las Estrellas, sino de Parque Duraznos.

La plaza ha conquistado a la mayoría de los chavos. Les "fascina por su espacio", 65 mil metros cuadrados, en donde se ubican 10 locales de cine tipo estadio, así como por el centro de entretenimiento familiar: *Play Circus* e *Hippos*. Algunos la visitan en busca de charlas vespertinas, sin presión y sin prisas, relajadas, "me siento bien aquí, encuentro diversión, tranquilidad y productos", dice un estudiante de la Universidad Anáhuac, que viste *jeans* y usa lentes rojo violeta.

En el lugar, los visitantes suben y bajan por las escaleras eléctricas. Recorren una y otra vez sus rincones hasta encontrar lo que buscan: diversión, entretenimiento, ropa, alimentos, amigos, discos o libros.

Si buscas gente bonita, un lugar seguro y amplio, este es el centro comercial perfecto.

Bosques de Duraznos número 39, Bosques de las Lomas, México DF.
Cuenta con Valet Parking.

a. ¿De cuál de los dos centros se dice lo siguiente?

1. Puedes sentirte seguro en él. Parque Duraznos
2. Acaban de inaugurarlo. Xanadú
3. Ha provocado protestas. Xanadú
4. Fabrican nieve artificial para poder esquiar. Xanadú
5. Acude un público muy selecto. Parque Duraznos
6. Acuden famosos como clientes anónimos. Parque Duraznos

2. Compara los dos centros. ¿En qué se parecen o se diferencian?

Semejanzas: variedad de productos a la venta, variedad de espectáculos, reciben visitas de gente famosa, amplia oferta en cines.

Diferencias: Xanadú tiene más atracciones; el Parque Duraznos es más tranquilo y los visitantes son más selectos.

3. ¿Cuál de los dos cuenta con más cosas atractivas? ¿Qué cosas sobran, para tu gusto?
Actividad libre.

Después de leer

• Lee este texto sobre el consumismo. ¿Ves alguna relación con los centros comerciales descritos antes? ¿Estás de acuerdo con las ideas de este texto?

> Cada vez habrá más ocio para todos y para todas las edades. Y la oferta de ocio no se quedará atrás. La industria del ocio es ya la más importante en muchas zonas, especialmente en las grandes ciudades. Pero ¿es el ocio que realmente necesitamos o queremos? Cada vez más, se habla del ocio como de un bien de consumo. A más ocio, más consumo. Hay otra manera de considerar el ocio, como una oportunidad para desarrollarnos en otras facetas que no sean las profesionales: la amistad, la cultura, el deporte, la curiosidad intelectual... todos estos son aspectos positivos del desarrollo personal, pero ¿por qué no pueden ganar la batalla al consumismo?

• Describe un centro comercial próximo a tu vecindario / población. Di si te gusta ir a él y por qué o por qué no.

Fotogramas extraídos de algunos programas de la televisión española.

Unidad 14
La polémica está servida

Competencias pragmáticas:

- Participar en un debate.
- Argumentar y estructurar el discurso.
- Tratamientos de cortesía.
- Plantear dudas u obstáculos para hacer algo.

Competencias lingüísticas:

Competencia gramatical
- Conectores discursivos.
- Revisión de las oraciones compuestas.
- Formación de palabras.

Competencia léxica
- Lenguaje de la televisión.

Conocimiento sociocultural:

- Programas de televisión en España; hábitos y gustos.

A. A debate

Lee y ESCUCHA.
Comienza el programa presentado por Sandra.

Sandra: *Buenas tardes. Estamos una vez más con ustedes con otro programa de* Queremos saber. *El tema de hoy será la Telebasura. Esta tarde están con nosotros don Ignacio Miñarro, el conocido presentador del programa* La Noche con Nacho, *y doña Diana Torres, escritora y autora del libro* Telecalidad y Telebasura. *Buenas noches a ambos.*

Nacho: *Buenas noches.*

Diana: *Buenas noches.*

Sandra: *Y para empezar ya, Diana, en su opinión, ¿qué programas podemos clasificar como "telebasura"?*

Diana: *Bueno, en primer lugar debo decir que el término "telebasura" no lo he inventado yo, sólo lo recojo en mi libro. En segundo lugar, los "programas basura" son todos los que buscan una gran audiencia explotando la vida privada de la gente, los que invitan a personajes mediocres para que se insulten entre ellos, aunque no se conozcan ni tengan ninguna relación. No tienen argumento, excepto el interés morboso por los cotilleos y los chismes.*

Sandra: *Nacho, ¿qué tiene que decir a esto?*

Nacho: *Bueno, mi programa tiene mucha audiencia. ¿Eso qué significa? Que a la gente le gusta. Es decir, que quiere verlo. Por otra parte, si hay libertad de prensa la gente tiene el derecho de elegir sus programas preferidos. Yo creo que no hay que decir a la gente lo que tiene que ver. Que cada uno decida.*

Diana: *Por supuesto. Sin embargo, a ciertas horas, todas las cadenas emiten el mismo tipo de programas. Incluso se copian las ideas, ya que todas las cadenas compiten por los mismos telespectadores. Además, estos programas se emiten a las horas que son siempre de gran audiencia, por lo que...*

Nacho: *Por otra parte algunos se creen que...*

Diana: *Déjeme terminar...*

Escucha otra vez y CORRIGE las afirmaciones falsas.

a. La palabra "telebasura" aparece por primera vez en el libro *Telecalidad y Telebasura*. La autora sólo recoge el término, no lo ha inventado.
b. El programa de Nacho no tiene mucho éxito. Su programa tiene mucha audiencia.
c. Según Nacho debería haber más programas culturales. Él opina que a los telespectadores les gustan los programas como el suyo.
d. Según Diana, los telespectadores tienen libertad de elegir el programa que quieren. Considera que, a ciertas horas, todas las cadenas emiten el mismo tipo de programas.
e. Diana interrumpe la intervención de Nacho. Nacho interrumpe la intervención de Diana.

• Ordenar ideas en un debate

Y para empezar...
En primer (segundo / tercer) lugar...
Por una parte... (y) por otra...
Por un lado..., (y) por otro...

• Conectar ideas

Lo ven porque quieren. (causa)
Están aquí para participar en el debate. (finalidad)
No tienen interés excepto el morbo. (excepción)
Se insultan aunque no se conozcan. (contradicción)
Son iguales; incluso se copian las ideas. (añadir una idea)

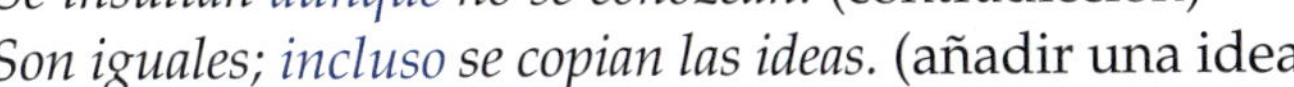

Para ayudarte

COMPLETA las dos partes de la misma frase. Únelas empleando una de las expresiones del recuadro.

aunque	excepto	incluso	ya que	para

a. La gente tiene derecho a ver lo que quiera... aunque — 1. sea un programa malo.
b. Toda persona tiene derecho a la intimidad,... incluso — 2. las estrellas de cine.
c. Todas las cadenas emiten estos programas,... ya que — 3. quieren conseguir más audiencia.
d. Algunas personas buscan el escándalo... para — 4. salir en estos programas.
e. Hay programas del corazón en todas las cadenas... excepto — 5. en el canal de dibujos animados.

• Para referirse a alguien con cortesía

Ha llamado el señor / la señora Ruiz.
Ha venido don Luis / doña Luisa.
Les presento a don Luis Ruiz / doña Luisa Ruiz.

Para ayudarte

PRACTICA en grupos de tres. A dirige el debate, B propone un cantante y C propone otro. Cada uno defiende su candidato y critica al del otro.

- *¿Quién es el / la mejor cantante?* (Teniendo en cuenta cómo baila, si toca algún instrumento, cómo son las canciones que canta, si compone sus canciones, etc.)
- *¿Quién es el peor actor / actriz?*
- *¿Quién es el / la mejor deportista en estos momentos?*

Ampliación de la interacción oral:
Tras realizar las actividades de la sección, la clase elige un tema polémico (que sea de actualidad, que suscite algo de controversia, pero que no cree tensiones emocionales demasiado intensas) y se eligen los participantes en un debate televisivo. El resto de la clase es el público, que puede intervenir con preguntas o comentarios. El moderador puede ser un alumno o el profesor. Este último tiene que ir ayudando a los alumnos con el vocabulario. Estas ayudas son normales cuando los invitados a un debate son extranjeros y tienen dificultad con el español, de modo que esto no afecta a la autenticidad del mismo. El debate en sí no debe ser muy largo, y los espectadores deben tener la oportunidad de hacer preguntas, y quizá votar al final por alguna de las opciones planteadas.

B. A favor o en contra

LEE el artículo sobre la telefonía móvil.

Antes de comenzar la sección:
Para centrar el tema, haga una encuesta rápida y pregunte a sus estudiantes si el teléfono móvil les parece muy útil, poco út o totalmente inútil. Escriba los resultados en la pizarra; de esta manera habrá introducido la formación de contrarios con *in* Pídales después que intenten recordar otras palabras que empiezan por *in- / im- / i-* .

¿Se puede vivir sin el teléfono móvil?

Cuentan que en un país europeo hace unas semanas, durante el entierro de un hombre, sonó el móvil en el bolsillo de su chaqueta. No era una llamada del más allá, sino de un amigo que no se había enterado de la mala noticia. Y es que, si al principio el móvil era una herramienta para *yuppies*, hoy se ha convertido en algo inseparable de amas de casa, adolescentes y padres de fin de semana.

Por su parte, las empresas de telefonía móvil intentan convencer al ciudadano de que no hay excusa posible para no tener uno. Cada vez son más baratos y ofrecen más prestaciones: acceso a Internet, posibilidad de enviar fotos y un montón de opciones más. Hay quien dice incluso que el teléfono fijo desaparecerá.

Pero ¿será posible desconectarse del mundo de vez en cuando? Los enemigos del móvil dicen que su mal uso puede llegar a ser agresivo, que invade la privacidad en momentos inoportunos y que es puro snobismo. El sociólogo Malo de Molina da varios argumentos: "Su uso se ha extendido tanto que puede llegar a hacerse molesto en la vida cotidiana", "El pitido o la conversación de otros puede llegar a agredir" y "deben establecerse normas de educación a la hora de usar el móvil". Por otro lado, Malo de Molina considera que si se utiliza bien, la telefonía móvil es imprescindible y quizás todos lleguemos a tenerla.

Sin embargo, en opinión de Alberto Moncada, esto creará una nueva barrera entre ricos y pobres y será una nueva forma de discriminación.

En lo que todos están de acuerdo es en que es muy útil en caso de emergencias. Incluso los más escépticos tienen uno, por si las moscas...

(Adaptado de MAGAZINE de *El Mundo*, "Vida cotidiana")

La expresión "Por si las moscas" significa "en previsión de" o "por si acaso".

1 **Lee otra vez y CONTESTA verdadero (V) o falso (F) en cada una de las afirmaciones.**

	V	F	
a. El teléfono sonó en el bolsillo de un amigo del difunto.	☐	☒	El móvil sonó en el bolsillo del difunto.
b. Un amigo del difunto llamó en mitad del entierro.	☒	☐	
c. Las empresas de telefonía móvil no entienden que se tenga móvil.	☐	☒	La empresas dicen que no ha excusa para no tener móvil.
d. Según Alberto Moncada, los usuarios deben establecer normas de uso.	☐	☒	Es Malo de Molina quien lo c
e. Todo el mundo tiene un móvil para protegerse de las moscas.	☐	☒	

• Conectar ideas en un discurso

Sin embargo, esto creará una nueva oposición entre ricos y pobres. (indica oposición)
Y es que (el móvil) se ha convertido en algo inseparable. (añade una idea)
Es decir, que ya no podemos vivir sin él. (explica)
Por su parte, las empresas intentan convencer al ciudadano. (ordena la enumeración de ideas)

Para ayudarte Dígales a los estudiantes que busquen los adjetivos del texto y luego, que intenten formar su contrario: *inseparable / separable; posible / imposible; baratos / caros; fijo / móvil; agresivo / tranquilo.*

  **Escucha a varias personas hablar del móvil y COMPLETA las frases con la información que dan.**

1.

Olga (ama de casa)

A Olga el móvil le parece muy importante porque ...puede hablar con su marido cuando está de viaje y necesita contarle algo urgente.

2.

Mayte (médica)

Mayte piensa que el teléfono es ......útil...... algunas veces, pero en general, ...se utiliza más de lo necesario.

3.

Joaquín (profesor)

Opina que puede solucionar problemas graves como un ...accidente... en la carretera, puedes llamar a la ambulancia, pero hay que apagarlo cuando estás en una reunión.

4.

Rosana (pintora)

Piensa que los jóvenes de quince años ..utilizan.. el móvil para hablar de tonterías. Además se ha perdido la posibilidad de ..pensar.. antes de ......hablar......

3 OBSERVA la tabla y completa con las palabras que faltan.

	VERBO	NOMBRE
a.	*discriminar*	*discriminación*
b.	....educar....	educación
c.	....llamar....	llamada
d.	....prestar....	prestaciones
e.	....optar....	opciones
f.	conversar	....conversación....
g.	....agredir....	agresión

4 COMPLETA ahora la tabla con las palabras contrarias que correspondan.

a.	*separable*	*inseparable*
b.	....aparecer....	desaparecer
c.	conectar	....desconectar....
d	....oportuno....	inoportuno
e.	útil	....inútil....
f.	....posible....	imposible
g.	prescindible	....imprescindible....

5 COMPLETA las frases siguientes con una palabra de los grupos del recuadro. No hay que utilizar palabras de todos los grupos. Y de algún grupo, necesitarás dos.

oportuno / inoportuno — agredir / agresión / agresivo — útil / utilizar / inútil
enemigo / enemistad — prescindir / prescindible — educar / educación / educado

a. Yo creo que es una falta de .educación. contestar al móvil cuando alguien está hablando contigo.
b. A mí el móvil me parece muy .....útil.... cuando mi hija de 15 años sale con sus amigos y sé que ella puede llamarme a cualquier hora y desde cualquier lugar.
c. Algunas personas están tan habituadas al móvil que ya no pueden .prescindir. de él.
d. Cuando estás en un concierto de música y suena un móvil, a mí me parece una verdadera agresión .
e. Debemos ...educar... a nuestros hijos también en la forma adecuada de utilizar el móvil.
f. Odia el móvil porque dice que siempre suena en el momento más inoportuno .

 **PRACTICA en grupos de cuatro. Primero, por escrito, una pareja hace una lista de las ventajas de tener un teléfono móvil. Otra pareja hace otra lista de los inconvenientes. Luego se establece un debate en el que cada pareja defiende su opinión.** Actividad libre.

Contenidos gramaticales

Conectores discursivos

Nos permiten ordenar las ideas y argumentar, tanto en la lengua hablada como en los textos escritos.

- Ordenadores: *en primer lugar, en segundo lugar; por último, por una parte, por otra...* (parte)
  No sé qué hacer; por una parte me apetece irme un año a estudiar al extranjero, pero por otra, me gustaría empezar ya los cursos del doctorado.
- Aditivos (añaden nuevos argumentos al discurso): *además, incluso.*
  Tienes que hacer la comida y, además, fregar los platos.
- Explicativos: *es decir.*
  A Jaime le gustaban todas las chicas, es decir, que era un donjuán completo.
- Contraargumentativos: *sin embargo.*
  Yo tenía un novio que era un chico estupendo, sin embargo, a mis padres no les gustaba nada.
- Conversacionales: *bueno, claro, por supuesto.*
  A. *Iremos todos al cine, ¿no?*
  B. *Claro, por supuesto.*

1 SUBRAYA el conector adecuado en las frases.

a. *He pasado un día malísimo: he llegado tarde al trabajo, se me ha estropeado el ordenador y sin embargo / además, el jefe me ha echado una bronca.*

b. En esa tienda puedes encontrar de todo, *incluso / además* productos típicos de tu tierra.
c. Ahora estoy mejor, gano bastante para pagar el piso, comer fuera e *incluso / es decir*, puedo ahorrar.
d. Creo que es una buena escritora, *sin embargo / por supuesto* no puedo acabar ninguno de sus libros.
e. No saldré más con Felipe: es un poco autoritario, egoísta, y *además / incluso* sólo habla de tonterías.
f. No lo entiendo, Lucía es una pesada, y *sin embargo / es decir*, a alguna gente le parece encantadora.
g. Aquí sólo se pueden matricular los adultos, *además / es decir*, los mayores de dieciocho años.
h. *Por una parte / además*, estoy de acuerdo contigo, pero *incluso / por otra*, creo que deberías ser más amable con tu jefe.

Formación de palabras

- Formación de adjetivos. Los adjetivos presentan (entre otras) las siguientes terminaciones: *-ble, -oso, -nte, -ico.*

  amable, maravilloso, inteligente, histórico.

COMPLETA la tabla con los adjetivos correspondientes.

a. responsa*ble*	d. horri...ble...	g. posi...ble...	j. calur...oso...
b. convenie...nte...	e. impresiona...nte...	h. psicológ...ico...	k. práct...ico...
c. ruid...oso...	f. resiste...nte...	i. pacie...nte...	l. inflexi...ble...

ESCRIBE una frase con cada uno de ellos.

Actividad semilibre.

Esta película es horrible, no me gusta nada.

> • Formación de sustantivos. A partir de adjetivos y verbos se añaden las terminaciones: *-ismo, -ción, -cia, -dad/tad.*
>
> *terrorismo, actuación, violencia, dificultad.*

FORMA los sustantivos derivados de los siguientes verbos y adjetivos.

a. flexible	*flexibilidad*	g. paciente	paciencia
b. posible	posibilidad	h. representar	representación
c. cantar	canción	i. amistoso	amistad
d. útil	utilidad	j. educar	educación
e. optar	opción	k. oportuno	oportunidad
f. capaz	capacidad	l. impresionar	impresionismo

COMPLETA las frases siguientes con un sustantivo del ejercicio anterior.

a. Van Gogh es uno de los principales representantes del *impresionismo*.
b. El teléfono móvil presenta cada día más ...opciones... : conexión a Internet, posibilidad de hacer fotos.
c. Para ser educador o cuidar niños hay que tener mucha ...paciencia... .
d. A Elena le han dado la oportunidad de su vida: trabajar en una película de Almodóvar.
e. En este trabajo tienes la ...posibilidad... de promocionar a un puesto mejor si trabajas duro.
f. A mí me parece que los niños de hoy no tienen la misma ...educación... que teníamos nosotros.
g. Para Paloma, los amigos son muy importantes, tiene un alto concepto de la ...amistad... .

> • Formación de contrarios. Los prefijos más usuales para formar contrarios son *im- (in-, i-, ir-)* y *des-*.
>
> *incapaz, ilógico, irresponsable, deshacer.*

FORMA los opuestos de los verbos y adjetivos.

a. flexible	*inflexible*	e. paciente	impaciente	i. perfecto	imperfecto
b. posible	imposible	f. oportuno	inoportuno	j. aparecer	desaparecer
c. componer	descomponer	g. moral	inmoral	k. dependiente	independiente
d. conocer	desconocer	h. conectar	desconectar	l. peinar	despeinar

7 CLASIFICA las palabras del ejercicio anterior en la columna correspondiente.

Adjetivo	inflexible, imposible, impaciente, inoportuno, inmoral, imperfecto, independiente
Verbo	descomponer, desconocer, desconectar, desaparecer, despeinar

1 **LEE los fragmentos de un artículo sobre los juguetes. A continuación, ordena los extractos para organizar el texto correctamente. Fíjate en los conectores.**

Juguetes: más sexistas, imposible

1. c
2. e
3. a
4. f
5. b
6. d

La CEACCU (La Conferencia Española de Organizaciones de Amas de Casa, Consumidores y Usuarios) alerta sobre el discurso sexista que se usa en la publicidad de juguetes. Un niño español ve una media de 20 anuncios al día (cifra que aumenta en más de 49 anuncios en Navidad). **c**

Según Norminanda Montoya Vilar, profesora de la Universidad Autónoma de Barcelona, el bombardeo publicitario es especialmente crítico en la etapa que va desde los cuatro hasta los siete años, cuando la personalidad no está definida y resulta más influenciable. Los anuncios se convierten en un eficaz instrumento para grabar cualquier idea en la mente infantil. Y en ese mundo de las ideas están integradas las actitudes y los valores. **e**

Así, la publicidad de juguetes ejerce un poderoso influjo sobre la descripción que el niño se hace de su sexo y del contrario. El lenguaje no es un vehículo menos poderoso para estos prejuicios. El de los anuncios para niñas es eminentemente cursi, con superabundancia de diminutivos (*pastelitos, casita, dedito, perrito...*) y expresiones de ternura (*te quiero tanto, necesitaba mi amor...*), mientras que en los dirigidos a los varones los rasgos dominantes son los aumentativos y la utilización de expresiones ligadas a la competitividad (*tú tienes el poder, acabar con tu máximo oponente...*). **a**

En definitiva, no se trata de adoptar una postura integrista, falsamente *progre*, y obligar a que los niños jueguen con Barbie Sirenas y las niñas con Hulk (a menos que quieran, claro). **f**

De hecho, el problema no está tanto en los juguetes en sí mismos, como en la forma en que la publicidad encaminada a promocionarlos orienta su uso a sólo uno de ambos géneros. La industria juguetera apuesta por la diferencia de género porque así su público objetivo está mucho más definido. **b**

Además, y paradójicamente, quienes compran los juguetes son los padres, y éstos, según las encuestas, creen que hay juguetes propios de niño y juguetes propios de niña. **d**

(Extraído de *El Mundo*, n.º 424)

"Progre" viene de "progresista", pero se usa a veces en tono despectivo, como en este caso, para describir personas, actitudes o ideas que resultan demagógicas o absurdas por lo radicalmente progresistas que parecen. "Integrista" se usa frecuentemente para describir al fanático religioso, pero aquí se refiere al que quiere aplicar a rajatabla los preceptos "progres", sin importarle las circunstancias.

Una vez has ordenado los fragmentos, lee otra vez el texto y CONTESTA a las preguntas.

a. ¿Sobre qué trata este artículo de periódico? ¿Lo consideras un tema polémico? Sobre el sexismo en la publicidad.
b. ¿Qué dice la profesora Montoya Vilar sobre los anuncios de juguetes? Critica el bombardeo publicitario.
c. ¿Es el lenguaje de los anuncios sexista? Da ejemplos. Abundan los diminutivos y expresiones de ternura para las niñas.
d. ¿Qué roles representan, según el texto, los juguetes para niños a diferencia de los de para niñas? Los estereoti
e. ¿Por qué es la publicidad la responsable de los juguetes de género? La diferencia de género define al público.
f. ¿Tienen los padres una actitud liberal cuando compran los juguetes? A menudo piensan que hay juguetes para niños y para niñas.

 **PRACTICA en parejas. Habla con tu compañero y responde a las preguntas.**

- ¿Crees que hay juguetes propios de niño y juguetes propios de niña?
- ¿Cómo es la publicidad de juguetes en tu país?, ¿es sexista? Da ejemplos.
- ¿Qué juguetes tenías cuando eras pequeño/a?

4 Lee las siguientes opiniones que son argumentos a favor o en contra de Internet. CLASIFICA cuáles son a favor y cuáles en contra.

a. Pierdes mucho el tiempo hasta que encuentras lo que buscas.
b. Es una gran fuente de información.
c. Puedes descargar música y fotos.
d. Produce sedentarismo y problemas de obesidad.
e. Puedes hablar con tus amigos sin tener que salir a la calle.
f. Hay demasiada "basura" en la red.
g. Haces nuevas amistades en los *chats*.
h. Puedes comprar lo que quieras sin moverte de casa.
i. No ves a los amigos tan a menudo como antes. Favorece el aislamiento.
j. Puede crear dependencia.

Argumentos a favor: b, c, e, g, h.
Argumentos en contra: a, d, f, i, j.

A FAVOR	EN CONTRA
Puedes leer periódicos de todas partes del mundo.	Encuentras mucha información que no te interesa.

  **Ahora, ESCUCHA y comprueba tus respuestas de la actividad anterior.**

 **PRACTICA en parejas. Tú eres un gran defensor de Internet y tu compañero no. Utiliza los argumentos de la actividad anterior y añade otros que se te ocurran. Recuerda los conectores de la unidad.**

 **Has leído esta carta al director publicada en una revista. ESCRIBE otra de respuesta. Debes exponer tus críticas y tus argumentos contrarios a los del primer lector.**

CARTAS AL DIRECTOR

Soy padre de un niño de 13 años y prefiero que mi hijo se quede en casa, en su cuarto, jugando con la videoconsola, navegando por Internet o escuchando música a que salga a la calle, que en mi opinión está llena de peligros y en donde puede adquirir malos hábitos y relacionarse con malas compañías. ¿Para qué necesita salir de casa, de su dormitorio, si allí tiene de todo: ordenador personal, DVD, videoconsola, teléfono móvil, etc.?, ¿qué puede encontrar en la calle que no tenga en su casa?

José Luis Martínez Vicó (y cinco firmas más). **Alicante**

Taller [Españoles frente a la televisión]

Antes de leer

1. ¿Conoces alguna cadena de televisión española o hispanoamericana? ¿Puedes decir algún nombre?

2. ¿Qué tipo de programas crees que son mayoritarios en España?

3. ¿Qué te sugiere la palabra "telebasura"? ¿Qué crees que aparece en esos programas?

La lectura

1. Lee las distintas opiniones sobre el fenómeno de la telebasura en España y subraya en cada intervención la información que se pide.

Se marca en rojo la información que se pide. La letra del margen indica la frase del ejercicio a que se alude.

La telebasura, a debate

El aumento de programas televisivos de gran audiencia con participantes que ofrecen espectáculo a cualquier precio, suele provocar intensos debates. El fenómeno afecta a cadenas públicas y privadas, aunque en cada una de ellas adquiere grados y características propias. ¿Qué hacer ante la llamada telebasura? ¿En qué paisaje audiovisual se asienta en España? ¿Qué relación guarda con la sociedad que la consume? Estas son algunas opiniones.

A. La telebasura es un espejo del nivel cultural de la sociedad de nuestro país, puesto que los medios de comunicación, tanto públicos como privados, cada vez más ofrecen esta programación. El debate surge cuando una minoría de la sociedad no está de acuerdo con el consumo masivo de este tipo de programas. d

B. Fundamentalmente quiero que la televisión me entretenga. Poco más. Y quiero que lo haga a cualquier hora, en cualquier momento, cuando yo quiera. Sin necesidad de esperar a que a cierta hora empiece cierto programa o determinada película. Si pongo la tele y no entiendo el programa porque he perdido el hilo argumental, inmediatamente cambio de canal y me quedo con ése que me da un producto del que, necesariamente, no tengo por qué saber nada. Ése es el éxito de los programas basura. De la televisión basura. c a

C. Eso de la telebasura es muy relativo. No todo el mundo tiene los mismos gustos. La pregunta es qué buscamos en la televisión: entretenimiento, cultura, información. El problema de la televisión de ahora, en mi opinión, es lo monótona y repetitiva que ha llegado a ser. Es todo "corazón", además de un circo. Está muy bien esto del corazón, pero en lugar de 20 horas diarias de lo mismo, ¿no podrían ser una o dos horas? Igual que uno elige el color de su coche, ¿por qué no podemos elegir lo que queremos ver? b e

a. Cambio de cadena cuando no entiendo el programa que veo. Opinión B
b. Los contenidos de los programas se repiten en todas las cadenas. Opinión C
c. Busco en la televisión una evasión, una diversión. Opinión B
d. La televisión refleja las preocupaciones culturales de la sociedad. Opinión A
e. Podría limitarse el número de horas que se dedican a programas de cotilleo. Opinión C

2. ¿Cómo definirías algunos tipos de programas de la televisión? Relaciona las definiciones con el nombre que los designa.

Juego de competición en el que los participantes luchan por un premio.
Concurso
Historia de personajes que se repiten contada en capítulos de corta duración.
Serie
Resumen de las principales noticias de actualidad ocurridas en un día.
Telediarios
Debate sobre un tema de interés general que cuenta con la participación de personas expertas en ese tema.
Tertulia
Entrevistas a personajes famosos de contenidos más o menos escandalosos.
Del corazón
Tertulia
Del corazón
Serie
Concursos
Telediarios

3. ¿Sabes qué tipo de programa es el más visto en tu país? Enumera alguno de los más famosos.

4. Piensa en un argumento a favor de los programas de "famosos" o "del corazón", y otro argumento en contra.

Después de leer

• Estos son algunos de los programas más vistos en la televisión española. ¿Qué tipo de contenidos pueden tener?

Los programas con más aceptación (2002)

1. Concierto de Año Nuevo
2. Patinaje artístico
3. Baloncesto (Campeonato del Mundo)
4. *¡Qué grande es el cine!*
5. Procesiones de Semana Santa

Los programas más vistos (2002)

1. Festival de Eurovisión (TVE 1)
2. Campeonato del Mundo de fútbol (Antena 3 TV)
3. Operación Triunfo (Gala final) (TVE 1)
4. Campeonato del Mundo de fútbol (Antena 3 TV)
5. Campeonato del Mundo de fútbol (Antena 3 TV)

Fuente: RTVE. (Informe año 2002)

• Practica en grupos. ¿Qué programas de la televisión de tu país calificarías de "telebasura"? ¿Qué te parecen? ¿Te resultan divertidos, aburridos, escandalosos, desagradables o interesantes? ¿Deberían prohibirse algunos contenidos de estos programas? ¿Cuáles? ¿Por qué o por qué no?

• Practica en grupos. Crea grupos según la afinidad de opinión en estos temas. Cada grupo redacta un "manifiesto" sobre la televisión, en el que escribe lo que opina sobre los programas de TV en general y de algunos en particular.

GABRIEL GARCÍA MÁRQUEZ
CIEN AÑOS DE SOLEDAD
Escenas representativas de la vida y obra del Nobel
colombiano Gabriel García Márquez
Macondo

Unidad 15
Historias

Competencias pragmáticas:

- Relatar acciones pasadas.
- Describir acciones en el pasado.
- Relatar acciones acabadas anteriores a otra acción pasada.

Competencias lingüísticas:

Competencia gramatical
- Revisión de los tiempos del pasado.
- Contraste Pretérito Imperfecto / Pretérito Indefinido.

Competencia léxica
- Datos biográficos.

Conocimiento sociocultural:

- La vida de un Premio Nobel en Colombia.

A. La gala aniversario

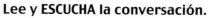

Lee y ESCUCHA la conversación.
Hispavisión celebra el aniversario de sus emisiones.

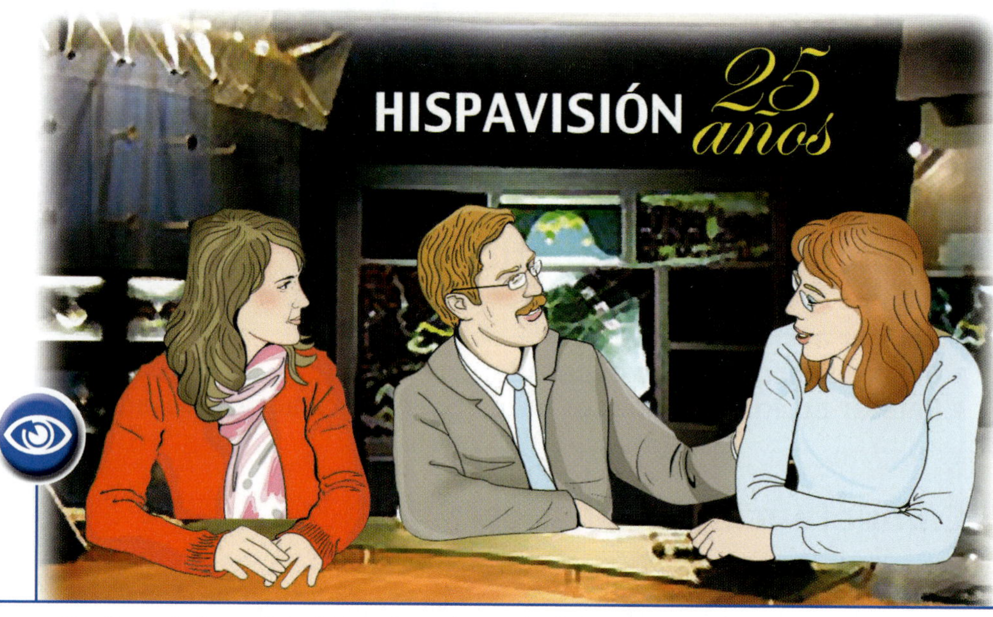

Sandra: *Buenos días. Les saludamos hoy 4 de junio, aniversario de la primera emisión de Hispavisión.*
Emilio: *En efecto, hace ya 25 años salió a antena el primer programa de Hispavisión. Lo presentó nuestra querida directora Silvia Torres, que entonces era presentadora.*
Sandra: *Ese día ocurrieron muchas cosas, y Silvia las contó en nuestro primer programa de noticias.*
Emilio: *Fue elegido el nuevo Secretario General de las Naciones Unidas, se anunció el descubrimiento de un nuevo fármaco contra la malaria y el Atlético Rioplatense ganó la Copa Libertadores de fútbol.*
Sandra: *Todo eso ocurrió ese 4 de junio, y hoy saludamos a nuestra flamante primera presentadora, que es ahora nuestra directora de programación. Con todos ustedes: ¡Silvia Torres!*
Silvia: *Muchas gracias, es un honor estar aquí hoy. Han pasado 25 años, han ocurrido muchas cosas en ese tiempo, e Hispavisión ha estado siempre con la sociedad, informándonos, entreteniéndonos y ayudándonos a formar nuestra propia opinión. Han sido 25 años de independencia, de rigor informativo y de calidad televisiva.*

  **Escucha otra vez y CONTESTA a las preguntas.**

a. ¿Cuál fue el día de la emisión? 4 de junio.
b. ¿Qué celebran los trabajadores de Hispavisión? El 25 aniversario de la primera emisión de la cadena.
c. ¿Qué cargo tenía Silvia Torres hace 25 años? Presentadora.
d. ¿Cómo se llama la actual directora de programación? Silvia Torres.

• Relatar hechos pasados (una historia, la vida de uno mismo)

Nací en 1973 en una pequeña ciudad cercana a París.
Silvia Torres era entonces presentadora.
Cuando tenía 17 años viajé a Buenos Aires.
Allí conocimos a unos actores que habían nacido en mi ciudad.

Para ayudarte

Ampliación de la interacción oral:
Los alumnos traen fotos suyas y en grupos cuentan dónde están, qué hacían, etc., en las fotos. Incluso si algún alumno no ha traído fotos, se le puede prestar alguna y puede improvisar relatos inventados sobre ellas, imaginando los personajes y lo que estaban haciendo.
"El juego de la biografía".
El jugador **A** piensa en un personaje famoso y **B** (o un grupo) debe adivinar quién es. **A** empieza a dar datos biográficos en primera persona (sin mencionar su propio nombre). Tras desvelar cada dato, da unos segundos para que los demás intenten adivinar de quién se trata. Si tras 10 pistas nadie logra adivinar la identidad del personaje, **A** ha ganado.

Concurso de conocimientos. PRACTICA en grupos.

PREGUNTA	RESPUESTAS
1. ¿Quién acompañaba a Don Quijote en sus aventuras?	[x] Sancho Panza. [ ] Miguel de Cervantes. [ ] Dulcinea.
2. ¿Cuándo cayó el muro de Berlín?	[ ] En 1988. [x] En 1989. [ ] En 1999.
3. ¿Quién fue el general que consiguió la independencia de Argentina y de otros países del sur de América?	[x] Sanmartín. [ ] Hernán Cortés. [ ] Alonso Pinzón.
4. ¿De dónde viene el nombre de "América"?	[x] De un navegante italiano. [ ] De un personaje mitológico. [ ] No se sabe.
5. ¿En qué país se inventó el fútbol?	[x] En China. [ ] En Inglaterra. [ ] En Brasil.
6. Durante la dominación árabe en España, ¿cuál fue la ciudad más importante del oeste de Europa?	[ ] Santiago de Compostela. [ ] Torremolinos. [x] Córdoba.

Sandra invita a Silvia a su casa y le enseña fotos. Escucha el diálogo y COLOCA las imágenes de Sandra en el orden correcto en su álbum. c, b, d, a.

La ordenación que se da aquí es según la cronología. Si se hace por orden en que se mencionan: d, b, a, c.

b 
d 
a 
c 

Escucha y SEÑALA cuál de las dos formas verbales escuchas en cada frase.

a.	[ ] llamaran	[x] llamarán	d.	[x] llegue	[ ] llegué
b.	[ ] canto	[x] cantó	e.	[x] contaras	[ ] contarás
c.	[x] hablo	[ ] habló	f.	[x] saludáramos	[ ] saludaremos

En el siguiente texto faltan tildes. Lee y ESCRIBE las que hagan falta. A continuación comprueba tus respuestas con ayuda de tu profesor.

Miembros del Ejército de Tierra levantarán a lo largo de este mes el primer laboratorio, con logística y técnica española, en la Antártida. Se trata de un campamento temporal con capacidad para 30 personas. El estudio que realizarán los once investigadores de la expedición española se centrará en conocer los entresijos del volcán Decepción, situado en la isla del mismo nombre. El proyecto finalizará el próximo dos de enero. Además, en esta campaña el buque Hespérides será sustituido por Las Palmas.

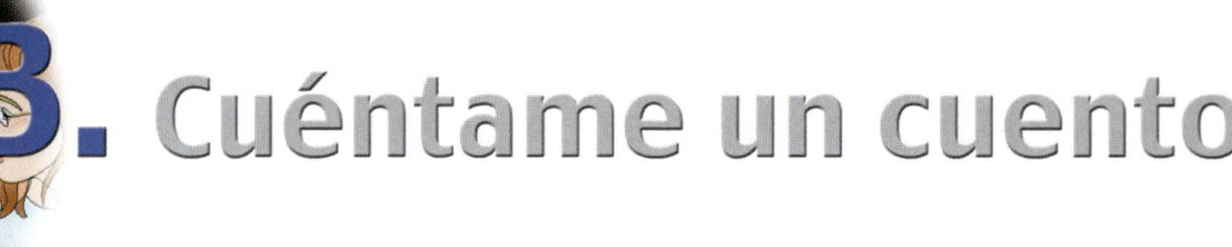

B. Cuéntame un cuento

LEE el cuento del escritor uruguayo Eduardo Galeano.

Celebración de la fantasía

Fue a la entrada del pueblo de Ollantaytambo, cerca del Cuzco. Yo me había separado de un grupo de turistas y estaba solo, mirando de lejos las ruinas de piedra, cuando un niño del lugar, delgado, sucio, se acercó a pedirme que le regalara una lapicera. No podía darle la lapicera que tenía, porque la estaba usando en no sé qué aburridas anotaciones, pero le ofrecí dibujarle un cerdito en la mano.

Súbitamente, se corrió la voz. De repente me encontré rodeado de un grupo de niños que exigían, a gritos, que yo les dibujara animales en sus manitas cuarteadas de suciedad y frío, pieles de cuero quemado: unos querían un cóndor y otros una serpiente, otros preferían loritos o lechuzas, y no faltaban los que pedían un fantasma o un dragón.

Y entonces, en medio de aquel alboroto, un chiquillo que no medía más de un metro, me mostró un reloj dibujado con tinta negra en su muñeca:

-Me lo mandó un tío mío, que vive en Lima- dijo.

-¿Y funciona bien?- le pregunté.

-Atrasa un poco- reconoció.

Eduardo Galeano. *El libro de los abrazos*.
Madrid. Siglo XXI. 2000
(Versión adaptada del texto)

"Lapicera": es la palabra típica en Uruguay para pluma o bolígrafo en español de España.

Eduardo Galeano, escritor y periodista uruguayo (Montevideo, 1940), ha tratado siempre de hacer un retrato fiel de la realidad americana contemporánea. Es autor de numerosos reportajes periodísticos, el más famoso *Las venas abiertas de América Latina*. Entre sus obras narrativas destacan *El libro de los abrazos* y *La escuela del mundo al revés*.

1 Lee el texto otra vez y CONTESTA a las preguntas.

a. ¿En qué país está el autor del cuento? En Perú.
b. ¿Qué le pide el primer niño? Un lápiz o lapicera.
c. ¿Qué pasó después de que el escritor dibujara el cerdito al niño? Un grupo de niños se acercó al protagonista.
d. ¿Qué le pasa al reloj del tío de Lima? Atrasa un poco.

- **Relatar acciones acabadas**
  Fue a la entrada del pueblo...
- **Describir una situación**
  Estaba solo, tenía miedo, sentía frío...
- **Relatar acciones acabadas anteriores a otras pasadas**
  El número se me había ido de la cabeza cuando intenté recordarlo.
- **Expresar la petición de otro**
  Me pidió que le regalara una pluma.

Para ayudarte

SUBRAYA en cada frase el verbo más adecuado.

a. Cuando llamó Andrés, ya *cenábamos* / *habíamos cenado*.
b. Ayer Julio me *llamó* / *llamaba* por teléfono para pedirme que le *presto* / *prestara* un libro.
c. El domingo *hubo* / *había* en la calle gente que *protestaron* / *protestaba* por la subida de precios.
d. Lo siento, Pepe, ayer no te *llamaba* / *llamé* porque no me *encontré* / *encontraba* bien.
e. Nosotros *estuvimos* / *estábamos* viendo tranquilamente un partido en la tele, y de buenas a primeras Jorge *empezaba* / *empezó* a decir tonterías.
f. • ¿Qué te *pasó* / *pasara* el domingo, por qué no *viniste* / *venías* a mi cumpleaños?
   • Lo siento, es que por la mañana mis padres me *pidieron* / *pedían* que les *ayudo* / *ayudara* a trasladar un sofá, *iba* / *fui* a su casa y al cargar el sofá, me *caí* / *caía* y por la tarde no *podía* / *pude* moverme, me *dolió* / *dolía* todo el cuerpo.

¿Conoces el cuento del "Patito feo"? ORDENA los fragmentos para construir el relato completo.

Con este cuento se pretende presentar y analizar los tiempos de la narración en español. Si sus estudiantes no conocen el cuento de antemano, póngales la grabacion al mismo tiempo que van ordenando el relato. Interrumpa la audición del cuento después del párrafo 8 ("Los cisnes respondieron que sí"), para que los estudiantes tengan la oportunidad de pensar y escribir el final del cuento.

El patito feo

1 En una bonita granja, Patita, la pata más linda del lugar, empollaba pacientemente sus huevos, esperando la salida de sus siete patitos.

5 Nadie quería jugar con él, ni sus hermanos ni los otros animales de la granja. Sus hermanos le hacían bromas y se burlaban de él.

3 Un poco más tarde, el huevo empezó a romperse y de él salió un sonriente pato, más grande que sus hermanos, pero más feo que los otros seis.

8 Al fin llegó la primavera y patito feo llegó a un estanque donde había unas aves bellísimas. Eran elegantes y se movían en el agua con tanta gracia que patito feo se sintió avergonzado porque él era muy torpe. De todas maneras, se acercó a ellas y les preguntó si podía bañarse también. Los cisnes (pues eran cisnes) le respondieron que sí...

4 Pasaron los días y el aspecto del pato feo no mejoraba, al contrario, era cada vez más feo, crecía muy rápido y era flacucho y torpe, el pobrecito.

6 Como nadie le quería, decidió irse a buscar amigos que le quisieran a pesar de su aspecto. Así que un día se escapó de la granja.

2 Llegó el día en que los patitos comenzaron a abrir los huevos poco a poco, ante la alegría de la Señora Pata y de sus amigas. Cuando ya habían salido seis, todas concentraron su atención en el séptimo huevo, que aún no se había abierto.

7 Andando, andando llegó a otra granja donde vivía una señora que parecía muy amable, pero se equivocó, pues la mujer lo quería para que le sirviese de segundo plato.

(Versión adaptada por los autores)

ESCUCHA el cuento y comprueba si lo has ordenado bien.

PRACTICA en parejas. Como has observado, falta un último fragmento. Escríbelo con tu compañero. Después, escucha la audición y comprueba si has acertado.

Contenidos gramaticales

Tiempos de la narración

- Pretérito Perfecto

Se usa para hablar de acciones pasadas en un tiempo que el hablante siente próximo al presente.

Este mes no he ahorrado nada.

También se usa para hablar de experiencias y acontecimientos, sin determinar la fecha.

Julián ha escrito muchos libros.
En Galicia ha habido un terremoto.

- Pretérito Indefinido

Se usa para hablar de acciones pasadas, puntuales y acabadas en un tiempo determinado.

En 1998 fuimos de vacaciones a Grecia.
Estudió varios años en La Sorbona.

- Pretérito Imperfecto

Se usa para hablar de acciones habituales y no acabadas en el pasado.

Mientras estudiaba en La Sorbona, daba clases de español tres veces por semana.

También se utiliza para describir en el pasado.

Mi abuela era una mujer encantadora. Tenía muy buen carácter y le gustaba contarnos cuentos antes de dormirnos.

- Pretérito Pluscuamperfecto

Expresa una acción terminada en el pasado, anterior a otra también pasada.

Cuando llegamos a casa, los niños se habían dormido.

1 COMPLETA el texto con el verbo más adecuado.

- ¿Dónde vivías cuando estudiabas en Granada?
- ¡Uff!, en muchos sitios. Primero (VIVIR) ...viví... en un colegio mayor durante dos años, luego (CANSARSE) ...me cansé... porque (HABER) ...había... demasiada disciplina, y (IRSE) ...me fui... a una pensión con unos compañeros. La dueña de la pensión (SER) ...era... muy simpática, pero bastante tacaña y nos (DAR) ...daba... de comer muy mal. Allí (PASAR) ...pasé... unos seis meses. Entonces, un compañero de la Facultad me (PREGUNTAR) ...preguntó... si (QUERER) ...quería... trabajar en una librería. (ESTAR, él) ...Había estado... trabajando unos meses, pero lo (DEJAR) ...dejó... porque (ENCONTRAR) ...encontró / había encontrado... un trabajo mejor. Así, (EMPEZAR, yo) ...empecé... a trabajar y una nueva vida. Aunque no me (PAGAR) ...pagaban... mucho, con lo que (GANAR) ...ganaba... y el dinero que me (MANDAR) ...mandaban... mis padres, (PODER) ...pude... alquilar un piso y vivir sola, que (SER) ...era... lo que yo siempre (QUERER) ...había querido... .

Contraste Pretérito Imperfecto / Pretérito Indefinido

• Se usa para expresar una acción en desarrollo (Pretérito Imperfecto) interrumpida por otra (Pretérito Indefinido):

Cuando salía de mi casa, me encontré con David.
estaba saliendo

• El Pretérito Imperfecto indica el marco y la situación en la que ocurre la acción principal, expresada en Pretérito Indefinido.

Cuando estaba estudiando en París, conocí a mi marido.
Cuando vivía en Andalucía, visité la Alhambra varias veces.
Como estaban cansados, no salieron por la noche.

SUBRAYA el verbo más adecuado en el siguiente cuento.

La princesa y el guisante

Había una vez un príncipe que querìa / quiso casarse con una verdadera princesa de sangre real. Durante más de un año viajaba / viajó por todo el mundo buscando una, pero no la encontraba / encontró. Había / Hubo muchas princesas, pero no fueron/eran de sangre real. Y el príncipe volvía / volvió a su palacio muy triste porque no había encontrado / encontró una verdadera princesa de sangre real.

Una noche que llovía / llovió muchísimo, estaba / estuvo el príncipe y sus padres leyendo y de repente, alguien llamaba / llamó a la puerta. Abrían / abrieron la puerta y se encontraban / encontraron delante de una bellísima joven.

-¿Quién eres? – preguntaba / preguntó el padre del príncipe.

-Soy la princesa del reino de Safi- contestaba / contestó la joven con voz cansada. – Me perdía / he perdido en la oscuridad y no encuentro el camino.

La princesa estaba / estuvo mojada, tenía / tuvo mucho frío y hambre. Le daban / dieron ropa seca y algo para cenar. Poco a poco entraba / entró en calor al lado de la chimenea.

La reina, que deseaba / deseó casar al príncipe pronto, pensaba / pensó algo para saber si esa joven era una verdadera princesa real:

"Colocaré un guisante debajo de los veinte colchones y sábanas que hay en la cama donde va a dormir. Si no lo nota es que no es una verdadera princesa real. Si nota el guisante, es que tiene mucha sensibilidad y es una auténtica princesa."

Así lo hacía / hizo la reina.

A la mañana siguiente, el príncipe preguntaba / preguntó:

-¿Qué tal has dormido, joven princesa?

-Oh, terriblemente mal – contestó-. No dormía / he dormido en toda la noche. No comprendo qué había / hubo en la cama, pero tenía / tengo el cuerpo lleno de cardenales. ¡Fue / Ha sido horrible!

-¡Entonces eres una verdadera princesa!, a pesar de los colchones has sentido la molestia del guisante. ¡Sólo una verdadera princesa podía / pudo ser tan sensible.

Entonces, el príncipe se casaba / casó con ella porque estaba / estuvo seguro de que era una verdadera princesa real.

Y colorín colorado, este cuento se ha acabado.

(Versión adaptada por los autores)

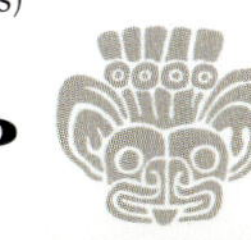

Lengua en uso

1

LEE estos fragmentos de la vida de Pedro Almodóvar y relaciona cada titular con el párrafo correspondiente.

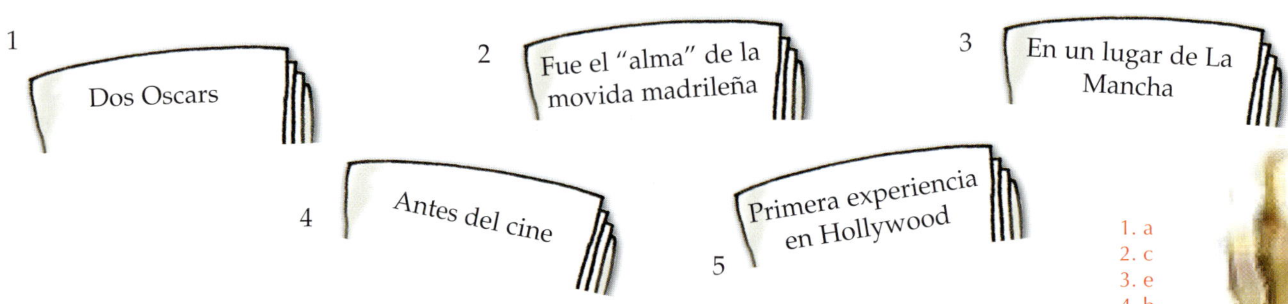

1. a
2. c
3. e
4. b
5. d

a Ganó su primera estatuilla, a la mejor película en lengua no inglesa, por *Todo sobre mi madre*. Tuvo la satisfacción de que le entregaran el premio dos de sus chicos: Penélope Cruz y Antonio Banderas. Ganó un segundo Oscar por el guión de *Hable con ella*. Por si esto no fuera poco, el cineasta ha despertado el interés universitario: se han realizado al menos 70 tesis doctorales sobre su obra en todo el mundo, y es doctor *Honoris Causa* por la Universidad de Castilla-La Mancha.

b Pronto aprobó unas oposiciones a auxiliar administrativo de Telefónica, empresa en la que permaneció durante doce años. En esta época hizo la "mili" [servicio militar obligatorio]. Se compró una cámara de súper 8 con su primer sueldo y empezó a hacer cortometrajes. En 1980 logró estrenar la legendaria *Pepi, Luci, Bom y otras chicas del montón* y a partir de entonces se dedicó por entero al cine.

c No le gusta que le pregunten por la movida y ha reconocido que aquellos años, entre 1977 y 1983, en los que los españoles redescubrieron la libertad perdida durante más de cuatro décadas, fueron los más emocionantes de su vida, y que participó en todo lo que olía a diversión. Fue actor en un grupo independiente y escribía en revistas alternativas. Creó un grupo musical *Almodóvar y MacNamara*, con el que grabó dos discos, "destrozando", en sus propias palabras, "todos los géneros musicales, desde el *pop* al *rock*".

d Tocó el cielo por primera vez cuando *Mujeres al borde de un ataque de nervios* fue una de las cinco candidatas al Oscar a la mejor película de habla no inglesa. España entonces se dio cuenta de la magnitud del fenómeno Almodóvar. No ganó el Oscar pero empezó a ser reconocido en todo el mundo.

e El director de cine de La Mancha (región de España donde nació Don Quijote, el universal personaje de Miguel de Cervantes) nació el 24 de septiembre de 1952 en Calzada de Calatrava (Ciudad Real). Hijo de Antonio y Francisca, tiene dos hermanos mayores y uno menor. La familia emigró a Madridejo (Cáceres) cuando él tenía ocho años. Estudió en el colegio San Antonio de Padua y a los 16 años decidió emanciparse y marcharse a Madrid.

ESCUCHA y contesta a las preguntas.

a. ¿Quién financia sus películas?
1. La productora de un familiar.
2. Él tiene su propia productora.

b. ¿Qué le sucede cuando está rodando?
1. Con frecuencia pierde los nervios.
2. Come mucho y toma mucho café.

c. ¿Qué le agudiza al cineasta el miedo a volar en avión?
1. Una vez tuvo un accidente que lo dejó sordo de un oído.
2. Tiene vértigo, claustrofobia y sólo oye por un oído.

d. ¿Qué problema tiene con los espejos?
1. Le encanta mirarse en ellos.
2. No le gusta nada verse reflejado en ellos.

e. ¿Hay en sus películas imágenes y ritos religiosos?
1. Sí, con frecuencia.
2. No, no le gustan nada.

ESCRIBE una redacción sobre tu vida (puedes inventarte todo lo que quieras). La redacción debe tener cuatro párrafos.

Tu infancia

Nací en... Mis padres son / eran de...
Fui al colegio por primera vez cuando...

Tu adolescencia

En el instituto conocí...
Mis asignaturas favoritas eran...

Primeras experiencias profesionales y acontecimientos que te han pasado hasta este año

Cuando terminé la universidad...
Encontré un trabajo en...

Lo que te ha pasado este año y tus proyectos y deseos para el futuro

Este año he hecho... / he estado... / he conocido...
El año que viene iré... / trabajaré... / empezaré... / tendré un hijo...
Me gustaría cambiar de trabajo / vivir en otro país / aprender otro idioma...

4 PRACTICA en grupos. Tus compañeros te hacen preguntas acerca de tu vida. Debes mentir en algunas respuestas. Ellos tienen que descubrir tu "error".

Taller [Relatos biográficos]

Antes de leer

1. Gabriel García Márquez, en su libro *Vivir para contarla*, narra las circunstancias de su nacimiento. ¿Cuáles de estos aspectos esperas encontrar en una narración de un nacimiento? Señala tus respuestas.

- preparativos del parto
- celebración familiar: banquete, invitados, etc.
- datos del recién nacido: peso, rasgos, color de pelo, etc.
- signo del Zodíaco
- problemas en el parto, emergencias
- regalos al recién nacido o a los padres

2. ¿Qué sabes tú de las circunstancias de tu nacimiento?

"Hacer temblar los cimientos" significa que la noticia supuso una conmoción, sorprendió enormemente a todos.
Antes era tradicional bautizar a cada recién nacido con el nombre del santo del día (según el santoral católico). También era, y sigue siendo, costumbre el imponer el nombre del padre, de la madre o de alguno de los abuelos. Como es frecuente poner varios nombres de pila a los niños, estas diferentes costumbres son compatibles.

La lectura

1. Ahora lee y subraya las partes que contienen información sobre alguno de los puntos de la lista anterior. ¿Cuántos puntos has acertado?

Dos meses después de la boda, [el abuelo] Juan de Dios recibió un telegrama de mi padre con el anuncio de que Luisa Santiaga [mi madre] estaba encinta. La noticia hizo temblar los cimientos de la casa de Aracataca.
[...]

Fue allí donde nació el primero de siete varones y cuatro mujeres, el domingo 6 de marzo de 1927, a las nueve de la mañana y con un aguacero torrencial fuera de estación, mientras el cielo de Tauro se alzaba en el horizonte. Estaba a punto de ser estrangulado por el cordón umbilical, pues la partera de la familia, Santos Villero, perdió el dominio de su arte en el peor momento. Pero más aún lo perdió la tía Francisca, que corrió hasta la puerta de la calle dando alaridos de incendio:
—¡Varón! ¡Varón! —Y enseguida—: ¡Ron, que se ahoga!

La familia supone que el ron no era para celebrar sino para reanimar con friegas al recién nacido. Misia Juana de Freytes, que hizo su entrada en la alcoba, me contó muchas veces que el riesgo más grave no era el cordón umbilical, sino una mala posición de mi madre en la cama. Ella se la corrigió a tiempo, pero no fue fácil reanimarme, de modo que la tía Francisca me echó el agua bautismal de emergencia. Debí de llamarme Olegario, que era el santo del día, pero nadie tuvo a la mano el santoral, así que me pusieron de urgencia el primer nombre de mi padre seguido por el de José, el carpintero, por ser el patrono de Aracataca y por estar en su mes de marzo. Misia Juana de Freytes propuso un tercer nombre en memoria de la reconciliación general que se lograba entre familias y amigos con mi venida al mundo, pero en el acta del bautismo formal que me hicieron tres años después olvidaron ponerlo: Gabriel José de la Concordia.

(Fragmento de *Vivir para contarla*, de Gabriel García Márquez, Barcelona. Mondadori. 2002)

2. Relaciona las palabras de la izquierda, que aparecen en el texto, con los significados de la columna de la derecha.

a. estar encinta	1. dormitorio
b. santoral	2. libro que contiene todos los nombres de los santos
c. alcoba	3. lluvia muy fuerte
d. aguacero	4. estar embarazada
e. partera	5. señora experta en ayudar a las mujeres a dar a luz
f. alaridos	6. fricciones o masaje
g. friegas	7. gritos

(a → 4; b → 2; c → 1; d → 3; e → 5; f → 7; g → 6)

3. Lee el texto otra vez y contesta a las preguntas.

a. ¿Quién nació el 6 de marzo de 1927? El primero de la familia (él mismo, Gabriel García Márquez).
b. ¿Qué noticia provocó una convulsión en la familia? Que la madre estaba embarazada.
c. ¿Qué personajes se asustaron al conocer la noticia? Supuestamente, todos los que vivían en la casa de Aracataca.
d. ¿Quién era Olegario? El Santo del día en el que nació García Márquez.
e. ¿Por qué corre la tía del protagonista? Porque perdió los nervios y estaba asustada.
f. ¿En qué ciudad transcurren los acontecimientos? Aracataca.

4. Algunos detalles de la historia son sorprendentes. ¿Qué es lo que más te ha sorprendido de este fragmento?

5. Lee este otro fragmento de *Vivir para contarla.* ¿De qué experiencia vital trata? ¿Qué recuerdos tienes de una experiencia parecida? El texto describe los primeros tiempos de García Márquez como colegial, su frustración con el abecedario y lo bien que le fue en el colegio Montessori.

Me costó mucho aprender a leer. No me parecía lógico que la letra *M* se llamara *eme*, y sin embargo con la vocal siguiente *emea* sino *ma*. Me era imposible leer así. Por fin, cuando llegué al Montessori la maestra no me enseñó los nombres sino los sonidos de las consonantes. Así pude leer el primer libro que encontré en un arcón polvoriento del depósito de la casa. Estaba descosido e incompleto, pero me absorbió de un modo tan intenso que el novio de Sara soltó al pasar una premonición aterradora: "¡Carajo!, este niño va a ser escritor".

(Fragmento de *Vivir para contarla*, de Gabriel García Márquez, Barcelona. Mondadori. 2002)

El título del libro de Gabriel García Márquez esconde un juego de palabras: "Vivir para contarla" o, en España "Vivir para contarlo", es una expresión que significa "librarse de un peligro, salvar la vida". Sin embargo, el título hace referencia a la narración ("contarla") de su vida.

Después de leer

- Practica en grupos. Contamos nuestro propio nacimiento con un poco de imaginación (inventando algunos detalles, si hace falta) a nuestros compañeros. Se vota el nacimiento más "original".

Clave
Libro de ejercicios

UNIDAD 1
Comunicación
1. a. 4; b. 3; c. 1; d. 5; e. 6; f. 7; g. 2.
Gramática
1. a. Has estado; pasé; b. Has probado; comí; c. Empecé; dejé; he vuelto a empezar; d. nació; se vino; ha vivido.
2. a. 5; b. 3; c. 1; d. 2; e. 4; f. 6.
3. 1. Tengo; 2. llevo; 3. Trabajo; 4. Me gusta; 5. He viajado; 6. empecé; 7. escríbanme.
Léxico
1. 1. Número de hijos; 2. Ocupación; 3. Dirección particular; 4. Población; 5. Provincia; 6. Teléfono móvil; 7. Correo electrónico; 8. Aficiones.
Comprensión auditiva
1. 1. ¡Hola, Luisa! ¿Cómo estás?; 2. Muy bien, gracias, Carlos. ¿Y tú?; 3. Bien, bien. ¿Cuánto tiempo llevas trabajando en este banco?; 4. Muy poco. Unos dos meses más o menos. Y tú, ¿a qué te dedicas ahora?; 5. Bueno, yo hace un año que trabajo en una escuela infantil; 6. ¡Qué interesante! ¿Te gusta trabajar con niños?; 7. Sí, me encanta pero acabo muy cansado. ¿Y a ti te gusta trabajar en el banco?; 8. No, no mucho. Paso muchas horas sentada delante del ordenador. Es un poco aburrido.
Comprensión lectora
1. a. F (de Málaga); b. V; c. V; d. F (se ha casado en dos ocasiones); e. V; f. F (fue en 1999).

UNIDAD 2
Comunicación
1. a. opina; parece; b. le; acuerdo; c. Qué; importa; d. que; mí.
Gramática
1. a. tienes; b. ser; c. Está; d. tiene; está; e. Estoy; es; f. está.
2. a. 4; b. 5; c. 6; d. 2; e. 3; f. 1.
Léxico
1. a. generoso; b. solidario; c. gracioso/a; d. egoísta / tacaña; e. amable.
2. a. divertida; b. aburridos; c. amable; d. grosero; e. generosa; f. tacaña; g. solidario; h. egoísta / maleducado.
Comprensión auditiva
1. Diálogo 1 – dibujo b; Diálogo 2 – dibujo c; Diálogo 3 – dibujo a.
2. Diálogo 1: a. Serio y trabajador; b. Entrevistarán a los otros dos candidatos y luego decidirán. **Diálogo 2:** c. Porque tiene mucho trabajo atrasado; d. Pone objeciones. Dice que estará muy ocupado mañana. **Diálogo 3:** e. Está seria porque ha discutido con su novio; f. Cree que es grave porque su novio no quiere seguir con ella.
Comprensión lectora
1. a. F; b. V; c. V; d. F; e. V; f. V.

UNIDAD 3
Comunicación
1. Expresar obligación: a, c, d, f, g. **Expresar ausencia de obligación:** b, e, h.
2. a. Sí, tengo que limpiarla; b. Sí, tengo que comprar; c. Sí, tengo que estudiar más; d. Sí, tengo que plancharla. e. Sí, tengo que echarle / ponerle más sal.
Gramática
1. a. Dése; b. eche; echo; c. Llame; d. repetir; eche; e. ir; lleve; f. haga.
2. a. Lávela; b. Pélelos; c. Cuézalo a fuego lento; d. Bátalos; e. Añádalas; f. Póngale mantequilla.
3. a. No hace falta que llames; b. No hace falta que las eches; c. No hace falta que lo seas; d. No hace falta que vayas. e. No, no hace falta que hagas nada más.
Léxico
1. a. un plato de sopa; b. un filete; c. unas patatas fritas; d. unas aceitunas; e. unos pimientos; f. una olla; g. una sartén; h. un salero; i. una cabeza de ajos.
Comprensión auditiva
1. Diálogo 1: Hacer la compra - María - Sí; **Diálogo 2:** Tender la ropa - Pablo - No; **Diálogo 3:** Hacer la comida - Pablo - Sí.
Comprensión lectora
1. a. F (se debe evitar la ternera); b. F (mientras la carne se cocina, se pela la verdura); c. F (la carne queda blanda); d. F (se hierve el trozo entero de carne); e. F (la carne se corta en trozos pequeños y la cebolla, también); f. F (es, precisamente, la más dura); g. F (está mejor incluso un día después).

UNIDAD 4
Comunicación
1. Diálogo 1: 1. ¿Qué hacéis el próximo fin de semana?; 2. Seguramente iremos a Ámsterdam; 3. ¡Qué bien! A mí también me apetecería ir; 4. ¿Por qué no nos vamos todos juntos?; 5. ¡Buena idea!; 6. ¿A qué hotel iremos?; 7. Pues a uno céntrico, cerca de los canales.
Diálogo 2: 1. ¿Cómo se va de Madrid a Alicante?; 2. Pues por la autopista de Levante; 3. ¿Cuánto tardaremos?; 4. No sé, unas cuatro horas más o menos; 5. ¿Está muy lejos?; 6. Estará a unos trescientos y pico o cuatrocientos kilómetros.
2. a. Yo en tu lugar, dormiría un rato; b. Yo en tu lugar, leería un libro; c. Yo en tu lugar, aprendería otro; d. Yo en tu lugar, conocería otras ciudades; e. Yo en tu lugar, probaría el *sushi*.
3. a. El museo estará a unos 15 minutos del hotel; b. El aeropuerto estará a unos 20 kilómetros del centro; c. La parada del autobús estará a unos 100 metros de la biblioteca; d. Barcelona estará a unos 300 kilómetros de Valencia; e. El restaurante estará a veinte minutos de la universidad; f. Córdoba estará a una hora de Sevilla.

Gramática
1. a. había empezado; b. había pagado; c. se había ido; d. había trasladado; e. se había casado; f. se había dejado.
2. a. llegaron; había quemado; b. conocí; había terminado; c. pusieron; salté; d. contó; había tenido; e. encantó; había visto.
3. a. llamaste por teléfono; pude; estuve; b. hiciste; vi; fui; llegué; te habías ido; c. saliste; fui; estaba; tenía.
Léxico
1. a. boutique; b. pastelería; c. farmacia; d. quiosco; e. perfumería; f. estanco.
2. a. boutique; b. estanco; c. pastelería; d. perfumería; e. farmacia; f. quiosco.
Comprensión auditiva
1. 1. Quiere ir a la farmacia (diálogo 1) y a la Plaza Mayor (diálogo 2).
2. Diálogo 1: favor; decirme; farmacia; recto; izquierda. **Diálogo 2:** sabe; Plaza Mayor; cerca; calle; derecha.
Comprensión lectora
1. a. F. (Oaxaca recibe su nombre por el número de guajes que había en este lugar); b. V; c. F. (Su extensión es 95.364 kilómetros cuadrados); d. F. (La zona de Oaxaca es muy montañosa); e. F. (Está a 465 kilómetros de Ciudad de México); f. V; g. F. (Está cerca de la costa, a 249 kilómetros); h. F. (Oaxaca es un lugar muy turístico).

UNIDAD 5
Comunicación
1. a. Pablo dijo que el examen le había salido muy mal y preguntó a María qué tal le había ido; b. María dijo que a ella le había salido bien, y que si aprobaba los invitaría a cenar a los dos; c. Ignacio dijo que no se había examinado todavía, y que iba a tener el examen al día siguiente.
2. a. ¡Enhorabuena!; b. ¡Ya lo creo!; c. Sí, ya lo sabía; d. ¡Por fin!; e. ¡No me digas!; f. No lo sé.
Gramática
1. a. cuándo; b. si; c. que; d. dónde; e. cuándo.
2. a. voy a casar; b. he estado saliendo; c. lo creo. Enséñame; d. han traído; estarán listas; mandaré la tuya; e. eres; sí creo; f. es; lo has creído.
Léxico
1. a. museo; b. parque; c. polideportivo; d. autobús; e. biblioteca.
2. a. biblioteca; b. autobús; c. polideportivo; d. museo; e. parque.
Comprensión auditiva
1. Diálogo 1 - resumen b - ilustración c; diálogo 2 - resumen d - ilustración a; diálogo 3 - resumen a - ilustración b; diálogo 4 - resumen c - ilustración d.
Comprensión lectora
1. a. V; b. V; c. F (ha tenido también malas críticas); d. F (cree haber terminado con ese tópico); e. V; f. F (es más cercana, como un cliente con el dueño de un pequeño hotel).
2. (Respuesta posible): Ray Loriga dijo que después de cinco años su relación con el castellano había cambiado.

UNIDAD 6
Comunicación
1. 1. Buenas tardes, señora, dígame, ¿qué le pasa?; 2. Pues, no sé, no me encuentro bien últimamente. Me encuentro cansada; 3. Bueno, veamos, ¿le duele la cabeza o la garganta?; 4. Sí, la garganta me duele bastante; por la noche, sobre todo. Habré cogido frío; 5. Voy a verle la garganta. Abra la boca... Bien, sí, tiene las anginas bastante rojas. Esto va a ser faringitis; 6. ¿Faringitis? Pues es la primera vez que tengo faringitis; 7. Bueno, eso no significa nada. Siempre hay una primera vez. Tómese estas pastillas, tome mucha vitamina C y no hable demasiado; 8. Muchas gracias, doctor. Hasta la vista.
Gramática
1. a. traigas; b. estudies; c. hables; d. reserves; e. hagas.
2. a. Habrás cogido; b. habrá seguido; c. será; d. habrán ido.
Léxico
1. Enfermedades: gripe, catarro, faringitis, intoxicación, alergia. **Síntomas:** fiebre, tener tos, dolor de estómago, dolor de muelas, diarrea.
2. a. Tendrá catarro; b. Será una intoxicación; c. Tendrá faringitis; d. Tendrá gripe.
Comprensión auditiva
1. a. 3 (219.000 horas); b. 2 (refleja nuestro carácter y nuestra forma de ser); c. 2 (analizó seis de las posturas más corrientes al dormir); d. 1 (la relación no tiene validez científica).
Comprensión lectora
1. a. 1; b. 3; c. 4; d. 2; e. 5; f. 6.

UNIDAD 7
Comunicación
1. 1. Sí, dígame, ¿en qué puedo ayudarle?; 2. Mire, al llegar a mi habitación he visto que las sábanas de la cama estaban sucias; 3. ¿Ah, sí? ¡Qué extraño! 4. ¿Cómo es posible que estén las sábanas sucias? ¿Es que no las han cambiado? 5. Lo siento mucho. Llamaré a la camarera para que las cambie; 6. Muchas gracias. Espero que no tarden mucho; 7. No se preocupe. Enseguida estarán cambiadas.
2. Cliente: 2, 4, 6. **Recepcionista:** 1, 7, 5, 3.
3. a. Dibujo 3; b. Dibujo 4; c. Dibujo 2; d. Dibujo 1.
a. Ojalá no haya tormentas ahora; b. Ojalá encontremos habitaciones libres; c. Ojalá no haga frío en Buenos Aires; d. Ojalá no sea caro este restaurante.
Gramática
1. a. Podremos visitar las ruinas de Tikal cuando viajemos a Guatemala; b. Creo que bailaremos un tango cuando vayamos a Buenos Aires; c. Cuando estuve en Bolivia me compré un jersey de lana; d. Aprendí a bailar la chueca cuando vivía en Chile (de pequeño); e. Cuando conozcas a Miguel comprenderás por qué tiene tanto éxito.
2. a. Espero que duerman ustedes bien; b. Espero que el museo esté abierto; c. Espero

que la foto salga bien; d. Espero que el enchufe valga; e. Espero que no se estropee el ascensor.
3. a. por; b. a; c. en; d. por; e. al; f. en; g. del; h. A; i. en; j. en / a; k. de.
Léxico
1. a. formalidad; b. ayudarle; c. hacer; d. posible.
2. a. me toque la lotería; b. encuentre la persona adecuada; c. vino a visitar mi ciudad; d. salga de la reunión; e. estuve en la feria de arte.
Comprensión auditiva
1. Diálogo 1 – dibujo b; **diálogo 2** – dibujo c; **diálogo 3** – dibujo d; **diálogo 4** – dibujo a.
2. Diálogo 1: Dónde está el autobús ahora; **Diálogo 2:** La sopa estaba fría y la carne dura; **Diálogo 3:** Con el guía (b); **Diálogo 4:** Cambiar el rollo caducado por otro.
Comprensión lectora
1. Entorno natural; naturaleza; ecosistemas; patrimonio; conservación.
2. a. V; b. F; c. V; d. V.

UNIDAD 8

Comunicación
1. a. 2; b. 5; c. 3; d. 1; e. 4.
2. a. ¡Qué va!; b. ¿verdad?; c. ¡Fenomenal!; d. ¡No me digas!; e. ¡Claro!; f. ¡Qué lata!
Gramática
1. a. se puede; b. se graban; c. se busca; d. se celebra; e. se toma; se habla.
2. a. Desde esta torre se ve toda la ciudad; b. Para ir a la Plaza de Castilla se cambia de tren en esta estación; c. Se venden muchos objetos de regalo en Navidades; d. Se usa mucho el autobús en Brasilia; e. Se ha traducido *El Quijote* a casi todos los idiomas del mundo.
3. a. menos; b. más / mejor; c. más; d. igual; e. más; f. menos; g. peor; h. menos; i. mejor; j. menos.
4. a. Es simpatiquísimo; b. Es interesantísimo; c. Llevo muchísimo tiempo; d. Llego tardísimo; e. Es riquísimo.
Léxico
1. a. 3; b. 6; c. 2; d. 5; e. 4; f. 1.
Comprensión auditiva
1. Entrevista 1: a. 1; b. 3. **Entrevista 2:** c. 2; d. 3. **Entrevista 3:** e. 3; f. 3.
2. Corresponde a la entrevista 2.
Comprensión lectora
1. a. F (No se llega a duplicar la cifra); b. V (Un 79,6%); c. F (Era un 28,1%); d. V; e. V.

UNIDAD 9

Comunicación
1. a. ¿Quién es el señor que está de pie y que lleva un jersey?; b. ¿...quién es el otro señor que está también de pie con bigote y que está calvo?; c. Supongo que la señora que lleva el traje de chaqueta (falda y chaqueta) y tiene gafas es tu madre; d. Son las que llevan la cola de caballo y visten camisetas; e. Supongo que tus abuelos son los que están sentados; f. ¿Y el chico que lleva perilla y un jersey?
Gramática
1. a. pueda; b. haya llegado; c. hayas querido; d. estén; e. haya aprobado; f. actúe.
2. a. 6; b. 4; c. 5; d. 2; e. 3; f. 1.
3. a. desfilen; b. sabe; c. hable; d. tiene; e. produzca; f. encoja.
Léxico
1. a. botas; b. chubasquero; c. gorro; d. calcetines; e. chándal; f. mochila; g. camiseta.
2. Tejidos: algodón, seda, cuero, lana, pana; **Ropa de deporte / excursión:** chándal, sudadera, chubasquero, camiseta, gorro, calcetines; **Calzado:** sandalias, botas, zapatos.
3. a. mochila; b. gorro; c. chubasquero; d. calcetines; e. botas.
Comprensión auditiva
1. Jordi Castelvil: Barcelona, 44 años, estudia y trabaja como barrendero, tiene una opinión positiva aunque admite que hay consumismo; **Lupe Ferreras:** Palma de Mallorca, 22 años, dependienta en una tienda de ropa, tiene una opinión negativa. No le gusta la hipocresía de la gente ni los regalos.
Comprensión lectora
1. a. F: entre la última de noviembre y la primera de diciembre; b. F: los balcones de la ciudad se adornan por orden del Ayuntamiento; c. F: las fiestas se abren con la elección de la Reina de Quito y el pregón en la Plaza de San Francisco; d. V; e. F: el hornado es cerdo al horno; f. F: el yaguarlocro es una mezcla de patatas con carne de oveja, aguacate, puerros y sangre de res frita.

UNIDAD 10

Comunicación
1. a. La Sra. López dijo que la fábrica estaba en mal estado, y que había que pintar las paredes; b. El Jefe de Producción añadió que los obreros se quejaban del frío y que la calefacción era insuficiente; c. El Director General dijo que estaba de acuerdo, y que teníamos que hacer obras en la fábrica, y preguntó quién podía encargarse de buscar una empresa de reformas; d. La Jefa de Ventas contestó que conocía una empresa que funcionaba muy bien, y preguntó si quería que se encargase ella; e. El Director contestó que estaba de acuerdo ("muy bien"), y que se encargase ella.
2. a. 2; b. 1; c. 6; d. 3; e. 4; f. 5.
3. a. necesario; b. hay; c. chapuza; d. así; e. mucho; f. tanto.
Gramática
1. a. qué; b. cuál; c. qué; d. cuál; e. cuál; f. qué.

2. Estar	**Tener**	**Oír**	**Hacer**	**Ir**	**Traer**
estuviera	tuviera	oyera	hiciera	fuera	trajera
estuvieras	tuvieras	oyeras	hicieras	fueras	trajeras
estuviera	tuviera	oyera	hiciera	fuera	trajera
estuviéramos	tuviéramos	oyéramos	hiciéramos	fuéramos	trajéramos
estuvierais	tuvierais	oyerais	hicierais	fuerais	trajerais
estuvieran	tuvieran	oyeran	hicieran	fueran	trajeran

3. a. fuéramos; b. tenía; c. necesitaban; d. buscara; e. hablaría; f. podía; g. llamaría.
4. a. Carmen le dijo a Luis que le hiciera un presupuesto; b. Luis le dijo a Alberto que le llevara ese presupuesto a la clienta; c. Alberto le preguntó a Carlos si le había llamado el fontanero; d. Carlos le preguntó a Sonia cuánto le habían costado las obras; e. Sonia le dijo a Carmen que le pidiera una factura al pintor.
Léxico
1. a. 2; b. 3; c. 1; d. 6; e. 4; f. 5.
Comprensión auditiva
1. 1: Las Fuentes / Parque del Este; 4 habitaciones; 600.000 €; 2: Zona sur; 2 habitaciones; 350.000 €; 3: Plaza de San Luis; 3 habitaciones; 425.000 €.
2. a. Cuatro; b. Es muy caro; c. No, porque no hay parques y no es muy céntrica; d. En la Plaza de San Luis. Cuesta 425.000 €; e. Para visitar un piso.
Comprensión lectora
1. a. Margaret; b. Carmen; c. Estefanía; d. Margaret; e. Estefanía; f. Carmen.

UNIDAD 11

Comunicación
1. a. Puedo; b. para; c. pruebe; d. devuelvan; e. en.
2. Pedir permiso: a, b, f. **Pedir un favor:** c, d, e, g.
Gramática
1. a. prestarme; b. que use; c. volver; d. que abra; e. que venga; f. ayudarme.
2. a. –lo; b. lo; c. –me; d. –lo; e. –te; f. –lo; g. –me; h. –lo; i. me; j. lo; k. se; l. lo; m. los; n. me.
3. a. que veamos; b. que la lleves; c. que se encienda; d. ir; e. que compremos; f. que venga; g. que la arreglen.
Léxico
1. a. a plazos; b. descuento; c. en efectivo; d. garantía; a plazos; e. ganga.
Comprensión auditiva
1. 1. b; 2. a; 3. d; 4. c.
2. a. Diálogo 3; b. Diálogo 1; c. Diálogo 4; d. Diálogo 2.
Comprensión lectora
1. a. 3; b. 2; c. 2.

UNIDAD 12

Comunicación
1. a. 3; b. 4; c. 2; d. 5; e. 1.
Gramática
1. a. fueran; b. hubiera; c. vinieran; d. acabara; e. pasáramos; f. se fuera.
2. a. Me gustaría que nevara; b. Me gustaría que viniera; c. Me gustaría que alguien me felicitara por mi cumpleaños; d. Me gustaría que mis amigos me escribieran cartas; e. Me gustaría que me regalaran algo por Navidad; f. Me gustaría que hubiera paz en el mundo; g. Me gustaría que se respetara el medio ambiente.
3. a. discutieras; b. fuera; c. visitaría; d. tuviera; e. pusieras; f. fueras; g. hiciera.
Léxico
1. a. divorciarse; b. tenemos problemas de convivencia; c. una falta de respeto; d. se llevan bien; e. sale con alguien / está saliendo con alguien; f. llevan viviendo mucho tiempo juntos.
Comprensión auditiva
1. a. 2; b. 2; c.1; d. 2.
Comprensión lectora
1. a. V; b. V; c. F; d. V; e. F.

UNIDAD 13

Comunicación
1. a. encienda la radio; b. te haga (un) café; c. (te) compre el periódico; d. (te) prepare la cena; e. ponga la tele.
2. a. 2; b. 4; c. 6; d. 3; e. 1; f. 5.
Gramática
1. a. En cuanto presente la tesis, haré oposiciones; b. En cuanto apruebe las oposiciones, buscaré trabajo; c. En cuanto tenga un trabajo fijo, compraré un piso; d. En cuanto tenga un piso, me casaré con mi novia; e. En cuanto tenga hijos, compraré un coche familiar.
2. a. me lo pida; b. tienen; c. haga; d. navega; e. ladre; f. riego / riegue; g. es / sea.
Léxico
1. a. pantalla; b. escenario; c. asiento; d. orquesta; e. telón; f. palomitas de maíz.
2. a. telón (no es una persona); b. radio (no es una parte del teatro); c. pantalla (los demás son distintos espectáculos); d. palomitas de maíz (no tienen que ver con el teatro ni la actuación).
3. a. aplausos; b. pantalla; c. interpretación; d. escenario; e. fila; f. acomodador.
Comprensión auditiva
1. a. Antonio; b. Antonio; c. Isabel; d. Isabel; e. Antonio; f. Isabel.
2. 1. vayamos; 2. hay; 3. que; 4. haya; 5. podríamos; 6. dicho; 7. podemos; 8. muy.
Comprensión lectora
1. a. Un nuevo complejo dedicado al ocio y a los servicios; b. Tiene una superficie de más de 100.000 metros cuadrados; c. En cuatro plantas subterráneas; d. Tiene un estilo vanguardista y funcional; e. Tiene cinco pisos; f. Para: tomar unas tapas: 2º piso; • pasar un rato ejercitando tus músculos: 5º piso; • patinar sobre hielo: 4º piso; • ver una película: 3er piso.

UNIDAD 14

Comunicación
1. e, c, b, d, a.
2. a. excepto; b. incluso; c. además; d. Sin embargo; e. aunque; f. es decir.
Gramática
1. a. inmaduro; b. desconocer; c. imperfecto; d. desconectar; e. inmoral; f. desaparecer; g. irresponsable; h. despeinar; i. imposible; j. descomponer.

2. a. despeinada; b. inmadura; c. irresponsable; d. imposible; e. desapareció.
3. Nombre: actuación; representación; canción; educación; opción. **Nombre:** flexibilidad; posibilidad; debilidad; sensibilidad; movilidad.
4. a. flexibilidad; b. representación; c. posibilidad; d. canción; e. opción; f. educación.
Léxico
1. a. paciente; b. independiente; c. impaciente; d. imposible; e. perfecto; f. inoportuna.
Comprensión auditiva
1. a. Sí; b. En Nueva York (el Bronx); c. Actúa, canta, diseña ropa, es empresaria de hostelería, productora de cine, posa como modelo, tiene una línea de perfumes; d. Ha conseguido trabajar en todo lo que le gusta y se siente realizada por completo; e. No; f. No (se viste con ropa que diseña ella).
Comprensión lectora
1. A favor: b. f. **En contra:** a, c, d, e.

UNIDAD 15
Comunicación
1. a. Llegué a casa de la oficina; b. Eran las ocho de la tarde; c. Abrí la puerta con mi llave; d. Todo estaba desordenado en el salón; e. Habían entrado los ladrones en mi casa; f. Llamé a la policía. Estaba muy nervioso; g. La policía vino enseguida; h. El inspector me dijo que hiciera una lista de los objetos robados.
Gramática
1. a. nació; b. construyó / había construido; c. marcaba; d. tuvo; e. acompañó / acompañaría; f. fue; g. hubo; h. tenía; i. era; j. alcanzaba; k. podían; l. tuvo / había tenido; m. salieron; n. se atrevía.
Léxico
1. a. biográficos; b. nacimiento; c. bautismal; d. religioso; e. universitario; f. trabajador; empresario; g. director.
Comprensión auditiva
1. a. 1; b. 2; c. 1; d. 2.
2. a. Paloma; b. Ninguno; c. Enrique y Paloma; d. Paloma; e. Ninguno; f. Enrique.
Comprensión lectora
1. a. 2; b. 2; c. 2; d. 2; e. 1; f. 1.

Transcripciones
Libro del alumno

Nota: En esta sección se recogen tan sólo aquellos textos cuya transcripción no aparece en el *Libro del alumno.*

UNIDAD 1
B
3.
Hola, me llamo Laura y soy periodista. Trabajo en *El Mundo*, un periódico nacional muy importante, y vivo en un apartamento en Madrid.
Tengo 38 años, estoy soltera y me gusta muchísimo leer, viajar y cocinar para mis amigos. Además prefiero la comida vegetariana.
Nací en Murcia, pero vine a Madrid a estudiar Periodismo. Cuando estaba estudiando quinto curso obtuve una beca para completar mis estudios en Munich y estuve allí tres años. En 2001 gané el Premio Actualidad de Periodismo con un artículo sobre "La situación de las mujeres afganas". Últimamente he realizado entrevistas muy polémicas a personajes importantes de la política y las finanzas.

LENGUA EN USO
4.
Susana: Buenos días, tengo una duda...
Funcionaria: Dígame.
Susana: Mire, el nombre del padre y de la madre ¿son nombres completos o sólo el nombre de pila?
Funcionaria: Sólo el nombre de pila. Se supone que los apellidos son los de los padres.
Susana: Comprendo, o sea que para mi madre, por ejemplo "María Isabel" y ya está. ¿No es eso?
Funcionaria: Eso es.
Susana: Y aquí... donde pone "actividad" de la empresa, ¿qué hay que poner?
Funcionaria: En esta casilla hay que poner a qué se dedica la empresa. ¿Qué clase de empresa es?
Susana: Es una orquesta. La orquesta Girasol. Soy músico.
Funcionaria: ¡Ah, la orquesta Girasol! La conozco. Pues escriba "espectáculos" en ese apartado.
Susana: Bien, y ya por último, donde dice "permiso de trabajo", ¿qué tengo que marcar: "por cuenta propia" o "por cuenta ajena"?
Funcionaria: ¿Está usted contratada por la empresa o la empresa es suya?
Susana: Yo tengo un contrato con la orquesta.
Funcionaria: Entonces marque "por cuenta ajena".
Susana: Bien. Pues eso es todo. Muchas gracias.
Funcionaria: De nada.
5.
a.
Entrevistadora: Así que te llamas Óscar, ¿verdad?
Candidato: Sí, Óscar Padín.
Entrevistadora: Bueno, Óscar. Yo me llamo Irene Valbuena y soy la Directora de Recursos Humanos. He leído tu *curriculum vitae* y lo encuentro muy interesante. Eres economista, terminaste tus estudios hace tres años y ya has tenido dos trabajos, ¿no?
Óscar: Sí, así es. El primer trabajo lo conseguí por medio de un amigo. Él trabajaba en una empresa multinacional y ahora trabajo para...
b.
Gorka: Oye, Renata, entonces ¿eres italiana?
Renata: Sí, de Milán. ¿Conoces Italia?
Gorka: No, pero me gustaría, porque me gusta mucho viajar. ¿Todas las chicas de Milán son como tú?
Renata: Ja, ja. ¿Y cómo soy yo?
Gorka: Pues no sé, no te conozco, pero me pareces muy simpática...
c.
Buenos días, señoras y señores. Me llamo Eduardo Rojo y soy el autor de *Cuentos para el olvido*, el libro que quiero presentar hoy. Presentar y recomendar, naturalmente. Por favor, léanlo todos ustedes... Bueno, para mí es difícil explicar por qué decidí escribir un libro de cuentos. La verdad es que...
d.
Recepcionista: El primer apellido suyo es Gamis, acabado en ese, ¿no es así?
Sra. Garmisz: No, no, acabado en z, Garmisz.
Recepcionista: ¡Ay Dios mío! No me entero. ¿Me lo puede deletrear?
Sra. Garmisz: Sí, claro, g-a-r-m-i-s-z, Garmisz.
Recepcionista: Ahhh, ¡qué cosas, hija! ¿Y usted de dónde es?
Sra. Garmisz: Soy polaca, de Varsovia.
Recepcionista: ¿Tiene usted contrato de trabajo en la actualidad?
Sra. Garmisz: Sí, sí. Lo tengo aquí mismo.
Recepcionista: Ah, pues muy bien, señora Garmisz. Tiene que cumplimentar este impreso con letra muy clara, en mayúsculas a ser posible y dejarlo en la ventanilla de Extranjeros Residentes con fotocopia del contrato.
Sra. Garmisz: Muchas gracias.

UNIDAD 2
A.
3.
a.
A: Margarita es muy divertida. Siempre está contando chistes e historias graciosas. Nos reímos mucho con ella.
B: Sí, pero es un poco tacaña. ¿A ti te ha invitado alguna vez a un café? ¿No? Pues a mí tampoco.
b.
A: Julián nunca hace un favor ni a sus mejores amigos. Sólo piensa en él mismo.
B: Sí, es muy egoísta. Pero eso sí, nunca discute con nadie, es una persona muy amable. Nunca le he oído decir nada grosero.
c.
A: Alejandro es majísimo, me ha regalado un montón de discos y de libros.
B: Sí, es generoso con sus amigos, ¿verdad? ¡Qué pena que no sea un poco más divertido!
C: Bueno, un poco aburrido sí es, pero a mí me cae muy bien.

LENGUA EN USO
2.
Andrés: Me gustaría conocerte. ¿Te parece bien si quedamos?
Natalia: ¡Claro! Podemos quedar en el Café Comercial. ¿Lo conoces?
Andrés: Sí, voy mucho por ahí.
Natalia: ¿Ah, sí? Yo también.
Andrés: A lo mejor nos hemos visto. ¿Cómo eres?
Natalia: Bueno, has leído el anuncio, ya sabes algo...
Andrés: Ya, morena y ojos castaños, pero dime más cosas... ¿Cómo sueles ir vestida?
Natalia: Pues, no sé... Me gusta el negro y el rojo. Suelo llevar chaquetas de cuero. Hmm... llevo pocas joyas y colgantes y cosas así. No me gustan mucho...

UNIDAD 3
B.
5.
a. Sopa de verduras
Vierta el contenido de la lata en un cazo. Añada una lata llena de agua y remuévalo. A continuación, caliente hasta que empiece a hervir removiendo de vez en cuando.
b. Puré de patatas instantáneo
Ponga en un cazo medio litro de agua, un cuarto de litro de leche y un poco de sal y caliéntelo. A continuación, retírelo del fuego y añada los copos de puré, removiéndolos. Por último, añada una cucharada de mantequilla y ya está.
c. Flan rápido
Caliente medio litro de leche y retírelo del fuego cuando hierva. A continuación, añada el contenido de un sobre y remuévalo todo bien. Por último, vierta la mezcla en un molde para flanes y déjelo enfriar.

LENGUA EN USO
3.
En la pirámide alimentaria de la dieta mediterránea aparecen los alimentos que constituyen nuestra dieta habitual. Comenzamos con los cereales y sus derivados (pan, pasta, arroz). A continuación seguimos con las frutas, las verduras y las hortalizas. En la siguiente fase incluimos la leche y lácteos. Todos estos alimentos deben tomarse a diario. Continuamos ascendiendo en la pirámide y colocamos las legumbres, las carnes, los pescados, los huevos y sus derivados. Por último, en la parte superior de la

pirámide se hallan las grasas y los dulces que se deben ingerir sólo muy de vez en cuando, digamos que alguna vez al mes.
La dieta, además de ser variada, debe mantener cierto equilibrio. Si nos fijamos en la pirámide, hay que consumir con preferencia los alimentos reflejados en la base, mientras que a medida que ascendemos el consumo debe ir reduciéndose.

UNIDAD 4

B.

3.

1.
Turista: ¿Sabe si está muy lejos?
Mujer: ¿De aquí? ¡Qué va! Poco más de cinco minutos andando. Mira, subes por la calle Mayor hasta la calle de Santa Teresa. Ahí giras a la derecha y verás que enfrente de la catedral, al lado de un bar, está la entrada principal.
Turista: Muchas gracias.
2.
Mujer: Sí, hay uno por aquí cerca. Siga recto por la Calle Mayor, cruce la Avenida de la Libertad y en la esquina con la calle de Santa Teresa, ahí justo, al lado de una farmacia y del cine España, tiene uno.
Turista: Ya, pero ¿es caro?
Mujer: No se lo puedo decir con seguridad, pero en la calle de Santa Teresa en la esquina con la Avenida de Alfonso X tiene otro más barato, seguro.
Turista: Muchas gracias.
Mujer: De nada. Hasta luego.
3.
Turista: ¿Y cómo llego hasta allí?
Hombre: Es muy fácil. No te preocupes. Coges la calle Simón García y sigues recto hasta la avenida Alfonso X. Allí giras a la derecha, pasas la avenida de la Libertad y entre esa calle y la de Santa Teresa, ahí está. Lo verás muy bien porque está señalizado.
Turista: ¿Está muy lejos? ¿Tengo que tomar el..., el autobús?
Hombre: ¡No, qué va! Vamos, estás a unos diez minutos sólo.
Turista: ¡Ah, muy bien! Muchas gracias.
Hombre: De nada.

LENGUA EN USO

5.
Julia: Mira, ese coche... ¡Ay, Dios mío! ¡Han chocado!
Arturo: ¡Vamos a parar! Tú llama a la policía y yo voy a ver si podemos ayudar.
Julia: Vale...
Policía: Ayuda en carretera, dígame.
Julia: Llamo desde la nacional 323, a las afueras de Granada. Ha habido un accidente, ahora mismo. Han chocado dos coches.
Policía: ¿Hay heridos?
Julia: No sé. Los coches están en medio de la carretera. Uno está volcado. No salen los ocupantes. No sé qué hacer...
Policía: Calma. Enviamos una ambulancia enseguida. ¿En qué kilómetro están de la N-323?
Julia: Pues, no sé... Estaremos a unos diez o quince kilómetros de Granada, cerca de una gasolinera, antes de llegar, en el cruce con un camino.
Policía: De acuerdo. Espere ahí, llegamos enseguida.
Policía: Bueno, ya se han llevado los heridos al hospital. No hay ninguno grave. ¿Vio usted el accidente? Cualquier información que me dé me ayudaría mucho.
Arturo: Sí, lo vi todo, íbamos conduciendo unos cien metros detrás del coche blanco...
Policía: Entonces el coche blanco iba por la N-323 en dirección sur, ¿no?
Arturo: Sí, eso es. Y entonces vi que la furgoneta gris salía del cruce y se metía en la carretera y el coche blanco frenó, pero no pudo parar a tiempo y chocaron.
Policía: ¿La furgoneta salió por la izquierda o la derecha?
Arturo: Por la derecha.
Policía: El conductor de la furgoneta debió pararse. Hay una señal de *stop* en la incorporación a la carretera.
Arturo: Sí, además el cruce no tiene visibilidad porque está ese almacén.
Policía: Bueno, muchas gracias por su ayuda. Ya pueden seguir su viaje si desean.
Arturo: De nada. Adiós.

UNIDAD 5

B.

4.

1. Concurso Nacional de Puzzles por parejas
El próximo 24 de mayo se celebrará en la estación de Sants de Barcelona el Concurso Nacional de Puzzles por parejas. El precio de inscripción por pareja es de 18 euros y la fecha límite para inscribirse es el 18 de mayo. La prueba consiste en rehacer un puzzle de 500 piezas sin ver la figura de muestra en un plazo de dos horas.
2. Festival Flamenco
Durante cuatro días, del 18 al 22 de febrero, se celebrará en el Teatro Albéniz de la calle La Paz, 11, el Festival Flamenco más importante de Madrid. La gran protagonista de esta edición es la cantaora jienense Carmen Linares, que además recibirá el premio flamenco "Calle de Alcalá" por su trabajo de promoción del flamenco en Madrid.
3. Esculturas de Lluis Llongueras
El polifacético peluquero Lluis Llongueras muestra su labor como escultor en la Galería Moncada, de la calle Moncada, 20. Estará abierta hasta el 16 de junio.
4. Santiago Calatrava
Aunque internacionalmente es más conocido por sus obras de arquitectura, Santiago Calatrava también se dedica al dibujo y la escultura. El Instituto Valenciano presenta una muestra de 51 esculturas, 80 dibujos y otras obras con un tema común: la anatomía humana en movimiento. La exposición se celebra actualmente en el Instituto Valenciano de Arte Moderno en Valencia y permanecerá ahí hasta el 26 de agosto. A continuación, la muestra iniciará un recorrido por otros países.

LENGUA EN USO

4.
Ana: No vas a creer lo que voy a contarte. El lunes estuve hablando con Vicente, ya sabes, el chico ese de León. Pues el caso es que lo llamé porque el sábado yo había visto en la tele una noticia sobre su pueblo.
Amiga: Ah, sí, algo de un meteorito, ¿no?
Ana: Sí, eso. Pues resulta que Vicente me dijo que él lo vio todo, porque estaba conduciendo en ese momento. Me dijo que fue él quien llamó a la Guardia Civil.
Amiga: ¿Te dijo Vicente que él salió en la tele regional?
Ana: Sí, el mismo sábado por la tarde. ¿Lo viste?
Amiga: No, no llegué a tiempo. ¿Sabes si grabó la entrevista?
Ana: Sí, la ha grabado, pero no la he visto todavía. Me comentó que me la daría su padre cuando viniera a la ciudad, pero creo que no vendrá hasta mañana.

UNIDAD 6

A.

3.

1.
Sonia: Hola, soy Sonia. Me he puesto enferma. No sé qué me pasa. Cuando esté un poco mejor, llamaré otra vez.
2.
Arturo: Soy Arturo. Estoy malo con gripe. Estaré un par de días en casa. Gracias.
3.
Patricia: Soy Patricia. Todavía estoy enferma, pero me encuentro mejor. El médico me ha dicho que podré volver a trabajar dentro de dos o tres días. Hasta pronto.
4.
Sonia: Hola, soy Sonia otra vez. Estoy un poco mejor, pero sigo mareada. Creo que me quedaré en casa hoy. Iré al médico y luego llamaré.
5.
Sr. Llorens: Buenos días. Soy el señor Llorens. Me encuentro enfermo y no podré acudir al trabajo hoy. Si me siento mejor, mañana iré. Muchas gracias.

B.

3.
Si tienes problemas de insomnio, es importante que tomes algunas medidas fáciles de aplicar, antes de acudir a un especialista. En primer lugar es conveniente que tengas un horario fijo para acostarte y levantarte. También es imprescindible que utilices la cama para dormir. No la utilices para trabajar o estudiar. No es recomendable que tomes café, té, alcohol o tabaco después de las cinco de la tarde, te afectará seguro al sueño. Tampoco es bueno cenar abundantemente, pero tampoco te quedes con hambre, pues solo pensar en ello te impedirá dormir. Es importante que hagas algún ejercicio físico durante el día, pero no justo antes de irte a dormir. Ahora bien, si a pesar de estos consejos no consigues conciliar el sueño, será necesario que visites a un especialista, pues dormir bien es fundamental para tener una buena salud.

LENGUA EN USO

2.
Locutor: Buenas tardes, señoras y señores, nuestro programa, "La salud es lo que importa", gira hoy en torno a la automedicación. Para hablar de este tema tenemos con nosotros a tres invitados. A mi derecha, el doctor Nicolau, Presidente del Colegio de Farmacéuticos de Alicante, a su lado está la doctora Miralles, Jefa del Hospital Clínico de esta ciudad y a mi izquierda está sentado don Esteban Pons, Vicepresidente de la Asociación de Consumidores. Pues, bienvenidos al programa y empecemos con las primeras preguntas. Doctor Nicolau: ¿Es cierto que tomamos demasiadas medicinas? Y si es así, ¿es conveniente que tomemos tantas?
Doctor Nicolau: Sí, por supuesto, claro que es cierto. Los pacientes, en general, toman demasiadas medicinas. Además, casi un 40% de las medicinas que se venden en las farmacias no están recetadas por ningún médico. Las compra directamente el enfermo y esto no es conveniente que lo haga. Es un tema muy serio que puede afectar a su salud.
Locutor: Es decir, que puede ser peligroso, ¿verdad, doctora Miralles?
Doctora Miralles: Pues sí, efectivamente. Cuando una persona se siente mal, o nota algún síntoma, es necesario que acuda inmediatamente al médico. El enfermo que va directamente a la farmacia y elige él mismo una medicina corre dos peligros: uno, el de sufrir una intoxicación por tomar una medicina inadecuada, y dos, simplemente el de no curarse bien porque la medicina es demasiado suave...
Señor Pons: Bueno, yo como representante de los consumidores tengo que decir que muchas veces el enfermo pide una cita y tiene que esperar varios días, o incluso semanas, antes de que le reciba el médico. Y, a veces, el médico tiene prisa porque tiene muchos pacientes y no examina al enfermo, simplemente escucha lo que dice y escribe una receta. Yo creo que en estas condiciones es normal que el enfermo prefiera no esperar e ir directamente a la farmacia. Los servicios médicos deberían mejorar bastante. Entonces los enfermos no tendrían que "automedicarse", como se dice aquí.
Doctora Miralles: Perdone, pero no estoy en absoluto de acuerdo...

UNIDAD 7

B.

4.
Miguel: ¿Qué esperas de tus vacaciones, María?
María: ¿Que qué espero yo cuando voy de vacaciones? Bueno, primero que el hotel sea cómodo, que esté en un lugar tranquilo, que no haya mucho ruido porque no me gustan nada las aglomeraciones de gente, ni el tráfico. También espero que no haga

mucho frío, pero tampoco mucho calor. También me gusta que el paisaje sea bonito para pasear, da igual que sea el mar o la montaña, o un llano, el caso es que se pueda andar.
Miguel: A mí me encanta ir a la playa, especialmente en el Mediterráneo. También espero de mis vacaciones que haya lugares para divertirse, discotecas, bares, cafeterías, pues me gusta mucho salir de noche, bailar, conocer gente. Y para dormir, me da igual, puedo dormir en cualquier sitio, una tienda de campaña, un apartamento de unos amigos, no tengo problemas.

LENGUA EN USO

1.
Hola, buenos días, les habla el comandante Francisco Monteverde que les saluda en su nombre y en el de toda la tripulación de este Airbus de la compañía Iberia, vuelo 727, con destino a Santo Domingo. Volaremos a una altura estimada de unos 25.000 pies y llegaremos a nuestro destino alrededor de las catorce horas...
Atención, señores viajeros. Les informo de que aterrizaremos en el aeropuerto de Santo Domingo dentro de 35 minutos. Allí la temperatura es de 27 grados centígrados y el tiempo es soleado. Confiamos que hayan disfrutado del vuelo y les deseamos una feliz estancia en la ciudad. Esperamos verles en su viaje de regreso.
3.
1.
Turista: ¿Cuándo podremos subir a nuestras habitaciones?
Guía: Cuando terminen de limpiarlas.
Turista: ¡No hay derecho! Llevamos esperando media hora.
Guía: Lo lamento muchísimo. Enseguida terminarán.
2.
Turista: ¿Cuándo vamos a visitar la ciudad?
Guía: Empezaremos la visita cuando llegue el guía local. No tardará mucho.
Turista: Espero que no tarde. Dentro de poco oscurecerá. Oiga, ¿podría recomendarnos un restaurante para cenar?
Guía: Sí, claro. Hay varios restaurantes buenos. Cuando pasemos por delante en el autobús se los mostraré.
Turista: ¡Ah, estupendo!
3.
Huésped: ¿Es la recepción?
Recepcionista: Sí, dígame. ¿En qué puedo ayudarle?
Huésped: Es que no hay mantas en el armario.
Recepcionista: ¿Está usted seguro?
Huésped: Por supuesto, la calefacción no estaba encendida y llevo buscando las mantas hace un rato.
Recepcionista: Bueno, no se preocupe, cuando venga el botones le subirá inmediatamente un par de mantas a su habitación.
4.
Recepcionista: Bien, aquí está la reserva. Sres. de Ordóñez, habitación 310. Aquí tienen sus llaves. Bienvenidos, espero que disfruten de su estancia en nuestra ciudad.
Silvia: ¿Puede darnos un plano de la ciudad, por favor?
Recepcionista: Cómo no. Aquí tiene.
Silvia: Muchas gracias.
Recepcionista: No hay de qué.

UNIDAD 8

B.
3.
Jefe de personal: Buenos días. Eduardo Acero, ¿no?
Candidato: Sí. Hola, buenos días.
Jefe de personal: Bien..., Eduardo, hemos estudiado tu currículum y vemos que tienes experiencia a pesar de ser muy joven...
Candidato: Sí, primero estuve tres meses en prácticas en la empresa ININSA, mientras estudiaba, y luego he estado un año en otra empresa con un contrato de obra.
Jefe de personal: ¿Y qué tareas realizabas?
Candidato: Bueno, en ININSA hacía de todo un poco: utilizaba un programa informático de contabilidad, y en la segunda empresa me encargaba especialmente del tema fiscal.
Jefe de personal: Ajá, eso está muy bien. ¿Sabes inglés?
Candidato: Sí, aunque no tengo mucha fluidez.
Jefe de personal: Bueno, de momento no es imprescindible. Mira, el horario de trabajo sería de ocho a dos por la mañana y de cuatro a seis, por la tarde, excepto los viernes, que no se trabaja por la tarde. Y en cuanto al salario, el sueldo neto es de 900 euros al mes, más dos pagas extras, una en verano y otra en Navidad. ¿Qué te parece?
Candidato: Vale, de acuerdo, por mí no hay problema.
Jefe de personal: Muy bien, antes de una semana te daremos una respuesta. Gracias por venir.
Candidato: Gracias a usted.

LENGUA EN USO

3.
Si no quieres que tu entrevista de trabajo sea un fracaso –incluso antes de haberla comenzado–, toma nota de los siguientes consejos. Evitarás los errores más frecuentes: debes ser puntual; viste de forma adecuada y en concordancia con el puesto; no muestres excesiva confianza o familiaridad con el entrevistador, incluso aunque él lo haga; no te enfades ni pierdas el control o la compostura. Si no estás de acuerdo con algo, dilo serenamente, sin agresividad. Razona tu opinión, muéstrate reflexivo. Además de dar mejor imagen, es un arma con mucha fuerza.
Con estas recomendaciones y el entusiasmo que demuestres por trabajar en esa empresa, el puesto puede ser tuyo.

5.
1.
Entrevistadora: Bueno señor Lippi... ¿puedo llamarte Alejandro?
Alejandro: Naturalmente, llámame como quieras.
Entrevistadora: Bien, Alejandro, explícame, ¿por qué te interesa este trabajo?
Alejandro: Bueno, creo que tengo la experiencia necesaria y las cualidades personales. Yo sé tratar a los clientes, los conozco enseguida. Después de todo, soy psicólogo, ya sabes...
Entrevistadora: Claro, y ¿no crees que eres un poco mayor para este trabajo?
Alejandro: ¿Mayor? ¿Qué quieres decir con eso de "mayor"? Soy adulto, maduro, tengo experiencia, tengo energía... Creo que no me pasa nada, no soy un inválido, ¿no crees?
Entrevistadora: Bueno, sólo era una pregunta. Sigamos...
2.
Entrevistador: Eres aún muy joven, ¿verdad, Silvia?
Silvia: Sí, soy joven, pero espero aprender rápido y adquirir la experiencia necesaria.
Entrevistador: Sí, porque experiencia laboral no tienes mucha...
Silvia: Tiene usted razón. He terminado mis estudios hace poco y necesito un trabajo para adquirir experiencia. Lo que sí tengo es mucho interés.
Entrevistador: ¿Por qué quieres este trabajo exactamente?
Silvia: Bueno, es una gran empresa y creo que tendré aquí buenas oportunidades para avanzar en mi carrera. Además, su empresa tiene sucursales en otros países, y a mí me gustaría algún día trabajar en el extranjero para ampliar mi experiencia.
3.
Entrevistador: Entonces, Rebeca, ¿no tiene usted titulación universitaria?
Rebeca: No, estoy estudiando Administración de Empresas. Me falta un año para terminar los estudios. Sin embargo, tengo el título de Diplomada en Comercio. Creo que esos estudios me serán muy útiles.
Entrevistador: Dígame, ¿por qué está interesada en nuestra empresa?
Rebeca: Pues el puesto de trabajo que ofrecen es más interesante para mí que mi trabajo actual. El sueldo es mejor y el horario también. Además, creo que tengo más oportunidades de promoción.
Entrevistador: El trabajo puede ser duro. ¿Eso no le asusta?
Rebeca: No, en absoluto. Estoy acostumbrada a trabajar mucho y no me importa.

UNIDAD 9

B.
3.
Él: Cuéntame algo sobre la Navidad en Venezuela. Me imagino que habrá alguna comida típica, algún plato especial...
Ella: Sí, claro, la comida varía en su elaboración de un sitio a otro, pero lo más típico, lo que no puede faltar son las hayacas, que se hacen con una masa de maíz y se coloca en hojas de plátano y se rellenan con un guiso de cerdo, gallina y otros ingredientes. La preparación de las hayacas es motivo de fiesta familiar, se reúne todo el clan, donde cada uno tiene su función y se trabaja en forma de cadena, porque es muy complejo de preparar.
Él: ¿Los niños también participan?
Ella: Por supuesto, pero los niños prefieren ir a casa de amigos y vecinos cantando villancicos y se les obsequia con refrescos y dulces navideños... Para los jóvenes, lo más divertido es la patinata que consiste en salir por la noche y patinar durante horas, a veces hasta el amanecer. Pero esta tradición está casi desapareciendo.
Él: ¿Hay mucho ambiente en la calle?
Ella: Todo el día y casi toda la noche, la ciudad se llena de luces y hay muchos mercadillos en donde se vende de todo, pero especialmente motivos navideños. El dilema de los venezolanos es si poner el árbol navideño o poner el pesebre o nacimiento. Algunos ponen los dos, pero el árbol es el más popular...
Él: De todas formas, habrá regalos, ¿no?
Ella: Regalos siempre hay, pero en las familias donde no hay niños pequeños los regalos se abren el 24 a partir de las doce de la noche, pero donde los hay, se mantiene la tradición de que Papá Noel o Santa Claus traiga los regalos y los niños los encuentren debajo del árbol o al lado de la cama el día de Navidad.
En los sitios de trabajo también se suelen hacer intercambios de regalos y además, la gente compra muchas cosas. Tanto el 24, como el 25, el 31 de diciembre y el primero de año, todo el mundo tiene que estrenar ropa, zapatos o alguna prenda de vestir.

LENGUA EN USO

3.
La semana pasada fui a la presentación del último disco de Tamara, y como llegué un poco tarde me tuve que conformar con un asiento que quedaba libre en la última fila. Al poco de empezar la rueda de prensa llegaron dos jóvenes y ocuparon los asientos justo delante del mío. Era una pareja de unos veinte años, que vestía de manera informal. El chico llevaba una chaqueta de pana y una mochila en la espalda y la chica una cazadora vaquera y zapatos de tacón alto, que resonaban en toda la sala. Entraron hablando y haciendo ruido, a pesar de que la presentación ya había empezado. Nada más verlos me di cuenta de que me iban a molestar durante toda la actuación.
A los cinco o diez minutos, le sonó el móvil a uno de ellos. El público hizo un ruido de desagrado pero no se quejó más. De lo que no se daba nadie cuenta, excepto yo, que estaba detrás de ellos, es que estaban contestando la llamada que habían recibido en vez de apagar el móvil al entrar a la sala. El murmullo era insoportable. No me estaban dejando oír nada. Así que les dije muy correctamente: "Por favor, ¿pueden dejar de hablar por el móvil? Está prohibido tenerlo encendido durante el acto." Y ¿saben lo que me contestaron? Que los dejara en paz y que no me metiera en sus asuntos. Fue tal su falta de educación que salí fuera de la sala y le pedí al acomodador que entrara a llamarles la atención. Me respondió muy amablemente que me comprendía, pero que no quería entrar en la sala porque molestaría a los espectadores.

TALLER

Después de leer

La feria tiene lugar en Cali, capital del departamento del Valle, en Colombia. Se celebra entre el 25 y el 30 de diciembre y en ella destaca especialmente el folclore, la historia, la vegetación y la cultura.

La fiesta empieza con una larga cabalgata que va de un extremo a otro de la ciudad mostrando los mejores ejemplares de razas de los caballos.

Todas las noches hay gran cantidad de actividades hasta altas horas de la madrugada: conciertos, exposiciones, desfiles de carrozas y coches antiguos. También hay muchas tascas donde se come comida internacional. Pero lo más importante es el baile, pues Cali es reconocida como la capital de la "salsa".

Otro de los atractivos de esta feria es la gran variedad de comidas típicas navideñas, como la natilla y los buñuelos, que son diferentes a las de España, el manjarblanco, el desamargado y por supuesto el aguardiente, que es la bebida hecha con caña de azúcar. La frase que caracteriza a la feria es "Oiga, mire, vea... Véngase a Cali para que vea".

UNIDAD 10

B.

4.

Estamos en casa de Carlos Rojas, popular actor de series españolas y hoy, en lugar de hablar de sus películas, queremos preguntarle por sus gustos en decoración.

Pregunta: Carlos, ¿qué valoras más en la decoración, la comodidad o la estética?

Respuesta: Bueno, las dos cosas son importantes, pero para mí es más importante la comodidad. Cuando vuelvo de mi trabajo o de mis viajes, me gusta sentirme cómodo con mis muebles y los objetos que he ido comprando aquí y allí.

Pregunta: ¿Cuál es tu rincón favorito?

Respuesta: En realidad tengo dos rincones favoritos: el sofá delante de la tele, (tengo una televisión inmensa) y la cocina, donde suelo cocinar pasta. Es lo único que sé cocinar y me sale muy bien.

Pregunta: Y ¿qué habitación te parece más bonita?

Respuesta: Toda la casa está decorada según mis gustos, pero puse más esfuerzo y tiempo en el salón. Me encantaban las chimeneas y por eso busqué mucho hasta encontrar esta. También me costó mucho colocar los recuerdos de los premios y las esculturas que me han ido regalando. Y este es el resultado.

Pregunta: ¿Qué estilo prefieres, clásico, funcional, vanguardista?

Respuesta: No tengo un estilo totalmente definido: me gusta la decoración moderna, pero no demasiado, y también me gusta comprarme un mueble antiguo para rincones especiales, son muy estéticos.

La casa de Carlos Rojas refleja su personalidad: es acogedora, cómoda y al mismo tiempo su gusto artístico es un placer para la vista. Le deseamos mucha suerte en su trabajo y nos despedimos. Hasta pronto, Carlos.

LENGUA EN USO

1.

Todos los días, antes de ir a la oficina, Amalio compraba los periódicos y los abría directamente por las páginas de anuncios por palabras. Señalaba con un círculo rojo los pisos que podrían interesarle y, a la tarde, seleccionaban los que parecían más atractivos.

Señora: ¿Diga?

Amalio: Muy buenas, ¿me podría informar sobre el piso que venden?

Señora: Pero hijo, si lo compré yo hace un mes. Ya vivo aquí y todo... Es que repiten el anuncio, no sé por qué...

Señor: ¿Dígame?

Amalio: Buenas tardes, llamo por lo del anuncio del periódico.

Señor: ¡Ah, sí!

Amalio: Mire, es que estaría interesado en ir a ver el piso.

Señor: Pues muy bien, hijo, ¿cuándo le viene bien?

Amalio: Bueno, es que antes me gustaría informarme un poco más.

Señor: Ya, ya.

Amalio: ¿Es exterior?

Señor: Sí, sí, muy exterior.

Amalio: Y ¿cuántos metros tiene?

Señor: Muchos, hijo, una barbaridad de metros. Dos mil o más.

Amalio: ¿Tantos?

Señor: No, vamos... que es amplio.

Amalio: Y ¿qué piso es?

Señor: Un bajo.

Amalio: ¡Ah, un bajo no sé si nos va a interesar!

Señor: Pues está estupendo. ¿Cuándo dices que venís a verlo?

Amalio: Bueno, mañana a las siete quedamos en el portal.

TALLER

La lectura

2.

Pregunta: Vamos a ver, este sistema, ¿cómo me causa un ahorro de energía?

Respuesta: Con los aparatos que están conectados a la red del sistema se puede ahorrar energía. Ya sean instalaciones solares, calefacción, ventilación, iluminación, ventanas, puertas, todo ello se une entre sí y se adapta a las situaciones. La temperatura de la habitación se regula totalmente de acuerdo a sus deseos. Con la apertura de una ventana disminuye la temperatura de la calefacción. Al abandonar la casa, las temperaturas bajan. Con los sensores de presencia la iluminación no queda encendida si no es necesario en cuartos, pasillos o comedores donde no se encuentre nadie.

P: ¿Y cómo se comunica el hogar conmigo?

R: Por medio del ordenador, telefónicamente y por Internet. Por teléfono fijo o móvil se puede preguntar por los estados de funcionamiento y hacerlos cambiar. Por ejemplo, si usted abandonó la vivienda y no está seguro si todo quedó desconectado, solamente con un llamado puede desconectar la cocina, la plancha o la cafetera.

P: ¿Cómo controlo el hogar?

R: Mediante interruptores, ordenador, control remoto. El sistema también le hace ahorrar tiempo. Los mandos en puntos centrales de su casa (como entrada, cocina o cerca del televisor) le permiten el control de todas las funciones de un vistazo.

P: ¿Y si se me pierde el mando a distancia, puedo seguir controlando mis luces?

R: Sí. Además del mando, como en un hogar convencional, un sistema domótico le ofrece varias opciones para el control de sus unidades. Por teléfono interno, externo, PC, etc.

UNIDAD 11

B.

3.

1.

Mujer: Buenos días.

Dependienta: Buenos días, ¿qué desea?

Mujer: Quería un jarrón para regalar.

Dependienta: Sí, mire, aquí están, lo quiere de cerámica, de cristal...

Mujer: ¿Estos de cerámica son muy caros?

Dependienta: No, qué va; el grande cuesta 65 € y el pequeño, 40 €.

Mujer: Y éste de cristal, ¿qué tal?

Dependienta: Este está mejor de precio, solo cuesta 20 €.

Mujer: Pues póngame este...

2.

Cliente: Buenos días.

Dependiente: Buenos días, ¿en qué puedo ayudarle?

Cliente: Mire, resulta que tengo un compromiso, unos amigos se casan y no sé qué regalarles.

Dependiente: No se preocupe, aquí tenemos de todo. ¿Qué le parece un juego de copas, o un pequeño electrodoméstico, o un jarrón?

Cliente: No, no. Me gustaría regalarles algo más original...

Dependiente: ¿Más original? Mire estas bandejas chinas, acaban de llegar y tienen un descuento del 25%. También están muy bien estos manteles con diseño japonés...

Cliente: ¿Cuánto cuestan las bandejas?

Dependiente: 182 €.

Cliente: No sé... yo creo que a mis amigos no les va a gustar.

Dependiente: ¿Y qué cree que les puede gustar a sus amigos?

Cliente: La verdad es que no tengo ni idea. Déjelo, tengo que pensar un poco más.

3.

Chica: ¡Hola!

Dependienta: Hola, ¿qué querías?

Chica: Quería ver si tenéis algo para el día de la madre.

Dependienta: Sí, claro, aquí tenemos de todo. ¿Qué idea tienes?

Chica: Pues, no sé, algo para la cocina, una batidora nueva o una plancha moderna.

Dependienta: Bueno, no creo que a tu madre le guste que le regalen una plancha. ¿Por qué no le regalas algo bonito para ella como un bolso, unos pendientes?

Chica: Sí, es verdad. ¿Qué precio tiene este bolso?

Dependienta: Este está muy bien, son 60 €.

Chica: Es un poco caro, pero me lo llevo.

Dependienta: ¿Vas a pagar con tarjeta o en efectivo?

Chica: En efectivo.

LENGUA EN USO

2.

1.

A: ¿Va a pagar con tarjeta o en efectivo?

B: Con tarjeta. Aquí tiene.

A: Gracias. Vamos a ver... Lo siento. Me rechazan la tarjeta. ¿Tiene alguna otra?

B: No, aquí no tengo ninguna otra. Pero esa tarjeta tiene que estar bien. Acabo de usarla en otro sitio.

A: Bueno, voy a intentarlo otra vez... No, siguen rechazándola. Lo siento tendrá que pagar en efectivo.

2.

A: Buenas tardes. Quería unas zapatillas de deporte *Jaguar*, de esas modernas con suela adaptable...

B: Sí, ya sé las que dice, pero aquí no nos quedan ya. Espere un momento, voy a llamar al almacén. Oye, zapatillas *Jaguar* de las de suela adaptable, ¿os queda alguna ahí abajo? Ya... Vale, gracias.

Nada, no queda ninguna. Si quiere ver algún otro modelo. Tenemos unas *Leopard*, que son muy parecidas.

A: No, gracias. Buscaré en otro lado.

B: Como quiera.

3.

A: Hola, aquí traigo este juego de ordenador. Quería devolverlo.

B: ¿Qué le pasa? ¿No funciona bien?

A: No sé. A lo mejor es demasiado difícil para mí. No entiendo cómo funciona.

B: Me temo que entonces no podemos admitir la devolución. Es que en *software* sólo se admiten devoluciones si el producto está defectuoso.

A: Pero eso no lo sabía yo.

B: Pues hay un cartel que lo dice. Está colocado al lado de la estantería.

A: O sea, que no puedo hacer nada.

B: Me temo que no.

4.

A: ¿Le importa enseñarme este juguete, por favor?

B: Aquí tiene. En la caja tiene una descripción y una foto.

A: Ya, pero yo quería probarlo. ¿Podría sacarlo?

B: Lo siento. No se puede sacar de la caja.

A: Pero, ¿cómo sé que funciona?
B: El juguete tiene total garantía. Si tiene cualquier defecto nos lo trae y se lo cambiamos.
A: Es que me gustaría verlo funcionar. No sé si le gustará a mi hija.
B: Hay un juguete parecido en exposición y ese sí se puede probar. Venga por aquí, se lo mostraré.

UNIDAD 12

LENGUA EN USO

1.
Tiene cuatro mensajes en su buzón de voz:
Uno: recibido el día 18 de marzo a las 15 horas 2 minutos.
Hola, soy Miguel. Mira, mi hija Tania se ha ido de casa. No sé qué hacer. Tiene ya dieciocho años, pero no tiene trabajo ni ha terminado la carrera. No creo que esté preparada para vivir sola. Quería hablar contigo. Ya sabes que tú te llevas tan bien con Tania, y ella te admira y todo eso. Pues pensé que podrías hablar con ella. Creo que te escucharía. En fin, llámame cuando vuelvas, por favor.
Dos: recibido el día 18 de marzo a las 16 horas 57 minutos.
Sandra, soy tu primo Óscar. Te llamo para hablarte de un problema muy gordo. Mi hermano Juan lleva una temporada muy raro. Siempre está en casa. No sale nunca. En fin, que hoy he estado hablando con él y..., no sé, yo creo que..., bueno, a mí me parece que está deprimido. Está irreconocible, tristísimo, sin ganas de hacer nada. No quiero decírselo a mis padres, se preocuparían muchísimo. Tú que conoces a tanta gente, a ver si me puedes ayudar.
Tres: recibido el día 18 de marzo a las 18 horas 6 minutos.
Hola, Sandrita, soy tu tío Ernesto. Oye, que me tienes que ayudar a encontrar un regalo para tu tía Pilar, que ya no sé qué comprarle. Ya sabes que es muy maniática. Pero como cumple la semana que viene los cincuenta, pues yo quería regalarle algo especial, ya sabes, y no el frasco de colonia o el pañuelo de siempre. Bueno, llámame cuando puedas. Agur.
Cuatro: recibido el día 18 de marzo a las 19 horas 39 minutos.
Sandra, soy Silvia. Quería discutir un tema contigo. Me han pedido que busque a alguien para que vaya de corresponsal a Estocolmo durante tres meses para informar sobre el Congreso Internacional de Medio Ambiente, pero no sé a quién enviar. No creo que quiera ir nadie de nuestro equipo y no quiero obligar a nadie. En fin, que esto es muy complicado. Llámame si se te ocurre algo.
Fin de los mensajes del buzón de voz. Gracias.

UNIDAD 13

LENGUA EN USO

2.
a.
¿Y las estrellas?
Llamadme simple, pero yo soy de las que se fijan en las estrellitas antes de leer la crítica de una película. No es que me dé pereza leerme el texto entero, que me lo leo sin problemas, pero a veces ayuda a hacerte una idea más clara. Se dicen tantas cosas en las críticas que a una le cuesta en muchas ocasiones aclararse sobre cuál es la valoración final que le dais a una película. Muchos besos.
María José, de Málaga.
b.
Me gusta mucho la revista, aunque os lo advierto sólo una vez: o volvéis a regalar entradas, móviles y lo que se os ocurra, o, con mucho dolor de mi corazón, os tendré que dejar por otros que me traten con más cariño. Así que ya sabéis, a poneros las pilas. Nos vemos.
Bruno, en Italia.
c.
Llevo comprando *Salir Salir* desde que volví de vacaciones y tengo que decir que me gusta bastante, sobre todo la parte de música y restaurantes. De esta última sólo me gustaría darles un pequeño consejo: no se dejen deslumbrar por los locales de diseño y prestad más atención a la calidad -también a la cantidad, que hay veces que es de risa- de la cocina que ofrecen. Un saludo.
Carlos Martín, de Ciudad de México.
d.
Soy un enamorado de Madrid y de su gente. Estuve viviendo aquí hace casi una década y he vuelto para quedarme por una temporada. Aunque me conozco miles de rincones escondidos de la ciudad, siempre es agradable encontrarse con que una revista te presente sitios nuevos. Por eso me he alegrado mucho al conocer *Salir Salir Madrid*. A mí también me encanta salir, así que ya tenemos algo en común. Muchas gracias por hacer tan bien vuestro trabajo y facilitarnos la vida a los demás. ¡Saludos!
Pedro, un leonés en Londres.

UNIDAD 14

B.

2.
1.
A mí me parece que es muy importante porque puedo hablar cuando no tengo un teléfono fijo. Mi marido viaja mucho y yo puedo llamarle cuando quiero y necesito contarle algo importante o urgente como por ejemplo, si mi hija o yo estamos enfermas o si hay algún asunto de la casa o del trabajo.
2.
¿Qué qué me parece el teléfono móvil? Bueno, creo que es útil en algunas ocasiones, como en caso de viajes y para mí, en mi trabajo, cuando los enfermos quieren localizarme, pero generalmente se utiliza más de lo necesario.
3.
En mi opinión, el teléfono móvil es útil, como todos los adelantos tecnológicos, pero depende del uso que se le dé. Te puede solucionar problemas graves, por ejemplo, en caso de avería o accidente en la carretera, puedes llamar a la policía o a la ambulancia. Yo estoy soltero y salgo mucho los fines de semana, por tanto, con el móvil mi familia y mis amigos saben dónde encontrarme. Pero también hay que saber apagarlo cuando estás en una reunión, en una comida, en el cine o en lugares donde puede molestar.
4.
A mí me parece que sólo es útil para algunos profesionales muy ocupados como médicos o ejecutivos. ¿Para qué necesitan un móvil los chicos de quince años? Sólo para hablar de tonterías. Antes, los jóvenes no teníamos móviles y vivíamos estupendamente. Yo no tengo móvil ni lo tendré nunca. Además, con el móvil se ha perdido la posibilidad de pensar antes de hablar. Se habla por el móvil en cuanto se te ocurre una idea. ¿Dónde está el placer de escuchar el silencio?

LENGUA EN USO

5.
Jorge: Pues a mí, la verdad, es que lo de Internet no sé hasta qué punto es un avance.
María: ¿Cómo podés decir una cosa así, Jorge? Internet es ya una herramienta indispensable. Se ha convertido en una fuente de información fantástica: podés encontrar datos de casi cualquier cosa o descargarte imágenes y música si querés.
Jorge: Ya, María, pero no hablas del tiempo que pierdes tratando de buscar cada una de esas fotos y de esos datos tan maravillosos... Y eso cuando la encuentras porque hay muchísima información inútil, o información basura, si quieres llamarlo así.
María: Y todo eso, además, sin moverte de tu salón.
Jorge: Precisamente por eso. Así la gente no se relaciona, no ve a los amigos. No hace falta verlos; es suficiente con enviarles un correo electrónico. Yo creo que favorece el aislamiento del individuo.
Mónica: Hombre, Jorge, todo tiene dos caras. También puedes conocer a mucha gente en los *chats* o hacer la compra sin salir de casa. Yo, la verdad, no lo veo tan mal como tú dices.
Jorge: Esas cosas que tú dices, Mónica, como lo del *chat*, que puede estar muy bien, pero al final, en la realidad, ¿qué pasa?, pues que acaba creando dependencia.
María: Como todo Jorge. En ese caso el problema no está en el instrumento, sino en el usuario.
Jorge: Y eso cuando no crea problemas de obesidad.
Mónica: ¡Qué exagerado eres, Jorge!

UNIDAD 15

A.

3.
Sandra: Mira. Aquí estoy con Félix. Estábamos en la estación de esquí de Candanchú, en Huesca. Íbamos a dar nuestra primera clase de esquí. Por eso estábamos vestidos para la nieve.
Silvia: ¿Y esta otra? ¿Fue el mismo día? Van vestidos iguales.
Sandra: Bueno, esta la sacamos un día antes. Habíamos estado en la tienda y nos habíamos comprado la ropa. A la salida nos hicimos la foto. Fíjate, a mí se me ve la etiqueta todavía.
Silvia: Mirá, aquí estás muy guapa. ¿Qué, estaban cenando en algún restaurante?
Sandra: Sí, fue una cena con otros amigos que también fueron a Candanchú. Era el último día antes de volver. Por eso estábamos un poco tristes.
Silvia: ¿Y esta foto también es de las vacaciones en la nieve?
Sandra: ¡Qué bromista eres! Esta foto nos la hicieron en una playa de Santo Domingo. Habíamos ido a Santo Domingo el verano anterior, en agosto. Lo que pasa es que no revelé el carrete porque quedaban fotos por tirar, y lo terminé en Candanchú. ¡Qué contraste!, ¿verdad?
4.
a. Tus padres han dicho que llamarán luego.
b. Mi hermano cantó una canción moderna en nuestra boda.
c. Hace mucho tiempo que no hablo con Andrés.
d. No creo que el tren llegue a tiempo.
e. Me gustaría que me contaras toda la verdad.
f. El director de la obra nos pidió que saludáramos al público.

B.

5.
Los cisnes le respondieron: claro que sí, si eres uno de los nuestros.
Él no se lo creía, se metió en el agua transparente y se quedó maravillado. ¡Durante el largo invierno se había transformado en un precioso cisne!
Así fue como el patito feo se unió a los suyos y vivió feliz para siempre.

LENGUA EN USO

2.

Toda la verdad sobre Pedro Almodóvar

Para conocer de verdad la trayectoria de Pedro Almodóvar y llegar a entenderlo, debemos saber otros detalles. En primer lugar, las dificultades para financiar sus películas, a pesar de la buena acogida del público, le llevan a crear con su hermano Agustín su propia productora, El Deseo. Esta empresa no sólo ha producido todas sus películas sino que ha financiado las de otros directores jóvenes como Isabel Coixet, entre otros. En el aspecto personal, tiene fama de dictador entre los actores y cuando está rodando, pierde los nervios a menudo.
Padece sordera de un oído, claustrofobia y vértigo, lo que agudiza su miedo a volar. No lleva nada bien, tampoco, los espejos, en los que no le gusta mirarse, sobre todo porque nunca ha estado conforme con su cuerpo. Le da pavor la muerte. Tampoco sabe conducir. Le encantan, en cambio, las imágenes y los ritos religiosos que tan frecuentemente podemos ver en sus películas, aunque se declara no creyente.